U0573044

BLUE BOOK

智 库 成 果 出 版 与 传 播 平 台

国家创新蓝皮书
BLUE BOOK OF NATIONAL INNOVATION

中国创新发展报告

（2023~2024）

ANNUAL REPORT ON CHINA'S

INNOVATION DEVELOPMENT (2023-2024)

迈向高水平科技自立自强

Towards High-level Self-reliance and Self-improvement of Science and Technology

主　编／陈　劲
副主编／尹西明　陈钰芬

社会科学文献出版社
SOCIAL SCIENCES ACADEMIC PRESS（CHINA）

图书在版编目（CIP）数据

中国创新发展报告 . 2023~2024：迈向高水平科技
自立自强／陈劲主编 . --北京：社会科学文献出版社，
2024.8. --（国家创新蓝皮书）. --ISBN 978-7-5228-
3957-8

Ⅰ. F204；G322.0

中国国家版本馆 CIP 数据核字第 2024EX2742 号

国家创新蓝皮书

中国创新发展报告（2023~2024）
——迈向高水平科技自立自强

主　　编／陈　劲
副 主 编／尹西明　陈钰芬

出 版 人／冀祥德
组稿编辑／陈凤玲
责任编辑／田　康
责任印制／王京美

出　　版／社会科学文献出版社·经济与管理分社（010）59367226
　　　　　地址：北京市北三环中路甲 29 号院华龙大厦　邮编：100029
　　　　　网址：www.ssap.com.cn
发　　行／社会科学文献出版社（010）59367028
印　　装／天津千鹤文化传播有限公司

规　　格／开本：787mm×1092mm　1/16
　　　　　印张：19.5　字数：290 千字
版　　次／2024 年 8 月第 1 版　2024 年 8 月第 1 次印刷
书　　号／ISBN 978-7-5228-3957-8
定　　价／128.00 元

读者服务电话：4008918866

国家创新蓝皮书
编 委 会

梁　正（清华大学公共管理学院，教授）

刘　云（中国科学院大学公共政策与管理学院，教授）

柳卸林（中国科学院大学经济与管理学院，教授）

吕　薇（国务院发展研究中心，研究员）

穆荣平（中国科学院大学公共政策与管理学院，研究员）

邵云飞（电子科技大学经济与管理学院，教授）

苏敬勤（大连理工大学平台治理研究院，教授）

苏　竣（清华大学公共管理学院，教授）

王黎萤（浙江工业大学中国中小企业研究院，教授）

王　毅（清华大学经济管理学院，副教授）

魏　江（浙江财经大学，教授）

吴金希（清华大学社会科学学院，教授）

吴善超（中国科学技术协会，研究员）

吴晓波（浙江大学管理学院，教授）

武夷山（中国科学技术发展战略研究院，研究员）

谢　伟（清华大学经济管理学院，教授）

薛　澜（清华大学苏世民书院，教授）

杨德林（清华大学经济管理学院，教授）

张玉明（山东大学管理学院，教授）

张治河（陕西师范大学国际商学院，教授）

张宗益（厦门大学，教授）

郑　刚（浙江大学管理学院，教授）

周　青（杭州电子科技大学，教授）

朱桂龙（华南理工大学工商管理学院，教授）

主　编　陈　劲

副主编　尹西明　陈钰芬

主要编纂者简介

陈　劲　清华大学经济管理学院讲席教授，博士研究生导师，教育部长江学者特聘教授，国家杰出青年科学基金获得者，教育部人文社会科学重点研究基地清华大学技术创新研究中心主任，中国管理科学学会副会长，中国科学学与科技政策研究会副理事长。主要研究方向为技术创新管理、创新政策、中国特色创新管理理论等。

尹西明　北京理工大学管理学院副研究员、公共管理系主任，博士研究生导师，教育部战略研究基地北京理工大学科技创新与教育发展战略研究中心副主任、特聘研究员，中国技术经济学会技术管理专委会理事，中国科学学与科技政策研究会数字创新专委会、成果转化专委会委员。主要研究方向为技术创新与数字创新管理、科技成果转化与科技政策。

陈钰芬　浙江工商大学二级教授，博士研究生导师，浙江工商大学统计与数学学院党委书记，浙江省高校高水平创新团队"统计综合评价与决策分析"带头人，浙江省统计学会副会长，中国商业统计学会常务理事，浙江省现场统计研究会理事，清华大学技术创新中心兼职研究员。主要研究方向为科技创新评价和测度、企业创新管理与战略决策等。

序　言
高水平科技自立自强：中国式现代化的关键

习近平总书记在党的二十大上指出："加快实施创新驱动发展战略。坚持面向世界科技前沿、面向经济主战场、面向国家重大需求、面向人民生命健康，加快实现高水平科技自立自强。"并于 2023 年 7 月 5~7 日在江苏考察时进一步强调"中国式现代化关键在科技现代化"。

科技现代化是坚持党对科技事业的集中统一领导，坚持以人民为中心的发展思想，以中国特色科技创新理论体系为理论引领，以体制机制创新为保障，以科技创新为核心，以科技进步为主要内容，以科技成果转化应用为重要手段，以科技人才为关键支撑，以国家战略科技力量为牵引，以企业主导的新型国家创新体系为主要依托的现代化过程。科技现代化通过加快实现高水平科技自立自强，建设面向未来的世界科技强国，打通科技强、产业强、经济强到国家强的通道，夯实国家强盛之基、抓紧国家安全之要，为加快发展新质生产力、扎实推进高质量发展，实现中国式现代化的各项目标提供不竭的科技支撑。

从发展逻辑来看，科技现代化是中国式现代化的关键，强调的是科技创新成为引领高质量发展的第一动力，体现了科技创新同国家强盛和民族复兴的统一。一方面，对于在新征程上加快建设现代化产业体系、推进高质量发展，需要以强大的科技支撑推动质量变革、动力变革和效率变革，加快突破关键核心技术领域的"卡脖子"问题，提高粮食、能源和重要产业链、供应链安全韧性水平。同时，建设新发展格局，也需要通过科技创新提升供给

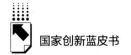

侧质量，激发需求侧活力，开辟新赛道新领域，创造发展新优势新动能。另一方面，对于发展全过程人民民主、丰富人民精神世界、实现全体人民共同富裕、促进人与自然和谐共生，需要通过科技创新提供高质量的创新成果和创新产品，满足人民对美好生活的向往。简言之，科技现代化为推动国家现代化进程提供"加速度"，而中国式现代化对科技现代化和高水平科技自立自强提出了新使命新任务，创造了更广阔的发展空间和市场。

从历史逻辑来看，科技现代化与中国式现代化的探索相伴相随，是新中国从弱到大再到强的关键支撑。第一阶段的探索发生在从新中国成立至改革开放前夕，以科学技术支撑建立独立和比较完整的工业体系和国民经济体系。第二阶段则是1978年改革开放以来，随着相关体制机制改革加速推进，迎来了"科学的春天"。《1978~1985年全国科学技术发展规划纲要》《中共中央关于科学技术体制改革的决定》《国家中长期科学和技术发展规划纲要（2006~2020年）》等重要科技政策相继出台并逐步落实。"科学技术是第一生产力"的战略思想逐步得以确立，国家创新体系快速建立和完善，取得了航空航天、杂交水稻、高速铁路等一系列重大科技突破，建成了一系列事关国计民生的重大工程，极大地促进了国民经济发展和国际竞争力增强。

党的十八大以来，以习近平同志为核心的党中央更加重视科技现代化的先导性作用，把创新作为引领发展的第一动力，深入实施创新驱动发展战略，坚定不移地走中国特色自主创新道路，加快建设创新型国家和科技强国，以前所未有的力度推进创新型国家建设取得历史性突破。2016年，《国家创新驱动发展战略纲要》提出了，到2020年进入创新型国家行列、到2030年跻身创新型国家前列、到2050年建成世界科技创新强国的"三步走"目标。创新驱动发展战略的深入实施和创新引领发展思想的贯彻落实，为中国进一步朝着"跻身创新型国家前列"和"建成世界科技创新强国"的中长期战略目标前进打下了坚实的基础。

当前，科技现代化在中国式现代化全局中的战略性地位和价值更加彰显。随着国际形势和科技发展趋势发生前所未有的新变化，推进中国式现代化新征程面临的外部不稳定性、不确定性明显增强。经济全球化遭遇逆流，特别是产业链、供应链上存在的一些短板让我们清醒地认识到，中国在建设世界科技强国之路上还面临诸如国家创新体系效能不高、原始性创新不足、关键核心技术受制于人、科技发展独立性自主性安全性亟待增强、重要产业链供应链安全韧性不足等多重挑战。习近平总书记强调："在激烈的国际竞争中，我们要开辟发展新领域新赛道、塑造发展新动能新优势，从根本上说，还是要依靠科技创新。我们能不能如期全面建成社会主义现代化强国，关键看科技自立自强。"① 党的二十大将"建成科技强国"作为我国到2035年发展的总体目标之一，这比《国家创新驱动发展战略纲要》中提出的建成世界科技创新强国的时间2050年提前了15年，更加凸显了科技现代化在全面建设社会主义现代化国家中的全局性、基础性、先导性和战略性地位。为我们准确全面理解和加快推进落实科技现代化这一"中国式现代化的关键"提出了新任务新要求，吹响了以人民为中心、全面推进科技现代化的新时代号角。

新时代新征程，需要全社会增强科技创新的使命感和紧迫感，更好地坚持科技是第一生产力、人才是第一资源、创新是第一动力，发挥新型举国体制优势，从科技创新的主体、人才、平台、要素、制度、生态和理论等方面多管齐下，全面提升国家创新体系效能，加快推进科技现代化，为中国式现代化提供澎湃动能。

准确理解科技现代化的特征，加快实现高水平科技自立自强，需要立足百年未有之大变局和中华民族伟大复兴全局，从国家创新体系现代化支撑科技现代化，进而助力中国式现代化的体系逻辑着眼，从多个维度深刻认识和把握科技现代化的子系统构成与关键特征：强化国家战略科技力量，推进科技创新体系现代化；强化企业科技创新主体地位，加快推进科技创新主体现代化；深入实施人才强国战略，加快推进科技创新人才现代化；建设高能级创新联合体，加快推进科技创新平台现代化；优化数据要素市场化配置，加

---

① 《习近平在参加江苏代表团审议时强调　牢牢把握高质量发展这个首要任务》，人民网，http://jhsjk.people.cn/article/32637555，2023年3月6日。

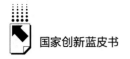

快推进科技创新要素现代化；形成支持全面创新的基础制度，加快推进科技创新制度现代化；扩大国际科技交流合作，加快推进科技创新生态现代化；发展中国特色创新管理理论体系，加快推进科技创新理论现代化。

唯有如此，才能全面提升国家创新体系效能，瞄准中国式现代化新征程上实现高水平科技自立自强的新使命，通过科技创新开辟发展新赛道新领域，全面塑造国家发展新动能新优势。

摘　要

科技兴则民族兴，科技强则国家强。党的十八大以来，党中央深入推动实施创新驱动发展战略，提出加快建设创新型国家的战略任务，确立2035年建成科技强国的奋斗目标，不断深化科技体制改革，充分激发科技人员的积极性、主动性、创造性，有力推进科技自立自强，引领我国科技事业取得历史性成就、发生历史性变革。进入"十四五"时期，我国在量子科技、生命科学、物质科学、空间科学等基础前沿领域取得新的重大原创成果，战略高技术领域和重大工程领域持续突破，科技管理体制全面重塑，国家战略科技力量加快部署和体系化协同，国家战略人才力量梯队持续建设，为加快迈向高水平科技自立自强奠定了坚实基础。

立足2024年，展望2025年和"十五五"时期，《中国创新发展报告（2023~2024）》面向"建设世界科技强国"这一伟大目标，以"迈向高水平科技自立自强"为年度主题，从总报告、强化国家战略科技力量专题篇、区域篇、产业篇、企业篇五个方面，精选了14篇分析报告，对2023~2024年乃至"十四五"时期我国创新强国建设方面取得的突出成就、存在的问题进行了定量与定性相结合的深入分析，旨在为"十五五"乃至更长时期我国科技创新发展战略转型、强化国家战略科技力量、培育世界一流企业，助力科技创新和产业创新深度融合，加快建成世界科技强国和发展新质生产力提供理论和实践参考。

基于书中国际比较、理论研究与案例分析相结合的综合研判，展望2025年和"十五五"时期，要深刻认识新一轮科技革命和产业变革的新趋

势和新特征，直面科技强国建设过程中存在的新挑战新机遇，全面贯彻落实党的二十届三中全会提出进一步全面深化改革的战略部署，锚定2035年建成科技强国的战略目标，充分发挥新型举国体制优势，以强化原创基础研究和国家战略科技力量为抓手，加快推进高水平科技自立自强，实现从"创新追赶"向"超越追赶"升级；进一步强化企业的科技创新主体地位，以企业主导型产学融通创新扎实推动科技创新和产业创新深度融合；全面深化科技体制改革，充分激发全社会的创新创造活力，畅通教育科技人才良性循环，推动科技开放合作，培育壮大科技领军企业，建设企业主导型国家创新体系，培育国家科技先导能力。推动技术革命性突破、生产要素创新性配置、产业深度转型升级，推动劳动者、劳动资料、劳动对象优化组合和更新跃升，催生新产业、新模式、新动能，发展以高技术、高效能、高质量为特征的新质生产力，为高质量发展和中国式现代化提供强大而持久的科技动能。

关键词： 科技强国　科技自立自强　国家战略科技力量　创新引领科技领军企业

目 录 ▷

I 总报告

II 专题篇：强化国家战略科技力量

皮书数据库阅读**使用指南**

总 报 告

B.1

中国创新能力的动态演化和国际比较

陈钰芬　侯睿婕　张 爽[*]

摘 要： 本文基于"创新引领科技强国建设"理念，从创新环境、创新资源、创新成果、创新效益 4 个方面设计指标体系，对我国创新能力进行考察。首先，借助系统聚类法将我国 1991~2022 年的创新发展历程划分为 4 个阶段，即 1991~1999 年为起步阶段、2000~2009 年为加速发展阶段、2010~2018 年为振兴阶段、2019~2022 年为高质量发展阶段，从纵横向角度分析各阶段国家创新能力的发展特点。其次，以各项创新能力指标 1991 年数值为比较基准，编制 1991~2022 年国家创新能力发展指数，并通过趋势外推得到 2023~2035 年的预测值，动态反映我国创新能力的发展情况和演进趋势。最后，将中国与 7 个创新型国家的创新能力核心指标进行对比分析，并以创新强国——美国的创新能力核心指标数值作为标

---

* 陈钰芬，浙江工商大学统计与数学学院党委书记、副院长，二级教授，研究方向为科技创新评价和测度、企业创新管理与战略决策等；侯睿婕，浙江工商大学统计与数学学院讲师，研究方向为科技统计与创新管理；张爽，浙江工商大学统计与数学学院硕士研究生，研究方向为科技创新评价。

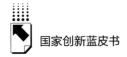
杆值，计算并预测 1991~2035 年中国创新能力追赶指数。结果表明：虽然中国的创新能力显著提升，但仍存在基础研究投入不足、科技成果转化率较低、基础研究人员比重较小等问题。今后，应当将突破体制约束作为根本；加大对基础研究和应用研究的投入力度；倡导创新文化，培养各种类型的创新人才，并且提高创新人才的创新效率；加强科技成果转化，提升科技创新效益。

关键词： 国家创新能力 发展指数 追赶指数

一 引言

创新是引领发展的第一动力，是推动高质量发展的关键。党的二十大报告指出，坚持创新在我国现代化建设全局中的核心地位，加快实施创新驱动发展战略，加快实现高水平科技自立自强，加快建设科技强国。① 大会把"实现高水平科技自立自强，进入创新型国家前列"纳入 2035 年我国发展的总体目标，为我国奋进新时代、走好新征程提供了根本遵循。面对当前复杂多变的国际环境和各种挑战，要在国际竞争中占据有利地位，赢得国家发展的主动权，必须进一步加强科技创新，提高自主创新能力，掌握核心科技，强化科技对统筹发展和安全的战略支撑作用，通过积极推动科技创新，增强国家的发展能力，提升产业的核心竞争力，确保国家安全和发展的可持续性。

世界知识产权组织（WIPO）发布的报告《全球创新指数》（GII），从创新投入和创新产出的视角出发，通过构建一个包含市场成熟度、商业成熟度、人力资本和研究、基础设施、制度、知识和技术产出以及创意产出 7 个维度 80 个指标的评价体系，监测全球经济体的创新表现，比较各经济体创

---

① 习近平：《高举中国特色社会主义伟大旗帜 为全面建设社会主义现代化国家而团结奋斗——在中国共产党第二十次全国代表大会上的报告》，人民出版社，2022。

新方面的优势和劣势。《2023 年全球创新指数》显示，中国创新指数在全球 132 个经济体中排名第 12 位，在 33 个中高收入经济体中位列第 1，领跑中高收入经济体。根据《全球创新指数》的各项指标排名，中国在知识和技术产出、市场成熟度、创意产出三个维度排名比较靠前，在商业成熟度、人力资本和研究、基础设施和制度四个维度排名相对靠后。[①] 在创新投入方面，中国表现出强劲的增长趋势。2022 年中国全社会研发投入规模首次超过 3 万亿元；研发投入强度达 2.54%，首次超越 2.5%，超过了欧盟 27 国的平均水平。[②] 在创新产出方面，中国的专利申请量和科技论文发表量均处于世界前列。2022 年我国著作权年登记量为 635.3 万件，PCT 专利申请量达 70015 件，连续 4 年位居世界第一，在知识产权方面成功建立领先地位。[③]

《国家创新指数报告》通过创新资源、知识创造、企业创新、创新绩效和创新环境 5 个维度构建评价体系，评估各个经济体的创新发展状况。《国家创新指数报告（2022~2023）》显示，中国创新能力在具有可比性的 40 个国家排名中位居第 10，创新指数得分为 72.7 分，比上年提高 1.9 分，与荷兰、瑞典等国家差距进一步缩小。分维度来看，知识创造维度表现突出，2020 年中国高被引论文数位居第 2，仅低于美国；企业创新维度表现良好，2020 年万名企业研究人员 PCT 专利申请量排名第 16 位；创新绩效、创新资源、创新环境三个维度排名相对落后。要实现高质量发展，必须提升创新资源投入强度，改善创新环境，增加创新体系整体效能。

已有研究通过构建创新指数评价体系计算各经济体的创新指数，监测各经济体的创新发展状况。但是，现有评价指标体系中缺乏基础研究

---

① 赵颖会：《WIPO 发布〈2023 年全球创新指数〉》，《世界科技研究与发展》2023 年第 5 期，第 542 页。

② 《国家统计局社科文司统计师张启龙解读〈2022 年全国科技经费投入统计公报〉》，国家统计局网站，https：//www.stats.gov.cn/sj/sjjd/202309/t20230918_1942919.html，2023 年 9 月 18 日。

③ 《国家知识产权局局长：中国知识产权大国地位牢固确立》，国务院新闻办公室网站，http：//www.scio.gov.cn/live/2023/32939/fbyd/202311/t20231110_778600.html，2023 年 11 月 10 日；《2022 年的 PCT 申请》，PCT 通讯，https：//www.wipo.int/export/sites/www/pct/zh/docs/newslett/2023/3-2023.pdf，2023 年 3 月。

方面的指标。基础研究是推动科学技术进步的重要力量，《国务院关于全面加强基础科学研究的若干意见》（国发〔2018〕4号）提出强化基础研究，使之与应用研究贯通，加快创新型国家建设。随着技术的进步，各国政府认识到基础研究的重要性。此外，现有研究仅仅通过各个经济体创新总指数的得分和各次级指标的得分对各经济体创新发展状况进行比较，得出各个经济体的优势和劣势，这是在某一时点的静态的比较，缺乏动态分析。

本文在正确认识国家创新能力内涵和外延的基础上，构建国家创新能力综合测度指标体系，分阶段、纵横向考察中国创新能力发展总体情况；通过编制国家创新能力发展指数，动态刻画创新能力演进趋势，并对2023～2035年的创新能力进行趋势外推预测；将中国与7个创新型国家的创新能力核心指标进行比较，并以创新强国美国为标杆，测算1991～2035年中国创新能力追赶指数，在动态上比较中国和美国的创新能力。

二 国家创新能力指标体系

（一）国家创新能力指标体系的内容

本文以《中国创新发展报告（2020～2021）》中的国家创新能力综合测度指标体系为基本框架，融入"科技自立自强"发展理念，从创新环境、创新资源、创新成果以及创新效益4个领域出发构建国家创新能力综合测度指标体系。考虑到基础研究能够为创新提供源头供给，本文在创新资源领域增加对"基础研究经费比重"（基础研究经费支出/R&D经费支出）和"基础研究人员比重"（基础研究人员全时当量/R&D人员全时当量）的考察，以响应"加强基础研究　实现高水平科技自立自强"的号召。这4个领域共包含18个指标，详见表1。

表 1　国家创新能力综合测度指标体系

目标层	领域层	指标层	变量标识	单位
国家创新能力综合测度指标体系	创新环境	人均 ICT 投入	X_1	元/人
		本科及以上学历人数占就业人数的比重	X_2	%
		有 R&D 活动的规模以上工业企业的比重	X_3	%
		每名 R&D 人员获得的国家财政科技拨款	X_4	万元/人年
	创新资源	R&D 经费支出	X_5	亿元
		R&D 经费支出占 GDP 的比重	X_6	%
		基础研究经费比重	X_7	%
		R&D 人员全时当量	X_8	万人年
		每万人中 R&D 人员	X_9	人年/万人
		基础研究人员比重	X_{10}	%
	创新成果	发明专利申请授权数	X_{11}	件
		每万人发明专利申请授权数	X_{12}	件/万人
		国外主要检索工具收录我国科技论文数	X_{13}	篇
		每万名 R&D 人员科技论文数	X_{14}	篇/万人年
	创新效益	高技术产业主营业务收入占 GDP 的比重	X_{15}	%
		高技术产品出口占货物出口额的比重	X_{16}	%
		新产品销售收入占产品销售收入的比重	X_{17}	%
		单位能源创造的 GDP	X_{18}	万元/吨标准煤

（二）数据说明

所有指标层指标的原始数据均来源于 1992～2023 年《中国统计年鉴》《中国科技统计年鉴》《中国高技术产业统计年鉴》《中国人口和就业统计年鉴》《中国劳动统计年鉴》以及国研网与 OECD 官网，个别指标数据经计算而得，同时对部分缺失数据进行了合理推算插值。

三　国家创新能力的阶段分析

本节将从横向和纵向两个维度分别对中国创新能力进行比较分析，考察中国创新能力的阶段性特征，总结创新能力发展中存在的不足。

（一）中国国家创新能力发展的阶段划分

为消除量纲的影响，将各指标数据进行标准化，依据标准化后的数据，运用系统聚类中的类平均法（within-group linkage）得到聚类谱系图（见图1）。图

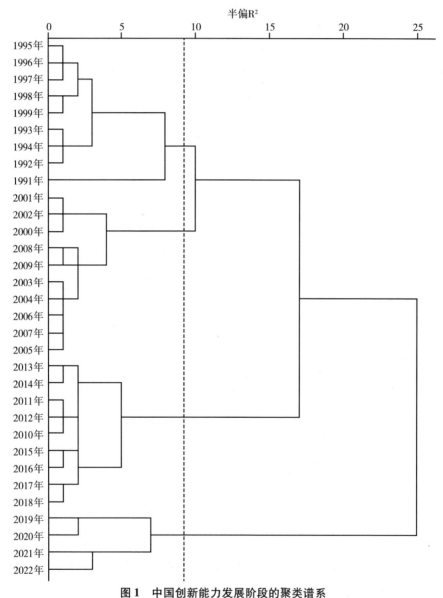

图1　中国创新能力发展阶段的聚类谱系

1 中的虚线将 32 个样本年份划分为四类，即中国创新能力在研究期内可以划分为四个阶段：第一个阶段为 1991~1999 年，第二个阶段为 2000~2009 年，第三个阶段为 2010~2018 年，第四个阶段为 2019~2022 年。

（二）横向分析——各创新领域在不同阶段的发展特点

计算表 1 中各指标四个阶段和全时段的平均发展水平、平均增长速度以及平均增长量（详见表 2），从而横向分析各创新领域在不同阶段的发展特点。

表 2　中国创新能力指标的阶段分析

领域层	指标层	统计量	阶段一	阶段二	阶段三	阶段四	全时段
创新环境	人均 ICT 投入	平均发展水平（元/人）	59.477	129.991	327.144	630.315	228.149
		平均增长速度（%）	8.011	9.352	11.519	8.206	9.478
		平均增长量（元/人）	4.575	11.494	36.034	48.107	21.557
	本科及以上学历人数占就业人数的比重	平均发展水平（%）	0.718	2.082	6.965	11.675	4.271
		平均增长速度（%）	12.611	9.499	14.632	7.800	11.545
		平均增长量（个百分点）	0.084	0.163	0.733	0.817	0.393
	有 R&D 活动的规模以上工业企业的比重	平均发展水平（%）	4.900	8.061	18.436	36.636	13.662
		平均增长速度（%）	5.890	3.233	14.334	7.463	7.596
		平均增长量（个百分点）	0.280	0.228	2.177	2.333	1.079
	每名 R&D 人员获得的国家财政科技拨款	平均发展水平（万元/人年）	4.174	10.052	18.486	19.490	11.951
		平均增长速度（%）	13.541	8.008	4.755	−5.241	6.627
		平均增长量（万元/人年）	0.528	0.768	0.825	−1.052	0.488

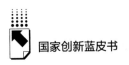

领域层	指标层	统计量	阶段一	阶段二	阶段三	阶段四	全时段
创新资源	R&D 经费支出	平均发展水平（亿元）	377.401	2631.319	13115.657	26318.970	7907.081
		平均增长速度(%)	19.737	23.930	14.534	11.836	18.474
		平均增长量(亿元)	64.778	512.320	1541.758	2776.238	987.813
	R&D 经费支出占 GDP 的比重	平均发展水平(%)	0.658	1.239	1.994	2.405	1.434
		平均增长速度(%)	0.329	8.306	3.071	3.864	4.108
		平均增长量（个百分点）	0.002	0.092	0.058	0.089	0.058
	基础研究经费比重	平均发展水平(%)	4.217	5.262	4.996	6.280	5.021
		平均增长速度(%)	23.486	-0.691	1.946	4.363	6.536
		平均增长量（个百分点）	0.509	-0.033	0.098	0.258	0.182
	R&D 人员全时当量	平均发展水平（万人年）	75.440	140.213	355.320	552.630	234.047
		平均增长速度(%)	2.574	10.799	7.469	9.737	7.524
		平均增长量（万人年）	1.890	14.696	23.223	49.305	18.333
	每万人中R&D 人员	平均发展水平（人年/万人）	6.261	10.745	25.864	39.166	17.288
		平均增长速度(%)	1.492	10.128	6.846	9.553	6.816
		平均增长量（人年/万人）	0.092	1.065	1.558	3.439	1.263
	基础研究人员比重	平均发展水平(%)	8.939	8.295	6.741	8.147	8.021
		平均增长速度(%)	3.260	-2.495	-0.349	3.580	0.366
		平均增长量（个百分点）	0.262	-0.207	-0.025	0.263	0.028

续表

领域层	指标层	统计量	阶段一	阶段二	阶段三	阶段四	全时段
创新成果	发明专利申请授权数	平均发展水平（件）	4525.778	53820.000	286784.333	619306.000	176162.969
		平均增长速度（%）	8.013	32.616	14.427	16.584	18.516
		平均增长量（件）	439.375	12085.200	33739.778	91550.000	25620.161
	每万人发明专利申请授权数	平均发展水平（件/万人）	0.038	0.410	2.080	4.389	1.272
		平均增长速度（%）	6.873	31.812	13.764	16.389	17.736
		平均增长量（件/万人）	0.003	0.090	0.235	0.643	0.181
	国外主要检索工具收录我国科技论文数	平均发展水平（篇）	16413.333	107483.500	405758.111	864034.000	260328.563
		平均增长速度（%）	20.279	20.118	13.095	12.158	17.036
		平均增长量（篇）	3192.125	17383.000	46597.889	91191.250	31726.226
	每万名R&D人员科技论文数	平均发展水平（篇/万人年）	213.209	712.261	1114.898	1562.126	791.378
		平均增长速度（%）	17.261	8.411	5.235	2.206	8.847
		平均增长量（篇/万人年）	36.256	50.036	58.487	32.599	46.684
创新效益	高技术产业主营业务收入占GDP的比重	平均发展水平（%）	7.571	14.924	19.164	17.371	14.354
		平均增长速度（%）	-0.114	7.066	0.224	0.697	2.355
		平均增长量（个百分点）	-0.010	0.846	0.039	0.123	0.297
	高技术产品出口占货物出口额的比重	平均发展水平（%）	7.262	25.284	29.411	28.799	21.816
		平均增长速度（%）	15.489	9.487	-0.538	-2.876	6.297
		平均增长量（个百分点）	1.084	1.870	-0.165	-0.823	0.729
	新产品销售收入占产品销售收入的比重	平均发展水平（%）	10.322	15.377	18.571	34.505	17.245
		平均增长速度（%）	3.816	2.565	3.062	13.715	4.412
		平均增长量（个百分点）	0.434	0.386	0.598	3.807	0.901
	单位能源创造的GDP	平均发展水平（万元/吨标准煤）	0.281	0.363	0.479	0.582	0.400
		平均增长速度（%）	6.687	1.115	3.857	1.375	3.358
		平均增长量（万元/吨标准煤）	0.018	0.004	0.018	0.008	0.012

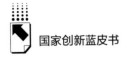

由表 2 可以横向观察到各创新领域的阶段性发展特点，具体如下。

在创新环境领域，各指标平均发展水平均呈现阶段递增的趋势，且阶段四的平均发展水平显著大于阶段一；人均 ICT 投入、本科及以上学历人数占就业人数的比重和有 R&D 活动的规模以上工业企业的比重的平均增长速度和平均增长量在各阶段均为正值；每名 R&D 人员获得的国家财政科技拨款阶段四的平均增长速度为-5.241%，是所有负增长指标中数值最大的一个。由此可见，创新环境领域各指标发展水平不断提高，ICT 硬实力和科技活动的社会参与度得到提高，但近年来每名 R&D 人员获得的国家财政科技拨款有所减少。

在创新资源领域，R&D 经费支出的平均增长速度呈现先增后降的趋势，尽管下降，但是各阶段平均增长速度仍大于 10%；R&D 人员全时当量和每万人中 R&D 人员的平均增长速度都呈现起伏不定的波动，且两个指标阶段四的平均增长速度均大于 9%；基础研究经费比重和基础研究人员比重平均增长速度在阶段四显著提升，这与我国"加强基础研究　实现高水平科技自立自强"的号召一致，但是这两个指标各阶段的平均发展水平都比较低，说明我国在基础研究投入方面仍然存在较大的发展空间。

在创新成果领域，四个指标的各阶段平均发展水平都呈不断上升的趋势；发明专利申请授权数、每万人发明专利申请授权数和国外主要检索工具收录我国科技论文数呈现波动式高速增长；每万名 R&D 人员科技论文数的平均增长速度在各阶段持续下降。总体而言，创新成果领域各指标平均增长速度都表现为正值，说明近年来我国创新成果数量呈现正增长态势，多数指标在近几年的增长速度放缓，说明创新成果在保证量的前提下逐渐重视质的提高。

在创新效益领域，四个指标各阶段平均增长速度波动较大；高技术产品出口占货物出口额的比重和单位能源创造的 GDP 的平均增长速度总体上下降，且前者的平均增长速度在后两个阶段均表现为负值，尤其是在阶段四，它是此领域所有负增长指标中数值最大的一个；新产品销售收入占产品销售收入的比重的平均增长速度呈现先下降后上升的趋势，且在最后一个阶段大于 10%。总体来看，创新效益领域各指标近几年平均发展水平较高，但平均增长速度起伏不定且在近几年处于较低状态，说明我国将创新成果投入社会化生产并转化成经济效益的能力亟待提升，转化过程中还存在较大的不确定性和风险性，这提示我们，不仅要重视科技创新量的增长，也要重视其质的提高。

综上所述，为进一步推动我国创新能力高质量发展，需要重点追踪的发展不稳定或发展水平较低的指标有基础研究经费比重、基础研究人员比重以及创新效益领域的所有指标。

（三）纵向分析——各阶段国家创新能力的发展特点

依据表 2 可以清楚地观察到我国创新能力在不同阶段的发展特点。

阶段一：1991~1999 年。从平均发展水平来看，该阶段各领域的指标总体上处于较低水平。从平均增长速度来看，创新资源领域的基础研究经费比重的平均增长速度为 23.486%，为所有指标中最高；平均增长速度较低的指标主要集中在创新资源领域和创新效益领域，包括 R&D 经费支出占 GDP 的比重和高技术产业主营业务收入占 GDP 的比重等指标。由此可见，阶段一是我国科技创新的起步阶段，创新资源方面研发经费投入不足，增长速度缓慢；创新效益方面高技术产品出口占货物出口额的比重的平均增长速度较快，但高技术产业主营业务收入占 GDP 的比重出现负增长，说明虽然我国高技术产业的产品数量增加，但和实现收入正增长还存在一定差距，需要在缩减生产成本、提高生产效率方面继续努力。总体来看，此阶段我国的创新发展在各领域之间以及各领域内部都存在不平衡现象。

阶段二：2000~2009 年。该阶段各领域各指标的平均发展水平相较阶段一总体上有明显的提高，且创新成果领域最为显著。从平均增长速度来看，创新成果领域发明专利申请授权数的平均增长速度为 32.616%，为平均增长速度最快的指标；创新资源领域基础研究经费比重和基础研究人员比重平均增长速度最小，且呈现负值。相较阶段一，除创新资源领域基础研究相关指标以外，阶段二在其余方面都取得了较大进步。因此，阶段二可看作我国

创新能力的加速发展阶段。

阶段三：2010～2018年。该阶段大多数指标的平均发展水平相较阶段二有所提高。创新环境领域本科及以上学历人数占就业人数的比重的平均增长速度为14.632%，为所有指标中最高；创新资源维度的基础研究人员比重和创新效益维度的高技术产品出口占货物出口额的比重的平均增长速度最小，且表现为负值。小半数指标的平均增长速度大于10%，尤其是创新环境、创新成果领域，呈现快速发展的特点，创新资源领域多数指标平稳增长，创新效益领域的各指标平均增长速度仍处于较低水平。因此，阶段三是我国科技创新的振兴时期，对基础研究、创新效益的重视程度仍需提高。

阶段四：2019～2022年。该阶段各领域多数指标的平均发展水平处于较高水平。从平均增长速度来看，创新成果领域的发明专利申请授权数为16.584%，为所有指标中最高。此阶段我国各创新领域多数指标的平均增长速度有所放缓，但由于前期创新能力的不断发展，此阶段的创新发展水平总体较高，基础研究投入力度明显加大，创新效益领域的多数指标在平均发展水平或平均增长速度上相较阶段三都有了提高，这一细微的进步体现出我国创新能力在稳定量的前提下关注质的提升。因此，我国创新能力在此阶段进入了高质量发展时期，在保证量达到了较大规模的前提下，放缓增长速度，重视质的转变。

综上所述，我国创新能力的发展经历了四个阶段：1991～1999年的起步阶段、2000～2009年的加速发展阶段、2010～2018年的振兴阶段和2019～2022年的高质量发展阶段。通过对比分析，发现创新资源领域的基础研究方面以及创新效益领域尤其值得重视，这些方面指标的平均增速基本处于较低水平，且波动幅度较大，在个别阶段甚至出现负增长情况。因此，为了进一步推动我国创新能力高质量发展，需提高对基础研究和创新效益的重视程度，增强基础研究能力，提高创新资源的使用效率和创新成果的经济转化率，努力实现在基础前沿领域奋勇争先，在原始创新上取得突破，在重要科技领域实现跨越式发展的目标；在保证量的前提下，实现质的提高。

四 国家创新能力的综合测度和趋势预测

为了考察我国创新能力的演进轨迹，本节利用 1991~2022 年数值拟合趋势线，总结得出各领域及综合创新能力的变化特征。

（一）国家创新能力发展指数编制方法

基本思路：采用综合指数法编制国家创新能力发展指数，动态反映我国创新能力的演进趋势。

第一步，将各项指标的原始数据转换为评价值：

$$I_{ijt} = \frac{X_{ijt}}{X_{ijs}} \tag{1}$$

其中，I_{ijt} 为第 i 个创新领域第 j 个观测指标的评价值，X_{ijt} 为第 i 个创新领域第 j 个观测指标的观测值，X_{ijs} 为第 i 个创新领域第 j 个观测指标的基准值。本节以各项指标的基期数值（1991 年数值）为标准，将原始数据转换为评价值。

第二步，设定各领域的指标层权重，各指标权重和各领域权重相等。

第三步，计算各创新领域的发展指数：

$$I_{S_it} = \sum_j W_j I_{ijt} \tag{2}$$

其中，I_{S_it} 为第 i 个创新领域的指数值，W_j 为第 i 个创新领域各观测指标的权重。

第四步，计算国家创新能力发展指数：

$$I_{St} = \sum_i W_i I_{S_it} \tag{3}$$

其中，I_{St} 为国家创新能力发展指数，W_i 为各创新领域的权重。

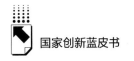

（二）各领域层发展指数的测度及趋势预测

1. 创新环境

根据表 1 中的国家创新能力综合测度指标体系，创新环境领域包含 4 项指标，分别是人均 ICT 投入（X_1）、本科及以上学历人数占就业人数的比重（X_2）、有 R&D 活动的规模以上工业企业的比重（X_3）和每名 R&D 人员获得的国家财政科技拨款（X_4）。根据上述指数编制方法，设定 4 项指标等权，则创新环境发展指数的表达式为：

$$Y_1 = \frac{1}{4} I_1 + \frac{1}{4} I_2 + \frac{1}{4} I_3 + \frac{1}{4} I_4 \tag{4}$$

其中，I_i（$i=1, 2, \cdots, 4$）为创新环境领域 4 项指标的评价值。根据式（4）计算得到 1991~2022 年中国创新环境发展指数（详见表 3）。同时，选用拟合优度最高的 Logistic 曲线对 Y_1 进行拟合，模型拟合优度为 99.55%，拟合结果为：

$$Y_1 = \frac{20.978}{1 + \exp[-0.179 \times (x - 2016.897)]} + 1.178 \tag{5}$$

表 3　国家创新能力发展指数及其分领域发展指数

年份	各创新领域发展指数				国家创新能力发展指数
	创新环境	创新资源	创新成果	创新绩效	
1991	1.000	1.000	1.000	1.000	1.000
1992	1.109	1.417	1.151	1.070	1.187
1993	1.226	1.666	1.536	1.062	1.372
1994	1.325	1.873	1.368	1.087	1.413
1995	1.475	1.998	1.327	1.143	1.486
1996	1.604	2.041	1.336	1.094	1.519
1997	1.771	2.247	1.598	1.498	1.779
1998	1.981	2.272	1.782	1.608	1.911
1999	2.195	2.384	2.877	1.796	2.313
2000	2.568	2.714	3.562	2.034	2.720

续表

年份	各创新领域发展指数				国家创新能力发展指数
	创新环境	创新资源	创新成果	创新绩效	
2001	2.634	2.903	4.219	2.225	2.995
2002	2.879	3.288	5.245	2.499	3.478
2003	3.321	3.586	7.732	2.776	4.354
2004	3.445	4.157	9.747	3.016	5.091
2005	3.622	4.642	12.179	3.056	5.875
2006	3.963	5.268	13.101	3.043	6.344
2007	4.074	6.004	14.841	3.038	6.989
2008	4.224	7.076	18.649	3.175	8.281
2009	4.769	8.468	23.381	3.352	9.993
2010	5.924	9.885	25.289	3.368	11.116
2011	6.556	11.758	29.682	3.216	12.803
2012	7.178	13.637	35.339	3.299	14.863
2013	7.660	15.355	36.870	3.386	15.818
2014	8.584	16.657	41.600	3.329	17.542
2015	10.329	17.951	58.289	3.441	22.502
2016	11.215	19.619	64.409	3.525	24.692
2017	12.024	21.747	67.253	3.605	26.157
2018	12.576	24.053	71.611	3.595	27.959
2019	14.153	26.927	77.124	3.735	30.485
2020	14.661	29.486	88.819	3.904	34.468
2021	15.124	33.495	109.929	3.941	40.622
2022	15.781	36.748	124.138	3.824	45.122
2023	16.887	35.484	124.435	3.943	44.508
2024	17.562	38.069	133.180	3.971	47.923
2025	18.172	40.670	141.389	3.996	51.335
2026	18.718	43.265	148.976	4.018	54.706
2027	19.202	45.833	155.887	4.038	58.005
2028	19.628	48.353	162.101	4.056	61.201
2029	19.999	50.806	167.621	4.072	64.267
2030	20.322	53.173	172.473	4.087	67.181
2031	20.600	55.442	176.700	4.099	69.927
2032	20.839	57.600	180.351	4.111	72.493

续表

年份	各创新领域发展指数				国家创新能力发展指数
	创新环境	创新资源	创新成果	创新绩效	
2033	21.044	59.637	183.484	4.121	74.871
2034	21.218	61.549	186.155	4.130	77.061
2035	21.366	63.331	188.422	4.138	79.063

图 2 是 1991~2022 年创新环境发展指数及 2023~2035 年创新环境发展指数预测值的趋势图。综合表 3 和图 2，可以看出我国创新环境发展指数呈稳步上升趋势。2015 年之后，创新环境发展指数增速有所提升；2020 年受新冠疫情的影响，指数提升速度放缓，说明经过多年创新环境的建设，我国创新环境总体改善，发展态势良好，在全球疫情的影响下仍能保持上升态势，且这种态势将在未来继续保持。

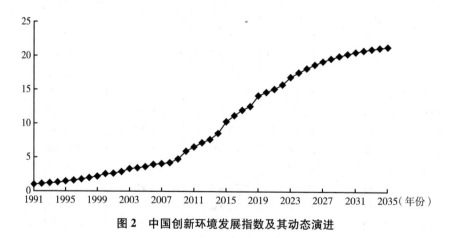

图 2　中国创新环境发展指数及其动态演进

2. 创新资源

根据表 1 中的国家创新能力综合测度指标体系，创新资源领域包含 6 项指标，分别是 R&D 经费支出（X_5）、R&D 经费支出占 GDP 的比重（X_6）、基础研究经费比重（X_7）、R&D 人员全时当量（X_8）、每万人中 R&D 人员（X_9）和基础研究人员比重（X_{10}）。根据上述指数编制方法，设定 6 项指标等权，则创新资源发展指数的表达式为：

$$Y_2 = \frac{1}{6}I_5 + \frac{1}{6}I_6 + \frac{1}{6}I_7 + \frac{1}{6}I_8 + \frac{1}{6}I_9 + \frac{1}{6}I_{10} \tag{6}$$

其中，I_i（$i = 5，6，\cdots，10$）为创新资源领域 6 项指标的评价值。根据式（6）计算得到 1991~2022 年中国创新资源发展指数（详见表 3）。同时，选用上限为 80 的 Logistic 曲线对 Y_2 进行拟合，模型拟合优度为 98.44%，拟合结果为：

$$Y_2 = \frac{1}{0.013 + 3.375e + 112 \times 0.878^x} \tag{7}$$

图 3 是 1991~2022 年创新资源发展指数及 2023~2035 年创新资源发展指数预测值的趋势图。综合表 3 和图 3，可以看出 2003 年之前，我国创新资源发展指数波动较小，创新资源投入不足。但从 2003 年开始，创新资源发展指数呈现快速增长趋势，并达到较高水平。说明我国逐年加大创新资源投入力度，创新资源积累较多，有利于创新活动的进行。

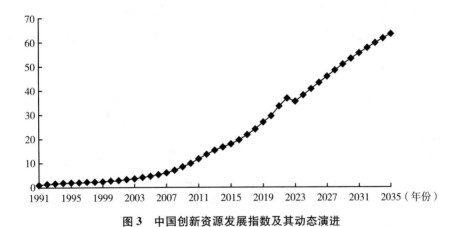

图 3 中国创新资源发展指数及其动态演进

3. 创新成果

由表 1 中的国家创新能力综合测度指标体系可知，创新成果领域包含 4 项指标，分别是发明专利申请授权数（X_{11}）、每万人发明专利申请授权数

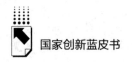
（X_{12}）、国外主要检索工具收录我国科技论文数（X_{13}）、每万名 R&D 人员科技论文数（X_{14}）。根据上述指数编制方法，设定 4 项指标等权，则创新成果发展指数的表达式为：

$$Y_3 = \frac{1}{4} I_{11} + \frac{1}{4} I_{12} + \frac{1}{4} I_{13} + \frac{1}{4} I_{14} \tag{8}$$

其中，I_i（$i=11$，12，…，14）为创新成果领域 4 项指标的评价值。根据式（8）计算得到 1991~2022 年中国创新成果发展指数（详见表 3）。同时，选用上限为 200 的 Logistic 曲线对 Y_3 进行拟合，模型拟合优度为 98.88%，拟合结果为：

$$Y_3 = \frac{1}{0.005 + 1.596\mathrm{e} + 165 \times 0.826^x} \tag{9}$$

图 4 是 1991~2022 年创新成果发展指数及 2023~2035 年创新成果发展指数预测值的趋势图。综合表 3 和图 4，可以看出：2003 年之前，我国创新成果发展指数增长缓慢，但之后增速明显加快，尤其是 2015~2022 年，更是进入高速增长阶段。说明我国的创新资源使用效率明显提高，创新活动成果颇丰。预计 2023~2035 年，创新成果增长趋势将更为显著。

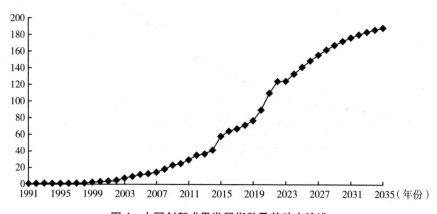

图 4　中国创新成果发展指数及其动态演进

4. 创新效益

由表 1 中的国家创新能力综合测度指标体系可知，创新效益领域包含 4 项指标，分别是高技术产业主营业务收入占 GDP 的比重（X_{15}）、高技术产品出口占货物出口额的比重（X_{16}）、新产品销售收入占产品销售收入的比重（X_{17}）、单位能源创造的 GDP（X_{18}）。根据上述指数编制方法，设定 4 项指标等权，则创新效益发展指数的表达式为：

$$Y_4 = \frac{1}{4} I_{15} + \frac{1}{4} I_{16} + \frac{1}{4} I_{17} + \frac{1}{4} I_{18} \tag{10}$$

其中，I_i（$i = 15, 16, \cdots, 18$）为创新效益领域 4 项指标的评价值。根据式（10）计算得到 1991~2022 年中国创新效益发展指数（详见表 3）。同时，选用上限为 4.2 的 Logistic 曲线对 Y_4 进行拟合，模型拟合优度为 95.15%，拟合结果为：

$$Y_4 = \frac{1}{0.238 + 3.575e + 105 \times 0.88^x} \tag{11}$$

图 5 是 1991~2022 年创新效益发展指数及 2023~2035 年创新效益发展指数预测值的趋势图。综合表 3 和图 5，可以看出我国的创新效益发展指数呈波动上升态势，2005~2022 年，上下波动频率提高，波动幅度加大，说明我国的创新效益极不稳定，有待进一步提升。若按这一发展趋势，预计 2023~2035 年，我国创新效益的增长速度放缓。因此，未来需特别重视科技成果转化，提高创新效益。

（三）国家创新能力发展指数的测度及趋势预测

将上述 4 个领域发展指数进行综合得到国家创新能力发展指数，根据前述指数编制方法，设定 4 个领域发展指数等权，其表达式为：

$$Z = \frac{1}{4} Y_1 + \frac{1}{4} Y_2 + \frac{1}{4} Y_3 + \frac{1}{4} Y_4 \tag{12}$$

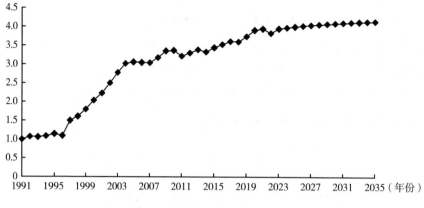

图5　中国创新效益发展指数及其动态演进

根据式（12）计算得到1991~2022年中国创新能力发展指数（详见表3）。同时，选用上限为95的Logistic曲线对Z进行拟合，模型拟合优度为99.41%，拟合结果为：

$$Z = \frac{1}{0.0111 + 3.742e + 124 \times 0.866^x} \tag{13}$$

图6是1991~2022年创新能力发展指数及2023~2035年创新能力发展指数预测值的趋势图。综合表3和图6，可以看出：1991~1999年，是我国创新能力的起步阶段，创新能力发展指数一直处于较低水平，且增速不高；2000~2009年是我国创新能力的加速发展阶段，创新能力发展指数的提升速度加快；2010~2018年是我国创新能力的振兴阶段，创新能力发展指数显著提升；2019~2022年是我国创新能力的高质量发展阶段，创新能力发展指数提升速度有所放缓，创新质量明显提高。"十三五"以来，我国科技实力和创新能力大幅提升，实现了历史性、整体性、格局性的变化，研发投入强度明显提升、基础研究经费大幅增长、科技进步贡献明显等，实现了预期目标。2023~2035年，我国的创新能力发展指数稳步增长，表明未来我国的创新能力发展总体向好。

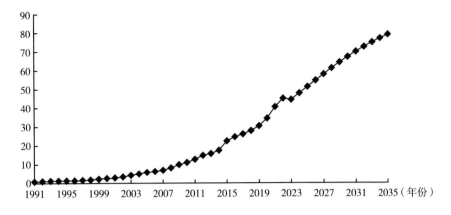

图 6　中国创新能力发展指数及其动态演进

五　国家创新能力国际比较和追赶指数

本节将进一步比较我国与七个创新型国家之间存在的差距，通过创新能力核心指标的国际比较，计算中国创新能力追赶指数，以更加全面地掌握我国创新能力的发展状况。

（一）国家创新能力核心指标的国际比较

在进行国际比较时，综合考虑指标的质量和数据的可获得性，最终选取 R&D 经费支出、R&D 经费支出占 GDP 的比重、基础研究经费比重、研究人员（指 researchers，而非 total R&D personnel）全时当量、每千名就业人员中研究人员、PCT 专利申请量和每万名研究人员专利数 7 项指标。同时，以 R&D 经费投入规模为衡量标准，选择美国、日本、德国、韩国、法国、英国和俄罗斯七个创新型国家。

表 4 在一定程度上反映了 2021 年八个国家创新能力的发展现状。可以看出，美国和中国的 R&D 经费支出以绝对优势稳居前两位，然而中国的 R&D 经费支出占 GDP 的比重却不高，在这一指标上，韩国、美国、日本、

德国遥遥领先，均超过 3%，其中韩国接近 5%，优势最为明显，说明这四个国家十分重视 R&D 经费的投入。

表4　2021年各国创新能力核心指标数据

国家	R&D 经费支出(10 亿美元)	R&D 经费支出占 GDP 的比重(%)	基础研究经费比重(%)	研究人员全时当量(万人年)	每千名就业人员中研究人员(人年/千人)	PCT 专利申请量(件)	每万名研究人员专利数(件/万人年)
美国	806.01	3.46	14.78	170.63	10.47	56159.19	334.88
中国	667.64	2.43	6.50	240.55	3.22	66020.07	289.42
日本	177.43	3.30	13.21	70.45	10.33	46452.88	673.34
德国	153.72	3.13	22.57	46.16	10.27	18557.41	410.69
韩国	119.58	4.93	14.45	47.07	17.26	18610.46	416.58
法国	77.22	2.22	22.67	33.38	11.40	6819.27	212.08
英国	97.93	2.91	18.27	31.63	9.64	6499.02	205.47
俄罗斯	47.95	1.10	18.81	39.72	5.63	1151.71	29.00

注：PCT 专利申请量、每万名研究人员专利数均为 2020 年数据；支出数据按购买力平价现价美元计，下同。

数据来源：OECD iLibrary（http：//www.oecd-ilibrary.org/statistics）。

在基础研究经费比重这一指标上，中国与德国、美国、日本更是相距甚远。这说明我国虽然重视研发投入，但是 R&D 经费投入结构亟须优化，基础研究经费投入仍显不足。从研究人员全时当量来看，中国和美国遥遥领先于其他国家，中国的研究人员规模最大。从每千名就业人员中研究人员来看，中国为 8 个国家中最低，韩国、法国的表现较好。从 PCT 专利申请量来看，美国、中国和日本的绝对数较高。从每万名研究人员专利数来看，日本、德国、韩国的绝对优势明显，中国相对较低。

值得特别指出的是，世界知识产权组织数据库统计的 PCT 专利申请量远低于《中国科技统计年鉴》收录的国内外发明专利申请授权数。PCT 是《专利合作条约》（Patent Cooperation Treaty）的英文缩写，是有关专利的国际条约。两者的统计口径不一致，说明国际市场上我国的专利产品认可度较低，这是我国在科技创新进程中需要高度重视的。

图 7 反映了 2021 年 7 个国家基础研究、应用研究和试验发展的经费支出占比，表明各国 R&D 经费在不同活动类型上的配置结构。通过比较可以发现，中国基础研究和应用研究经费占比较低，特别是基础研究经费占比在6.5% 左右，与其他国家的差距较大。研发经费主要来源于政府、企业、民间其他组织和个人，中国研发经费中来自企业的资金占比不断提升，然而企业大多专注于对新产品进行开发与试验测试，对基础研究的投入相对较少。基础研究是人类认识自然规律的基本途径，是科技创新的源泉，事关一个国家科技的长远和未来。[①] 因此，我国不仅要关注研发活动的规模，而且要注重基础研究、应用研究和试验发展之间的比例协调，加大对基础研究的投入力度，提高原始创新能力。[②]

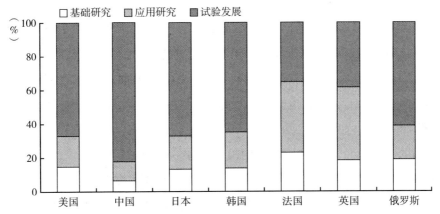

图 7　2021 年各国基础研究、应用研究、试验发展经费支出占比

数据来源：OECD iLibrary（http://www.oecd-ilibrary.org/statistics）。

[①] 张先恩、刘云、周程等：《基础研究内涵及投入统计的国际比较》，《中国软科学》2017 年第 5 期，第 131~138 页。

[②] 程如烟、许诺、蔡凯：《中美研发经费投入对比研究》，《世界科技研究与发展》2018 年第 5 期，第 444~453 页。

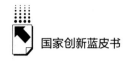

综上所述，中国尽管在创新资源的规模上稳步扩大，但在创新资源投入强度上与创新强国相比仍有一定差距；在创新成果方面，我国创新产出增速较快，科技创新产出总量引领全球，但产出的质量和效率有待提高，比如中国的发明专利总量较大，但从专利产出率来看，与主要的创新型国家仍然存在明显差距，以 2020 年为例，中国每万名研究人员专利数为 289.42 件/万人年，而日本为 673.34 件/万人年，韩国为 416.58 件/万人年。此外，我国专利产品的国际认可度较低，应用渠道受到限制，应用价值未能完全彰显[1]。因此，我国应继续加大研发投入力度，提高研发经费的投入产出效率；加强科技人才队伍建设，优化人才结构；促进科技成果转化，提高科技成果质量；优化 R&D 经费投入结构，增加对基础研究和应用研究的投入。[2]

（二）中美创新能力核心指标对比及追赶指数

1. 中美创新能力核心指标对比

创新能力核心指标的横向对比有助于我们了解世界创新的格局和现状，但无法反映各国创新能力的动态演化和发展趋势。由于美国是传统的创新型强国，在创新资源和创新成果等多个方面居于世界前列，因此本小节对中美两国 1991~2021 年核心指标进行对比，以进一步考察两国创新能力的演进过程。

由表 5 可知，在发展初期，中国与美国在各方面都存在较大差距。但随着我国对科技创新重视程度的提高，创新能力的许多方面都呈现较大提升。例如，自 2010 年起，我国的研究人员全员时当量持续领先于美国。说明我国重视对研发人员的培养，重视研发人才梯队的建设，自主创新的人力资源投入规模和强度不断增大。

---

① 陈海利、李文君：《透过中美贸易战看中国创新能力建设》，《南华大学学报》（社会科学版）2019 年第 2 期，第 52~59 页。
② 孙云杰、陈钰：《中国科技创新现状及面临的问题研究》，《科技管理研究》2019 年第 22 期，第 22~27 页。

表5 1991~2021年中美两国创新能力核心指标（1）

年份	R&D 经费支出 (10 亿美元)		R&D 经费支出占 GDP 的比重(%)		基础研究经费比重 (%)		研究人员全时当量 (万人年)	
	中国	美国	中国	美国	中国	美国	中国	美国
1991	9.12	161.39	0.72	2.62	4.66	16.82	47.14	74.60
1992	10.71	165.83	0.73	2.54	4.50	16.65	47.19	76.53
1993	11.92	166.15	0.70	2.42	4.79	17.30	48.92	78.11
1994	12.47	169.61	0.63	2.33	5.52	17.48	55.20	77.42
1995	12.75	184.08	0.57	2.41	5.18	16.08	52.20	79.64
1996	14.14	197.79	0.56	2.45	5.00	16.58	54.80	84.27
1997	17.83	212.71	0.64	2.48	5.39	17.35	58.87	88.11
1998	19.69	226.93	0.65	2.50	5.25	15.57	48.55	93.77
1999	24.92	245.55	0.75	2.55	4.99	15.83	53.11	96.52
2000	32.94	269.51	0.89	2.63	5.22	15.86	69.51	98.47
2001	38.39	280.24	0.94	2.65	5.33	17.03	74.27	101.49
2002	47.88	279.89	1.06	2.56	5.73	18.54	81.05	104.88
2003	56.83	293.85	1.12	2.56	5.69	19.09	86.21	112.80
2004	69.69	305.64	1.21	2.50	5.96	18.89	92.63	110.70
2005	86.18	328.13	1.31	2.52	5.36	18.69	111.87	110.32
2006	104.72	353.33	1.37	2.56	5.19	17.83	122.38	113.23
2007	123.30	380.32	1.37	2.63	4.70	17.89	142.34	113.56
2008	145.07	407.24	1.45	2.76	4.78	17.71	159.24	119.35
2009	184.12	406.41	1.66	2.81	4.66	18.15	115.23	125.25
2010	212.14	410.09	1.71	2.73	4.59	18.31	121.08	120.00
2011	246.48	429.79	1.78	2.76	4.74	17.39	131.81	125.43
2012	289.20	434.35	1.91	2.67	4.84	16.87	140.40	125.29
2013	323.36	455.13	2.00	2.70	4.68	17.38	148.40	129.44
2014	346.27	477.00	2.02	2.72	4.71	17.34	152.43	134.03
2015	366.08	507.40	2.06	2.79	5.05	16.61	161.90	137.01
2016	393.02	533.46	2.10	2.85	5.25	16.06	169.22	137.32
2017	420.82	565.69	2.12	2.91	5.54	15.68	174.04	143.42
2018	465.34	618.07	2.14	3.01	5.54	15.54	186.61	155.33
2019	526.22	677.88	2.23	3.18	6.03	15.18	210.95	158.65
2020	582.80	730.33	2.40	3.45	6.01	14.77	228.11	167.70
2021	667.64	806.01	2.43	3.46	6.50	14.78	240.55	170.63

数据来源：OECD iLibrary（http：//www.oecd-ilibrary.org/statistics）。

此外，中国 R&D 经费支出、R&D 经费支出占 GDP 的比重呈明显增长的态势，与美国的差距明显缩小。其中，中国 2021 年 R&D 经费支出为 1991 年的 73.21 倍，年均增速达 15.39%；R&D 经费支出占 GDP 的比重从 1991 年的 0.72%增长至 2021 年的 2.43%。中国基础研究经费比重呈波动性上升态势，在 2019 年首次超过 6%，但与美国相比仍存在较大差距，2021 年指标数值仅为美国的 43.98%。说明与世界先进水平相比，我国基础研究与原始创新能力依然落后，需加大力度优化研发经费的配置。

由表 6 可以看出，中国每千名就业人员中研究人员的水平呈波动性上升态势，但截至 2021 年，仍与美国存在较大差距，这与我国就业人员基数庞大的国情是分不开的。我国需加强对创新人才的培养，提高从事基础研究与应用研究人员的比例，提高研发人员质量，努力提高就业人群中研究人员的比重。

表 6　1991~2021 年中美两国创新能力核心指标（2）

年份	每千名就业人员中研究人员（人年/千人）		PCT 专利申请量（件）		每万名研究人员专利数（件/万人年）	
	中国	美国	中国	美国	中国	美国
1991	0.72	6.30	4.46	10312.26	0.73	138.23
1992	0.71	6.46	7.26	11917.70	1.02	155.72
1993	0.73	6.46	68.57	13676.87	1.25	175.10
1994	0.82	6.27	86.69	15599.38	1.57	201.49
1995	0.77	6.31	100.80	18894.57	1.93	237.25
1996	0.79	6.57	127.92	22179.04	2.33	263.20
1997	0.84	6.73	170.96	25764.50	2.90	292.41
1998	0.69	7.00	263.35	29078.85	5.42	310.10
1999	0.74	7.08	601.50	35389.04	11.33	366.66
2000	0.96	7.08	1450.08	40934.81	20.86	415.70
2001	1.02	7.29	773.36	40078.11	10.41	394.89
2002	1.11	7.56	1115.82	39966.63	13.77	381.06
2003	1.17	8.05	1487.55	42224.54	17.25	374.32
2004	1.25	7.82	2067.25	45579.86	22.32	411.74
2005	1.50	7.66	3527.79	49714.48	31.53	450.64

年份	每千名就业人员中研究人员（人年/千人）		PCT专利申请量(件)		每万名研究人员专利数（件/万人年）	
	中国	美国	中国	美国	中国	美国
2006	1.63	7.72	4804.36	52028.53	39.26	459.48
2007	1.89	7.66	5986.25	50041.01	42.06	440.68
2008	2.11	8.08	6386.53	44644.94	40.11	374.05
2009	1.52	8.81	10167.92	42884.12	88.24	342.40
2010	1.59	8.49	13459.13	45224.33	111.16	376.88
2011	1.73	8.82	17287.50	49271.59	131.16	392.84
2012	1.84	8.66	19073.16	52534.45	135.85	419.30
2013	1.94	8.85	22555.68	58946.25	151.99	455.40
2014	2.00	9.02	25890.66	53806.53	169.85	401.45
2015	2.12	9.07	33145.38	53587.81	204.72	391.12
2016	2.22	8.94	42843.95	54111.07	253.19	394.05
2017	2.29	9.22	49445.94	54603.03	284.10	380.73
2018	2.46	9.84	52999.51	55027.29	284.01	354.25
2019	2.80	9.93	60879.82	55704.20	288.60	351.11
2020	3.04	10.37	68696.70	58071.90	301.15	346.29
2021	3.22	10.17	69654.00	59570.00	289.56	349.13

数据来源：OECD iLibrary（http：//www.oecd-ilibrary.org/statistics）；World Intellectual Property Organization（WIPO，https：//www.wipo.int/portal/en/index.html）。

创新成果方面，中国在1994年加入《专利合作条约》后，PCT专利申请量增长十分明显，2019年我国的PCT专利申请量开始超过美国，2021年已远超美国近10000件。说明近年来我国的创新成果增速较快，产出规模十分可观。同时，我国每万名研究人员专利数也迅速增加，与美国的差距不断缩小，说明我国对创新产出效率的重视程度在提高。

2. 中国创新能力追赶指数分析

以美国创新能力核心指标1991~2035年的实际值（或预测值）作为标

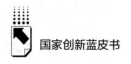

杆值，计算 1991~2035 年中国创新能力追赶指数，可以直观反映中国与美国的创新能力发展差距。

首先，对中美两国 5 个核心指标分别进行拟合，综合考虑拟合优度、模型的显著性、t 检验结果、回归估计结果的表现，选定最优回归模型（见表 7 和表 8），并外推得到 2021~2035 年的预测值（见表 9）。

表 7 中国创新能力核心指标回归模型

核心指标	回归模型
R&D 经费支出占 GDP 的比重（%）	$Y = 3.304 / [\, 1 + e^{-0.094(x-2009.917)} \,]$
基础研究经费比重（%）	$Y = \dfrac{2.66 \times 10^{8} e^{-0.008(x-2354.764)}}{0.007\, x^3 + 0.618\, x^2 - 5.946x + 21.74}$
每千名就业人员中研究人员（人年/千人）	$Y = 5070.079 / [\, 1 + e^{-0.052(x-2164.076)} \,]$
PCT 专利申请量（件）	$Y = 12644.1 \times e^{-0.125(x-2017.017)} + 733.28$
每万名研究人员专利数（件/万人年）	$Y = 338.041 / [\, 1 + e^{-0.298(x-2013.083)} \,]$

表 8 美国创新能力核心指标回归模型

核心指标	回归模型
R&D 经费支出占 GDP 的比重（%）	$Y = 383.574 / [\, 1 + e^{-0.010(x-2525.971)} \,]$
基础研究经费比重（%）	$Y = \dfrac{0.509\, x^2 + 2.311x + 168.75}{0.001\, x^3 - 0.041\, x^2 + 2.866x + 19.684}$
每千名就业人员中研究人员（人年/千人）	$Y = 7995783 \times e^{-0.001(x-4175.874)}$
PCT 专利申请量（件）	$Y = 55392.98 / [\, 1 + e^{-0.226(x-1997.45)} \,]$
每万名研究人员专利数（件/万人年）	$Y = 398.930 / [\, 1 + e^{-0.371(x-1993.606)} \,]$

表 9 2022~2035 年中美两国创新能力核心指标预测值

年份	R&D 经费支出占 GDP 的比重（%）		基础研究经费比重（%）		每千名就业人员中研究人员（人年/千人）		PCT 专利申请量（件）		每万名研究人员专利数（件/万人年）	
	中国	美国	中国	美国	中国	美国	中国	美国	中国	美国
2022	2.544	3.129	6.573	15.118	3.208	10.333	70015.00	55177.14	315.898	398.919
2023	2.557	3.159	7.134	15.030	3.379	10.504	79444.03	55220.86	321.323	398.923
2024	2.610	3.189	7.507	14.955	3.558	10.677	83944.39	55255.57	325.472	398.925
2025	2.660	3.219	7.909	14.892	3.747	10.853	88130.20	55283.30	328.622	398.926
2026	2.707	3.250	8.342	14.841	3.947	11.032	91999.66	55305.40	330.999	398.927

续表

年份	R&D 经费支出占 GDP 的比重（%）		基础研究经费比重（%）		每千名就业人员中研究人员（人年/千人）		PCT 专利申请量（件）		每万名研究人员专利数（件/万人年）	
	中国	美国	中国	美国	中国	美国	中国	美国	中国	美国
2027	2.752	3.280	8.808	14.802	4.156	11.214	95557.35	55323.11	332.786	398.928
2028	2.794	3.312	9.308	14.774	4.377	11.398	98812.80	55337.23	334.125	398.929
2029	2.833	3.343	9.843	14.756	4.610	11.585	101779.10	55348.49	335.126	398.929
2030	2.870	3.375	10.417	14.749	4.855	11.775	104472.00	55357.48	335.872	398.929
2031	2.904	3.407	11.031	14.751	5.113	11.968	106908.60	55364.65	336.429	398.929
2032	2.936	3.439	11.687	14.763	5.385	12.164	109106.80	55370.38	336.843	398.930
2033	2.965	3.472	12.389	14.784	5.671	12.363	111085.10	55374.95	337.151	398.930
2034	2.993	3.505	13.137	14.814	5.972	12.564	112861.20	55378.59	337.380	398.930
2035	3.018	3.538	13.936	14.852	6.290	12.769	114452.80	55381.50	337.550	398.930

然后，计算 1991~2035 年各指标的追赶指数，再对各指标的追赶指数进行加权平均，得到中国创新能力追赶指数（见表10）。

表 10　中国创新能力追赶指数（1991~2035 年）

年份	分项追赶指数					中国创新能力追赶指数
	R&D 经费支出占 GDP 的比重	基础研究经费比重	每千名就业人员中研究人员	PCT 专利申请量	每万名研究人员专利数	
1991	0.277	0.277	0.114	0.000	0.001	0.134
1992	0.286	0.271	0.111	0.001	0.001	0.134
1993	0.287	0.277	0.113	0.005	0.008	0.138
1994	0.271	0.316	0.131	0.006	0.008	0.146
1995	0.236	0.322	0.122	0.005	0.008	0.139
1996	0.230	0.302	0.121	0.006	0.009	0.133
1997	0.258	0.311	0.125	0.007	0.010	0.142
1998	0.258	0.337	0.098	0.009	0.017	0.144
1999	0.294	0.315	0.105	0.017	0.031	0.152
2000	0.340	0.329	0.136	0.035	0.050	0.178
2001	0.355	0.313	0.140	0.019	0.026	0.171
2002	0.413	0.309	0.146	0.028	0.036	0.187
2003	0.437	0.298	0.145	0.035	0.046	0.192

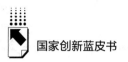
续表

年份	分项追赶指数					中国创新能力追赶指数
	R&D 经费支出占 GDP 的比重	基础研究经费比重	每千名就业人员中研究人员	PCT 专利申请量	每万名研究人员专利数	
2004	0.486	0.315	0.160	0.045	0.054	0.212
2005	0.520	0.287	0.196	0.071	0.070	0.229
2006	0.535	0.291	0.211	0.092	0.085	0.243
2007	0.523	0.263	0.247	0.120	0.095	0.250
2008	0.524	0.270	0.261	0.143	0.107	0.261
2009	0.593	0.257	0.173	0.237	0.258	0.303
2010	0.629	0.251	0.187	0.298	0.295	0.332
2011	0.646	0.273	0.196	0.351	0.334	0.360
2012	0.716	0.287	0.213	0.363	0.324	0.380
2013	0.739	0.270	0.220	0.383	0.334	0.389
2014	0.744	0.272	0.221	0.481	0.423	0.428
2015	0.738	0.304	0.234	0.619	0.523	0.484
2016	0.736	0.327	0.248	0.792	0.643	0.549
2017	0.728	0.354	0.248	0.906	0.746	0.596
2018	0.710	0.357	0.250	0.963	0.802	0.616
2019	0.704	0.398	0.281	1.093	0.822	0.660
2020	0.696	0.402	0.293	1.183	0.870	0.689
2021	0.702	0.440	0.317	1.167	0.726	0.670
2022	0.799	0.449	0.310	1.353	0.792	0.741
2023	0.809	0.475	0.322	1.439	0.805	0.770
2024	0.818	0.502	0.333	1.519	0.816	0.798
2025	0.826	0.531	0.345	1.594	0.824	0.824
2026	0.833	0.562	0.358	1.663	0.830	0.849
2027	0.839	0.595	0.371	1.727	0.834	0.873
2028	0.844	0.630	0.384	1.786	0.838	0.896
2029	0.847	0.667	0.398	1.839	0.840	0.918
2030	0.850	0.706	0.412	1.887	0.842	0.940
2031	0.852	0.748	0.427	1.931	0.843	0.960
2032	0.854	0.792	0.443	1.970	0.844	0.981
2033	0.854	0.838	0.459	2.006	0.845	1.000
2034	0.854	0.887	0.475	2.038	0.846	1.020
2035	0.853	0.938	0.493	2.067	0.846	1.039

由表 10 可知，1991～1999 年属于我国创新能力的起步阶段，此时，我国创新能力追赶指数数值较小，基本在低水平波动。进入 21 世纪以来，我国创新能力明显增强，追赶指数提升速度显著上升。2023 年，中国创新能力追赶指数已达到 0.770，中国创新能力与美国的差距明显缩小。

细看各项指标，PCT 专利申请量的追赶指数上升速度最快，不难看出 1991 年我国和美国在专利产出方面的差距十分巨大，追赶指数几乎可以忽略不计，1991～2006 年我国 PCT 专利申请量的追赶指数爬升缓慢，始终在 0.1 以下。然而 2007 年起进入了快速发展时期，追赶指数以较为明显的速度迅速上升，到 2019 年我国 PCT 专利申请量的追赶指数达 1.093。2006 年国务院发布的《国家中长期科学和技术发展规划纲要（2006～2020 年）》指出，要营造激励自主创新的环境，推动企业成为技术创新的主体，努力建设创新型国家，并就实现以上目标发布了若干配套措施。说明 2006 年后我国提高了对科技创新领域的重视程度，创新成果颇丰。再看每万名研究人员专利数和 R&D 经费支出占 GDP 的比重，这两个指标的追赶指数在 2021 年已分别达到 0.726、0.702，说明我国不断提高对创新产出效率、创新资源投入的重视程度，这有利于营造良好的创新环境、推动创新快速发展。而基础研究经费比重的追赶指数持续增加，说明我国的基础研究资源与美国差距缩小。每千名就业人员中研究人员的追赶指数虽然有明显的上升趋势，但上升幅度不大，整体处于较低水平，2021 年为 0.317，预计到 2035 年仍在 0.5 以下。

由此可以看出，第一，我国的基础研究经费投入不足，科研经费的结构还需优化，未来应更加重视对基础研究的投入，打牢基础研究与应用研究的根基，建设科技强国。第二，我国的研究人员力量相比美国还很薄弱，今后需加强对高端研发人才的培养，提高就业人群中研究人员的占比。

六　结论和启示

创新型国家是指那些将科技创新作为基本战略，大幅度提高科技创新能

力，形成日益强大竞争优势的国家。创新型国家建设是化解新时代中国社会主要矛盾的有力抓手，是关乎中国在国际竞争格局中地位的战略举措和迈向科技现代化强国的必然要求。①

首先，本文将 1991~2022 年这 32 个样本年份划分为四个区间，并从横向和纵向两个方面分析总结出我国创新能力的发展特点。结果表明：1991~1999 年我国创新能力总体上处于起步时期，2000~2009 年进入加速发展时期，2010~2018 年创新能力振兴发展，2019~2022 年为高质量发展阶段。经历了 1991~2022 年 32 年的探索与发展，我国的创新能力已经形成各个方面协调共进的发展局面，并且在保证量的同时，寻求质的提高。但目前我国创新资源的使用率仍然较低，基础研究的经费投入强度与人才培养力度仍不稳定；创新成果的经济转化率——创新效益仍然较低，且发展水平极不稳定，需加大改善力度，助力我国科技创新加快由量变转向质变。同时，通过分析发现，我们目前需要重点追踪的发展不稳定或发展水平较低的弱势指标有基础研究经费比重、基础研究人员比重以及创新效益领域的所有指标。

其次，本文基于创新驱动发展战略，同时结合党的二十大提出的"加快建设科技强国"的发展要求，从创新环境、创新资源、创新成果和创新效益 4 个领域构建国家创新能力综合测度指标体系，在创新资源方面着重考察了基础研究的投入情况。以各领域各项指标 1991 年的数值为比较基准，编制国家创新能力发展指数。通过刻画各创新领域及创新能力发展指数的动态演进趋势，总结 1991~2022 年各领域及国家创新能力的变化特征，得到以下结论。（1）1991~1999 年，我国科技创新处于起步阶段，发展指数增长比较缓慢；2000~2009 年是我国创新能力的加速发展阶段，各发展指数增速有所提升；2010~2018 年，我国创新能力处于振兴阶段，发展指数增速较快；2019~2022 年是我国创新能力的高质量发展阶段，创新能力稳步增长，创新质量明显改善。（2）创新环境发展指数增幅较小，但创新环境建设具

---

① 杜斌、张可云、夏婷婷：《中国迈进创新型国家行列了么——基于六大权威评价指标体系的综合研判》，《科技进步与对策》2022 年第 15 期，第 1~10 页。

有杠杆作用，营造良好的创新环境有利于加快形成人才成长的促进机制，有利于吸引具有创造力的企业入驻，有利于结出更为优秀的创新果实。（3）创新资源发展指数近十年总体呈稳步上升的趋势。表明最近十年我国在创新资源方面稳步发展，在平稳扩大创新资源规模的基础上，致力于研究如何增强创新资源投入的有效性，以便更好成为创新能力的"助推器"。（4）创新成果发展指数在考察期内的提升速度最快，涨幅最大，样本期末的得分是样本期初的120倍多。这主要得益于科技创新工作的长期积累：创新环境不断得到改善，创新资源日益充分，使得创新成果颇丰。（5）创新效益发展指数总体呈上升态势，但32年间涨幅不大。这反映出我国部分创新成果质量不佳，技术研发与推广应用两者间还存在不平衡问题。因此，提高科技成果转化率仍是我国当前必须重点关注的问题。

最后，以七个创新能力核心指标为基础，将中国与七个创新型国家（本文以 R&D 经费投入规模为衡量标准）的创新现状进行横向比较，再将传统创新强国——美国的创新能力核心指标 1991~2035 年的实际值（或预测值）作为标杆值，计算 1991~2035 年中国创新能力追赶指数。结果显示：（1）我国不断追赶科技强国的步伐，创新能力有了显著提升，但目前与美国仍然存在一定的差距；（2）虽然我国以 R&D 经费支出为代表的创新资源投入规模较大，但投入密度和强度相对落后；（3）我国科技创新成果总体增长迅速，近年来已有了相当可观的规模，但产出效率与产出质量仍需提升；（4）虽然我国研究人员的总体数量较大，但在总就业人数中占比较小，与美国仍然存在较大差距；（5）我国基础研究和应用研究的投入比重远低于其他国家，说明我国 R&D 经费配置结构亟须优化，科技创新应更加注重基础研究，注重增强原始创新能力。

综上所述，我国近年来的创新能力已进入高质量发展阶段，创新环境良好，创新资源汇集，创新成果丰硕，但创新效益仍有待进一步提升。为了促进更好更快地推动高质量发展，实现 2035 年跻身创新型国家前列、2050 年建成世界科技创新强国的目标，现阶段我国应突出做好以下几点。（1）将突破体制约束作为根本。改革体制机制，坚持把科技自立自强作为国家发展

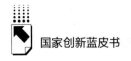
的战略支撑，完善国家创新体系，加快建设科技强国，实现高水平科技自立自强。（2）加大对基础研究和应用研究的投入力度。强化基础研究系统部署，加快突破重大科学问题，提升基础研究与应用研究的整体协同度。[①]（3）倡导创新文化，培养各种类型的创新人才，并且提高创新人才的创新效率。鼓励创新人员增强社会责任感和历史使命感，积极引导更多人加入研究人员的队伍，扩大研究人员在总体就业人群中的比重，培养和造就规模宏大、结构合理、素质优良的创新型科技人才。[②]（4）加强科技成果转化，提升科技创新效益。鼓励大企业主导，引入技术持有单位、技术需求单位、金融机构等共同分担从基础研究到产业孵化的早期风险，促进产业链和创新链深度融合发展，支持建立以成果转化为导向的科研项目立项与成果评价体系，推动以市场为导向、自上而下的创新组织模式转变，强化科技成果转化供需对接平台建设，打造以市场为导向的成果转化服务体系，持续优化科技领域营商环境。[③]

① 李政、王思霓：《基础研究与应用研究的产业创新效应》，《武汉大学学报》（哲学社会科学版）2021 年第 5 期，第 91~104 页。
② 陈海生：《加快建设创新型国家》，《山东青年》2019 年第 3 期，第 170~171 页。
③ 《建立科技成果转化融合发展新模式》，《北京观察》2022 年第 1 期，第 56 页。

专题篇：强化国家战略科技力量

B.2
面向高水平科技自立自强的新时代中国创新范式

陈 劲 李根祎*

摘 要： 面对新一轮科技革命和产业变革的机遇与挑战，我国必须加快实现高水平科技自立自强。然而，外部情境的复杂性与不确定性使得我国实现高水平科技自立自强仍面临重重阻碍和挑战。本文立足高水平科技自立自强，基于我国优秀传统文化的创新禀赋和中国特色社会主义的制度优势，解析新时代中国创新范式的框架，分别从思想导向的思想层、能力跃升的理论层、方法力撑的方法层阐述新时代中国科技创新范式与发展方向，包括贯彻全面创新和引领创新理念、强调原始创新和以人民为中心的创新以及遵循体系工程牵引和数字科技驱动。

关键词： 高水平科技自立自强 创新范式 体系工程 数字科技

* 陈劲，清华大学经济管理学院教授，清华大学技术创新研究中心主任，博士研究生导师，研究方向为科技创新政策与创新管理；李根祎，清华大学经济管理学院博士后，研究方向为创新管理。

一 引言

党的二十大报告明确提出"坚持面向世界科技前沿、面向经济主战场、面向国家重大需求、面向人民生命健康，加快实现高水平科技自立自强"，2023 年 4 月习近平总书记在广东考察时亦指出"实现高水平科技自立自强，是中国式现代化建设的关键"。2024 年 1 月 31 日，习近平总书记在中共中央政治局第十一次集体学习时进一步强调，要把推进高水平科技自立自强落实到位。实现高水平科技自立自强是我国现阶段的重中之重，是建成科技强国的必由之路。在创新驱动发展战略的引导下，我国科技创新实力不断提升，2023 年我国创新能力世界排名第 12 位，PCT 专利申请量和研发人员总量保持世界第一①，科技创新遍布国防、工业、民生等众多关键领域。

然而，受制于内外部多重因素的影响，我国实现高水平科技自立自强面临重重阻碍。一方面，在旧有技术创新范式下，我国由于过度依赖外向型开放式创新体系而导致内生式自主创新能力缺失，从而导致本土创新难以占据高端价值链、创新链的核心环节。② 在此前提下，以美国为首的国家对中国重要战略性新兴产业开展的多链种封锁与遏制使得我国面临严峻的关键核心技术"卡脖子"问题，这严峻威胁我国的国家安全。另一方面，从自身发展视角来看，我国面临要牢牢把握新一轮科技革命与产业变革的机遇、在新一轮国际竞争中抢占先机的重大挑战，同时亦面临解决发展不平衡不充分问题、促进全体人民共同富裕的长期任务，"引进—消化—吸收—再创新"的技术追赶范式无法满足我国科技创新的内生需求。立足新时代中国创新面临的情境特征与发展需求，实现高水平科技自立自强，必须坚定不移走中国特色自主创新道路，探索具有中国特色的创新发展范式，加快塑造驱动我国高

---

① 数据来源：世界知识产权组织（WIPO）发布的《2023 年全球创新指数》。
② 陈劲、阳镇、朱子钦：《"十四五"时期"卡脖子"技术的破解：识别框架、战略转向与突破路径》，《改革》2020 年第 12 期，第 5~15 页。

质量、可持续创新的先发优势。①

　　实现高水平科技自立自强意味着科技发展模式要具备自主性、引领性、开放性、体系性和可持续性。② 以此为原则，本文解析新时代中国创新范式的基本要素，贯彻习近平新时代中国特色社会主义思想的内涵和理论本质，把握马克思主义的"人民立场"观点，萃取中华优秀传统文化的创新基因，分别从思想层、理论层和方法层三个层面建构新时代中国创新范式框架，并提出未来创新体系建构和创新发展的方向。

二　新时代创新范式框架解析

　　高水平科技自立自强包括"高水平科技自立"与"高水平科技自强"两个方面，意味着：一方面，我国要打赢关键核心技术攻坚战，破解"卡脖子"难题，保障国家安全；另一方面，我国要走向科技创新世界前列，勇闯"无人区"，努力成为世界主要科学中心和创新高地。而传统的技术追赶型创新范式功在跟跑，无法有效满足新时代科技创新"并跑"和"领跑"之需求。

　　创新范式既反映某一阶段创新发展的全貌与趋势，又承担着从整体视野把握创新发展布局与方向的功能。对于新时代创新范式的建构，需要明确我国实现高水平自立自强所具备的独特优势，只有在此基础上立足高水平科技自立自强的内涵要义与特征，才能构建具备中国特色的新时代中国创新范式框架。

（一）文化优势：激活中国优秀传统文化的创新禀赋

　　清末民初西方科学主义冲击中国传统社会范式，在西方国家强劲的经济

---

① 陈劲、李根祎：《创新驱动发展、创新范式和创新科学的兴起》，《创新科技》2022 年第 12 期，第 1~12 页。

② 盛朝迅：《高水平科技自立自强的内涵特征、评价指标与实现路径》，《改革》2024 年第 1 期，第 1~11 页。

打压和强势的文化灌输下，中华传统文化一度被视为无法适应现代社会、无法为现代社会的创新提供有益支撑的落后文化。针对"为什么近代科学没有诞生于中国"的李约瑟之谜，许多学者认为中华文化的特质抑制科技发展。然而，以此评价中华文化与科技发展的冲突或矛盾是有失偏颇的。正如习近平总书记所言"创新是民族进步的灵魂，是一个国家兴旺发达的不竭源泉，也是中华民族最深沉的民族禀赋"①。中华文化蕴含的易学、儒学等丰富的文化哲学思想，在赓续发展中凝练出的独特思维方式，具备深刻的创新因素。中华文化的整体性、综合性、前瞻性、动态性、伦理性等文化基因所蕴含的创新禀赋为构建新时代中国创新范式奠定了文化基础。

首先，中华文化蕴含整体性和综合性的思维方式。中国传统文化中"天人合一"的思想从根本上否定了将人类与自然相割裂的价值观。汉代儒学家董仲舒作的《春秋繁露·立元神》有云："天地人，万物之本也。天生之，地养之，人成之……三者相为手足，合以成体，不可一无也。"《易经·乾卦象传》中有"各正性命，保合太和"，强调天地人和于"太和"之境界，表明天地人三才之间互动的整体观。以中华文化整体性和综合性的思维方式看待新时代创新发展，强调创新要全面协调推动各领域发展，强化科学、技术、创新的协同发展。

其次，中华文化蕴含动态性和前瞻性的理念。易学智慧深刻地体现了动态性与前瞻性。"易与天地准"意指宇宙万有的特质是大化流行、创生不已，即为动态性；"变通者，趣时者也"讲求因势而行则体现出前瞻性思想。此外，集中华文化之大成的中医亦体现出前瞻性与动态性的思维方式。《黄帝内经》曰"上工治未病，不治已病，此之谓也"，一方面强调"未病先治"的前瞻性思想，另一方面强调顺应自然界季节、阴阳之气的变化采取行动的动态性思想。人体之复杂与创新系统相比有过之而无不及，以前瞻性思想与动态性思想看待国家创新发展则意味着需要战略引领和前瞻布局，

---

① 《在同各界优秀青年代表座谈时的讲话》（2013 年 5 月 4 日），载《十八大以来重要文献选编》（上），中央文献出版社，2014，第 279 页。

且这种布局必须基于全球科技发展的趋势和我国科技发展的优势进行动态调整。

最后，中华文化蕴含的伦理性亦为创新范式变革提供了新的见解。中华文化的伦理观充分体现在儒家思想之中。孔子的"人而不仁，如礼何？人而不仁，如乐何"（《论语·八佾》）充分体现了"仁"是定义人的重要依据。孟子的"舜明于庶物，察于人伦，由仁义行，非行仁义也"（《孟子·离娄下》）则进一步强调伦理的关系性以及行事准则。在中华文化的伦理性思维下，迸发出"圣人，人伦之至也"（《孟子·离娄上》）、"君者，舟也；庶人者，水也。水则载舟，水则覆舟"（《荀子·哀公》）等伦理性的治理之道。以伦理性思维看待创新发展范式，需要驱动人性范式从"知识人"向"伦理人"的转化，关注社会伦理关系，强调以人为本。创新主体的重塑和主体间关系的重构，是新时代创新范式变革的关键所在。

（二）制度优势：发扬中国特色社会主义制度的立场观点与凝聚合力

中国特色社会主义制度是立足马克思主义基本立场，传承中华优秀传统文化并结合我国发展形势而提出并不断完善的，为新时代中国创新范式奠定的蕴含马克思主义哲学智慧的制度基础。习近平总书记指出："我国经济发展获得巨大成功的一个关键因素，就是我们既发挥了市场经济的长处，又发挥了社会主义制度的优越性。"[①] 社会主义制度的优越性体现在对马克思主义哲学的继承与发展上。马克思主义唯物史观的基本观点是人民是历史的创造者，强调人民在社会理论发展中的主体地位和主导作用。基于此，我国把增进人民福祉、促进人的全面发展、朝着共同富裕方向稳步前进作为经济发展的出发点和落脚点，从而为准确把握人民创新奠定了思想基础。一方面，创造性作为人的本质，是人创造自身各项属性，建立人与人、人与外部世界关系的途径，亦是人自由全面发展的根本路径；另一方面，人民是历史的创

---

① 《习近平：不断开拓当代中国马克思主义政治经济学新境界》，人民网，http://jhsjk.people.cn/article/31823519，2020 年 8 月 15 日。

造者，只有充分发挥蕴藏在人民内部的创造力和首创精神，才能够实现国家的高质量发展。

社会主义制度的优越性亦体现在中国具有能够集中力量办大事的制度优势上。面对波诡云谲的国际形势，加之以美国为首的西方资本主义国家对我国发起的极端制裁使我国重要的战略性新兴产业遭遇巨大打击，我国必须转变科技创新发展范式，凝聚政府、高校、科研院、金融机构、企业乃至百姓之力利用与应对新一轮科技革命的机遇与挑战。我国社会主义制度有助于统揽协同各方力量，有效汇聚创新资源，高效开展资源配置，全国一盘棋、上下一条心，打赢关键核心技术攻坚战。多学科融合、多领域跨界成为现代科技创新的普遍特征，需要聚集各个领域的优质资源进行攻关，政府在组织和引导科技发展方向上的作用越发重要。立足中国特色社会主义制度优势，我国应坚持在社会主义市场经济条件下，充分发挥"有为政府""有效市场""有活力人民"的三重力量，做好科学统筹、集中力量、优化机制、协同攻关，以稳步实现科技强国的战略目标。

（三）面向高水平科技自立自强的新时代中国创新范式框架

实现高水平科技自立自强是立足新时代发展要求与发展基础而明确的战略导向，与传统科技发展模式相比，高水平科技自立自强具备自主性、引领性、开放性、体系性和可持续性等特征。[①] 自主性与引领性是高水平科技自立自强的内涵特征。自主性意味着科技创新成果是自主可控的，集中反映了科技自立的目标要求；引领性强调在实现科技自立的基础上，原创性技术不断涌现，高水平创新驱动全社会可持续发展，科技竞争能力能够居于全球领先地位，集中反映科技自强的目标要求。开放性、体系性和可持续性是高水平科技自立自强的保障特征，对应实现高水平科技自立自强所需的条件保障、体系保障和机制保障。开放性强调建立开放的合作网络，构建创新要素

---

① 盛朝迅：《高水平科技自立自强的内涵特征、评价指标与实现路径》，《改革》2024 年第 1 期，第 1~11 页。

充分流动、集聚、转化的创新生态系统；体系性强调实现高水平科技自立自强需要全面兼顾各个领域的协同发展，全面统筹各个主体的创新合力，使得创新成果得以持续涌现；可持续性强调形成推动高水平科技自立自强的内生机制，创新要素顺畅循环再生，不断开辟新赛道，形成新质生产力，可持续地塑造发展新动能新优势。

将高水平科技自立自强五大特征与我国的文化优势、制度优势相整合，明确实现高水平科技自立自强需要全面考虑经济、科技、政治、生态、文化等多个领域的协同发展，规划更具前瞻性和未来性的创新战略布局，高效汇聚、转化和运用全体人民的知识资本，充分激发全体人民的创新活力，不断激发原始创新。基于此，本文构建了"思想层—理论层—方法层"的三维度创新范式框架（如图1所示）。思想层引领创新范式导向，理论层提供创新战略的落实路径，方法层提供创新实践的工具支撑，思想层、理论层、方法层相互耦合协同，共同构成高水平科技自立自强导向下新时代中国创新范式框架。

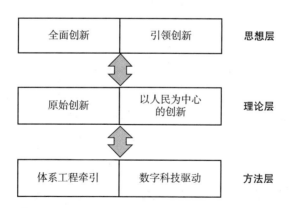

图1　高水平科技自立自强导向下的新时代中国创新范式框架

创新范式的思想层聚焦创新内涵要义的思想导向。实现高水平科技自立自强内涵深刻而广泛，需要从更宏观、更全局的视野对创新内涵进行重新界定，深刻把握全面创新的内涵要义，更需要在复杂动态环境中保持战略定力，基于战略视野引领跨越，贯彻引领创新。创新范式的理论层聚焦创新的

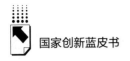

能力跃升。该层面旨在明晰在全面创新和引领创新的导向指引下如何发力的问题。立足实现高水平科技自立自强目标，从能力跃升的内容视角来看需要加强原始创新以建立新优势，从主体视角来看需要探索立足人民立场的以人民为中心的创新。创新范式的方法层旨在为思想层与理论层的落实提供路径支撑，基于思维方法逻辑和工具方法逻辑，分别从体系工程牵引和数字科技驱动两个方面为我国科技强国战略的实施提供关键方法论指导。

三　思想导向：贯彻全面创新和引领创新

全面创新和引领创新分别从创新布局观和创新战略观两个视角阐明了新时代创新范式的思想导向。全面创新强调生产力、生产关系、社会关系的全要素创新①，引领创新则强调未来视野推动下"企业—行业—区域—国家"多维度布局协同实现科技强国目标的创新范式。

（一）把握全局观与整体观的全面创新

立足高水平科技自立自强的目标，要将以科技创新为核心的全面创新充分融入经济社会发展的各方面各环节，使科技创新真正成为推进各项工作的逻辑起点，为解决"结构"和"动力"方面问题提供关键支撑，为平衡发展和充分发展提供重要驱动力。全面创新在新时代中国创新范式中处于基础和核心地位。在创新理论的重要创始人约瑟夫·熊彼特的研究范畴中，创新是各种生产要素重新组合的生产函数，而后随着研究的拓展，创新被普遍定义为新思想、新过程、新产品或新服务的产生、接受和实施，并且强调首次商业化的过程。然而，在西方文化浸润下形成的创新观所遵循的是近现代科学所崇尚的局部、静态、还原的思维方式，普遍将创新狭义地理解为促进生产力发展的技术创新，而忽略了宏观层面理论创新指引下的制度创新、科技创新与文化创新。尽管可持续发展早已成为全球治理的重要议题，但人类的

---

① 《深入学习习近平关于科技创新的重要论述》，人民出版社，2023，第111页。

可持续发展进程明显缓于预期，其中的关键原因在于割裂地看待经济发展、生态文明与人类可持续发展同国家发展的关系，即片面地追求创新驱动经济发展而未能将创新与生态文明、可持续发展相融合，从而造成创新驱动乏力、创新的负外部性凸显。因此，新时代的创新发展必须从全局观和整体观出发，突破创新的狭义观，构建科技创新与经济、政治、文化、社会、生态等综合发展的全面发展观。

全面创新的内涵要义包括宏观和微观两个层面。宏观层面的全面创新指习近平总书记在"八八战略"基础上强化体制机制优势、产业优势、城乡协调发展优势、生态优势、人文优势等方面形成的对创新发展规律的深刻洞察与战略把握，是以科技创新为核心，包括理论创新、体制创新、制度创新、文化创新等多种类型的全面创新。微观层面的全面创新旨在提出第三代创新管理范式，是强调创新主体从单一的研发主体向全员扩展，创新要素从单一的技术因素向技术与非技术因素协同，创新界定延伸至全时、全地域的"全员创新、全要素创新和全时空创新"。① 整体而言，宏观层面的全面创新是全局视野下兼顾各领域的全面创新，微观层面的全面创新则是整体视野下基于创新管理视角强调兼顾主体、内容和形式等各个部分的全面创新。宏观层与微观层的全面创新内涵相互补充与协同，统筹政策指引和创新实践。

（二）聚焦引领世界科技前沿的引领创新

当前正处于百年未有之大变局，面对新一轮科技革命和产业变革所带来的机遇与挑战，我国必须紧紧把握创新作为引领发展的第一动力，加快形成促进创新的体制架构，塑造更多打造新赛道、发挥先发优势的引领性创新。基于习近平总书记关于创新是引领发展第一动力的科学论断，学者进一步提出"引领创新"（leading innovation）概念，强调创新应该从"驱动"向"引领"升级，基于社会与企业的共生关系，引领创新强调企业的价值实现导向

---

① 许庆瑞、郑刚、喻子达等：《全面创新管理（TIM）：企业创新管理的新趋势——基于海尔集团的案例研究》，《科研管理》2003 年第 5 期，第 1~7 页。

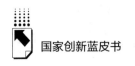
和社会责任，旨在实现企业自身价值和社会价值的双元平衡。质言之，引领创新是企业创新实践导向下"价值观—技术—市场"的系统性创新模式。

立足高水平科技自立自强目标，引领创新的内涵需要在"从驱动向引领升级"的企业创新认知模式基础之上进一步完善与发展，特别是要形成推动人类文明进入更高发展阶段的、未来视野推动的引领创新。引领创新更关注面向世界科技前沿，更聚焦成为世界领先的科技强国，是自主创新之后立足高水平科技自强的应有创新要求，亦是实现高水平科技自强的必由之路。引领创新强调面向未来经济社会高质量发展进行未来产业的超前布局，为未来国家的整体实力提升、国际秩序主导能力和话语权增强提供先决条件。立足高水平科技自立自强目标，引领创新的范式需嵌入我国特定的且动态演进的政治环境、文化背景、经济条件、社会状况、生态要求、战略定位、技术水平等情境要素，聚焦战略性的超前布局、非对称性的技术方向、整合性的根本路径等，及时将科技创新成果应用到具体产业和产业链上，改造提升传统产业，培育壮大新兴产业，布局建设未来产业，为我国成为世界一流的科技强国做出更大贡献。引领创新的落实需要企业、行业、区域、国家层面的协同共进。对于企业层面而言，意味着企业要能迅速对外界环境做出更主动的响应，更加关注颠覆性技术、前沿引领技术等更重要的技术要求；对于行业层面而言，要求能够形成并嵌入引领创新观，勇攀全球价值链的高端；对于区域层面而言，要求形成更具全球影响力的科创中心；对于国家层面而言，加强前瞻性研究部署，促进形成全面引领世界科技创新潮流的领先创新型国家。

四　能力跃升：强调原始创新和以人民为中心的创新

面对全球新一轮科技革命与产业革命带来的重大机遇与挑战，习近平总书记明确指出"我们必须走出适合国情的创新路子"①。加强原始创新是建

---

① 《习近平在科学家座谈会上的讲话》，《人民日报》2020年9月12日，第2版。

设世界科技强国的必由之路，探索以人民为中心的创新是立足中国特色社会主义制度优势的创新路径，两者分别从内容和主体视角协同增强中国自主创新能力，旨在提升广大企业家、科学家和全体人民的使命感和责任感，实现更多使命驱动的科研和更具原创性的创新。

（一）加强从0到1的原始创新

原始创新能力是我国与世界科技强国差距最大的部分。传统的技术追赶型创新范式如渐进式创新、二次创新、组合创新等，对中国经济发展产生了巨大的推动效应。然而，立足高水平科技自立自强，单一的需求拉动型创新路径无法与我国突破关键核心技术、建成世界科学中心与创新高地的目标相适应，更无法在发达国家强大的基础研究积累和新一轮科技革命中获得竞争优势。尤其是以美国为首的国家对我国展开的大规模关键核心技术封锁，使得我国加快从 0 到 1 的原始创新更加紧迫。只有加快从模仿追赶式创新向原创引领式创新转变，构建以基础研究和核心技术供给路径为主，以需求引致的路径为辅的新型双引擎整合式创新强国路径，才能真正实现高水平科技自立自强。

提升原始创新能力需要从多主体参与、原创精神激发与强化政策和条件保障支持等方面推进。一是推动构建"高校+企业"多元化原始创新力量，既要发挥高校作为基础研究主力军和重大科技突破生力军的原始创新主体作用，亦要推动企业加强基础研究，并通过各类主体协同开展原始创新，推动原始性科学创新、原始性技术创新、原始性工程创新之间相互激发，激发各类创新主体协同推动引领创新。

二是培养和激发面向原始创新的科学家精神、企业家精神以及工匠精神。原始创新作为创新链的源头，呈现高度的复杂性、不确定性与风险性，它们是原始创新难以攻克的主要原因。开展原始创新，必须拥有"十年磨一剑"的专注钻研定力、"追求真理、崇尚创新、实事求是"的科学家精神，拥有承担原始创新的巨大不确定性的勇气、面向科技前沿和挑战"无人区"的斗志、心怀崇高信仰的企业家精神，以及"严谨认真、精益求精、

追求完美、勇于创新"的工匠精神。

三是加强原始创新政策和条件保障支持。大科学时代下，基础研究组织化程度越来越高，制度保障和政策引导对基础研究产出的影响亦越来越大。因此，需要发挥政策的价值驱动和牵引作用。首先，面对"两头在外"的问题，要协同构建中国特色国家实验室体系，建设基础研究高水平支撑平台，为我国开展原始创新搭建好研究生态。其次，在基础研究投入方面，当前我国基础研究投入占比仅为 5%，远低于部分发达国家的 10%~20%。立足我国实现高水平科技自立自强的紧迫任务，要在关键领域和重点方向上发挥战略引领作用和重大原始创新效能，服务国家重大战略需要，需要持续提高国家基础研究投入占比，加强对原始创新研究的课题及项目的经费支持或税收优惠，为各创新主体联合开展原始创新攻关提供信息共享和合作支撑平台。最后，加大力度构建体系化、高水平的基础研究人才培养平台，为原始创新提供源源不断的人才资源，筑牢人才基础。

（二）探索以人民为中心的创新

创新之道，唯在得人。西方资本主义国家在经济发展中将人代称为"劳动力"，视人为获取剩余价值的工具，基于"经济人""理性人"等新古典主义假设，通过资本与物质激励不断榨取人的剩余价值，这被马克思精辟地总结为"人的异化"现象。然而，这种西方文化主导下的经济发展逻辑无法适用于创新驱动发展的新时代。一方面，创新能力的激发需要相比劳动能力更为严苛的条件，且人的创造力无法在压迫和控制的状态中有效发挥；另一方面，大众繁荣才能带来国家繁荣，人民有活力才能带来经济活力，只有探索以人民为中心的创新路径，发挥人民活力，国家才能够获得可持续的经济发展与竞争优势。

以人民为中心的创新是中国特色社会主义思想在创新领域的凝练与升华，是进一步落实全面创新的基础范式。首先，以人民为中心的创新体现了马克思主义人民观。一方面，人民群众的物质劳动实践推动生产工具革新、生产技术进步以及社会生产力发展，进而促进生产关系的变革和社会形态的更替，只有贯彻以人民为中心的创新才能真正推动社会发展与变革。另一方面，马克思主义哲学明确阐明了人的全面发展是创造性的根本体现，以人民为中心的创新主张将人从异化的劳动中解放，促进实现人的全面发展。其次，以人民为中心的创新体现了创新治理的人民路径。贯彻以人民为中心的发展理念，以人民为中心的创新明确了"创新为了人民—创新依靠人民—创新成果由人民共享"的实践路径，通过人民这一创新主体，实现创新驱动社会繁荣与人的全面发展。最后，以人民为中心的创新体现可持续发展的东方文化智慧。以人民为中心的创新体现了"天人合一"的中华文化思想，主张将创新范式从关注经济发展转向探索人的全面发展、社会共同富裕、构建人类命运共同体，为全球治理、人类可持续发展提供基于东方哲学的方法路径。

践行以人民为中心的创新一方面需要建立全员创新机制，另一方面需要挖掘与响应广大人民的功能、社会、环境等多维度需求。从协同机制视角来看，践行以人民为中心的创新需要政府、高校、企业、百姓等各主体协同整合自身所拥有的独特知识并实现知识创造。从治理机制视角来看，以人民为中心的创新旨在广泛激发基层活力，而"人人参与、人人尽力、人人享有"的实现需要通过制度创新建立协调与激励机制，打造汇聚广泛分散知识、分布式信息实现创新资源共享共创的创新公地。

五　方法力撑：遵循体系工程牵引和数字科技驱动

体系工程和数字科技分别从思维方法逻辑和工具方法逻辑两个视角为全面创新和引领创新的贯彻、原始创新和以人民为中心的创新的落实提供方法论支撑。

（一）体系工程牵引的创新

现代科学技术的建立和发展，主要以源自古希腊的还原论思想为基础，是一种主张"将难题尽可能地细分至能解决的程度"的思考范式，然而以

这种细分式的思考范式看待创新，尽管能够在一定程度上提供创新驱动发展的技术路径，但由于在较大程度上忽略了各细分部分之间的涌现关系，而使得现有的创新范式仍然在实践中面临诸多失灵的现象。随着创新理论的发展，自传统熊彼特创新范式到新熊彼特创新范式，创新主体从单一的企业向政府、高校等科研院所、中介机构、企业等多元主体演变，系统思维与系统工程范式在其中发挥着关键作用。然而，系统工程范式以实现最优化为目标，隐含假设是存在规定的解决方法，且强调系统拥有固定的边界，这与现实实践中复杂、模糊的创新环境是相悖的。尤其是随着创新范式向后熊彼特主义变迁，广泛个体作为创新主体受到越来越多的关注，创新主体的多元化和复杂性已远远超出系统工程范式。正是基于对大规模、超复杂系统的研究，体系（system of systems）受到越来越多学者的关注。现有研究普遍认为体系是系统的复杂集成，具有整体性、协同性、自治性、动态演进性和能力涌现性等特征。对应地，体系工程是旨在通过平衡和优化多个系统之间的相互关系，实现可互操作的灵活性和应变能力，追求不同系统网络集成的最优化，集成这些系统以解决体系问题的管理工程技术。体系工程的出现为新时代创新范式演变奠定了关键的思维方法基础。

新时代创新需要基于体系思维展开问题分析与寻求解决方法，这与中华文化的创新基因中的内核（整体性、综合性、动态性、前瞻性、伦理性）是一致的。体系方法并非倡导某种工具、方法手段或实践，而是追求一种新的思维模式以迎接体系问题的挑战，主张以涌现而非固定的方式解决问题。随着创新主体多元化、创新需求复杂性、创新环境动态涌现性的特征越发明显，体系工程牵引下形成的创新生态能够保持高效性、灵活性、协作性，能够有效处理复杂性、涌现新兴行为和演化结构，从而能够维持创新生态中各系统的竞争力、凝聚力和平衡，形成自适应的运行体系。尽管当下学术界对体系思维和体系工程的研究仍未成熟，以体系工程牵引的创新范式亦仍在探索中，但我国已有较多企业开始探索基于体系科学的组织模式。立足科技强国战略目标，体系工程牵引下的创新范式能够为异构数据的组合、知识融合机制、开放创新机制以及创新公地治理提供支撑。

（二）数字科技驱动的创新

习近平总书记在 2022 年发表的文章《不断做强做优做大我国数字经济》中做出论断："数字经济发展速度之快、辐射范围之广、影响程度之深前所未有，正在成为重组全球要素资源、重塑全球经济结构、改变全球竞争格局的关键力量。"伴随信息革命的纵深发展和新一轮科技革命的兴起，数据成为新兴生产要素和创新驱动力，在物联网、人工智能等科学技术迅猛发展的支持下，将进一步释放历次科技革命和产业变革所积蓄的巨大能量，为全球经济发展、国家治理、社会建设和人民生活带来深远影响。数字科技驱动的创新既是时代发展的趋势所致，亦是创新范式演化的结果。面向我国实现高水平科技自立自强的战略目标，数字科技能够改进或提供新的治理工具、治理手段和治理模式，为新时代创新提供无法估量的发展潜能。

数字科技奠定了创新实践的工具基础。数字科技具有多学科跨领域融合的特征，对技术进步、产业变革、经济发展和社会治理进行全方位赋能。数字科技为引领创新提供战略预见、技术图谱的关键技术支撑，为全面创新、原始创新提供创新成果相互协同的平台支撑，为以人民为中心的创新提供高效汇聚知识的技术路径支撑。企业实践方面，数字科技驱动的创新是新时代企业管理创新的关键基础甚至是必然条件，数字科技驱动的创新提高资源整合运用的效率，辅助人的创新实践活动。例如，海尔集团"链群合约"实践中数字平台搭建起到降低交易成本和避免信息不对称的关键作用，甲骨文的自动化数据库能够承担数十亿次复杂计算，为分析师提供了数字化辅助，促进了企业业务创新。

数字科技驱动的创新是新一轮科技革命的关键，习近平总书记在《加强领导做好规划明确任务夯实基础 推动我国新一代人工智能健康发展》中鲜明地指出"加快发展新一代人工智能是事关我国能否抓住新一轮科技革命和产业变革机遇的战略问题"。2024 年 1 月召开的国务院常务会议进一步强调要统筹高质量发展和高水平安全，以人工智能和制造业深度融合为主线，以智能制造为主攻方向，以场景应用为牵引，加快重点行业智能升级，

加快形成新质生产力，为数字中国建设提供支撑。立足高水平科技自立自强，应前瞻部署数字科技前沿基础研究，进一步加强学科交叉下"无人区"的理论突破；应构建数字科技驱动的关键核心技术攻关体系和自主创新生态体系，打造我国自主可控的数字科技生态基座；应加速数字科技赋能实体经济和社会发展领域，在释放经济活力和提升国家竞争力的同时，建设智能社会以促进民生福祉改善。

展望未来，数字科技将成为驱动创新范式演进的重要引擎。首先，数字科技驱动空间维度跃升，创新将从当前的"社会空间—物理空间"的二元场景向"社会空间—物理空间—虚拟空间"的三元场景转变，驱动人机互动模式的变革并带来巨大的创新空间。其次，数字科技拓展创新主体范畴，从"机器学习"到"机器创造"，新一代人工智能技术将会演变形成创新的新主体，为创新治理带来全新视角与范式。因此，数字科技驱动的创新是我国实现高水平科技自立自强的重要方法基础，我国创新发展必须紧随数字科技浪潮，以数字科技驱动新时代经济社会高质量发展，推动构建新发展格局，实现建成科技强国之目标。

B.3
国家科研机构支撑高水平科技
自立自强的思路

陈　套　黄晨光　万劲波*

摘　要：　当前，我国正处在加快实现高水平科技自立自强、建设科技强国的关键时期。高水平科技自立自强的内在要求和国际科技竞争的战略选择，呼唤国家战略科技力量承担建设科技强国的历史重任。国家科研机构作为国家战略科技力量的重要组成部分，在支撑高水平科技自立自强中应抢抓战略先机、勇攀科技高峰，发挥主力军作用。首先，本文从国际动态、国内进展与使命任务3个方面，系统分析了国家科研机构的功能定位和时代要求；其次，从目标、使命、文化、需求4个方面，阐述了新时代对国家科研机构支撑高水平科技自立自强提出的新要求。最后，国家科研机构作为"国家队""国家人"，必须心系"国家事"，肩扛"国家责"，在6个方面支撑高水平科技自立自强：坚持党的领导，发挥制度优势和组织优势；探索中国道路，保持创新自信和战略定力；聚焦初心使命，明确主责主业和使命担当；把握大势方向，强化骨干引领和开放创新；突破原创核心，打造领先优势与竞争优势；改革体制机制，完善制度体系和创新文化。

关键词：　高水平科技自立自强　国家战略科技力量　国家科研机构　科技强国

---

* 陈套，中国科学院合肥物质科学研究院副处长，研究方向为创新治理、创新政策；黄晨光，中国科学院合肥物质科学研究院研究员、党委书记，博士研究生导师，研究方向为力学、战略管理与党建；万劲波（通讯作者），中国科学院科技战略咨询研究院研究员，研究方向为科技战略与规划、科技政策治理。

党的十九届六中全会通过的《中共中央关于党的百年奋斗重大成就和历史经验的决议》强调："在过去一百年赢得了伟大胜利和荣光的中国共产党和中国人民，必将在新时代新征程上赢得更加伟大的胜利和荣光"。习近平总书记在庆祝中国共产党成立100周年大会上的讲话中对全体中国共产党员发出号召："牢记初心使命，坚定理想信念，践行党的宗旨，永远保持同人民群众的血肉联系，始终同人民想在一起、干在一起，风雨同舟、同甘共苦，继续为实现人民对美好生活的向往不懈努力，努力为党和人民争取更大光荣"①。在"两个一百年"奋斗目标的历史交汇点、开启全面建设社会主义现代化国家新征程的重要时刻，习近平总书记出席两院院士大会和中国科协十大并发表重要讲话，明确要求："国家科研机构要以国家战略需求为导向，着力解决影响制约国家发展全局和长远利益的重大科技问题，加快建设原始创新策源地，加快突破关键核心技术。"② 这为我国实现高水平科技自立自强、建成世界科技强国、向第二个百年奋斗目标胜利进军指明了战略方向和行动路径，提供了根本遵循。作为党领导下的国家战略科技力量，国家科研机构理应履行好高水平科技自立自强的使命担当，为实现第二个百年奋斗目标坚毅前行，努力争取更大光荣，做出更大贡献。

一　国家科研机构的功能定位和时代要求

（一）世界范围内国家科研机构的功能定位与发展

国家科研机构是指由国家建立并资助的科研机构，包括国家设立的科学院与研究中心、中央部门所属科研院所、国家实验室等。当今，所有发达国

---

① 习近平：《在庆祝中国共产党成立100周年大会上的讲话》，共产党员网，https：//www. 12371. cn/2021/07/01/ARTI1625122624003841. shtml，2021年7月1日。

② 习近平：《在中国科学院第二十次院士大会、中国工程院第十五次院士大会、中国科协第十次全国代表大会上的讲话》，中共中央党校网站，https：//www. ccps. gov. cn/xxsxk/zyls/202105/t20210529_ 148977. shtml，2021年5月28日。

家、新兴国家和发展中国家都建设有自己的国家科研机构，它们承担着建制化的科学研究、科教融合的人才培养以及科技决策咨询等使命和职能。国家科研机构在科技创新过程中发挥着基础性、关键性、引领性作用，它们围绕国家战略需求开展科研选题，布局研发方向，服务国家目标；建设国家重大创新平台，开展与国家利益、国家安全、国计民生等相关的战略性、公益性研究，在基础性研究和战略性科技领域集聚一批一流人才、产出一批一流成果。

世界范围内的国家科研机构按照研究类型主要分为三类：第一类是以基础研究为主，如德国马普学会、亥姆霍兹联合会，法国国家科研中心，俄罗斯科学院，美国国立卫生研究院、能源部国家实验室等；第二类是以应用研究为主，如德国弗朗霍夫协会、日本产业技术综合研究所等；第三类主要是咨询机构，如英国皇家学会、美国国家科学院等。目前，国家科研机构正朝着规模集聚、使命导向的方向发展。如美国国立卫生研究院由 27 个研究所和研究中心组成，其使命由法律赋予。随着科技创新竞争日趋激烈，主要发达国家均在大幅强化科技创新的战略导向，更加强调国家科研机构应聚焦国家战略需求，从事代表国家意志的长远性、战略性、定向性研究。这类研究前瞻性强、风险大、难度高、经费多，由国家按照目标导向配置资源，给予系统性、持续性、稳定性资助。

（二）中国国家科研机构的功能定位与发展

我国国家科研机构共有 400 家左右，它们在科技创新领域发挥着主力军和骨干作用，是国家战略科技力量的重要组成部分。以中科院为例，在不同时期，中科院始终与科学共进，与祖国同行，主动适应并引领科技创新，先行先试，走出了一条中国特色自主创新道路。1956 年，党中央发出"向现代科学进军"的号召，在科技发展起点不高、资源受限的情况下，需要集中资源重点突破。当时，中科院迅速组织和凝聚了一大批科学家，组建科研机构，发挥了先导和主力军作用。1978 年，改革开放吹响"科学技术是第一生产力"的号角。1995 年，国家实施"科教兴国"战略，中科院率先进行改革，勇做科技改革先锋，开创了许多"第一"。世纪之交，中科院主动作为，探索实施知识创新工程，引领国家创新体系建设，提升国家创新体系整体竞争力。2010年3月，国务院常务会议决定2011~2020年继续深入实施知识创新工程。

2013年7月，习近平总书记在中国科学院考察时肯定"中国科学院是一支党、国家、人民可以依靠、可以信赖的国家战略科技力量"，要求"中国科学院要牢记责任，率先实现科学技术跨越发展，率先建成国家创新人才高地，率先建成国家高水平科技智库，率先建设国际一流科研机构"。2014年7月，国家科技体制改革和创新体系建设领导小组第七次会议审议通过了中国科学院的《"率先行动"计划暨全面深化改革纲要》。

2019年，习近平总书记致信祝贺中国科学院建院70周年，充分肯定"70年来，在党的坚强领导下，中国科学院大胆探索、开拓创新、勇于实践，解决了一大批事关国家全局的重大科技问题，突破了一大批制约发展的关键核心技术，取得了一大批一流水平的原创成果，书写了新中国科技创新的辉煌篇章"，同时"希望中国科学院不忘初心、牢记使命、抢抓战略机遇，勇立改革潮头，勇攀科技高峰，加快打造原始创新策源地，加快突破关键核心技术，努力抢占科技制高点，为把我国建设成为世界科技强国作出新的更大的贡献"。这既是对全院同志的巨大鼓舞和有力鞭策，也为中科院改革创新发展提供了根本遵循。

2020年10月，党的十九届五中全会明确强调"坚持创新在我国现代化建设全局中的核心地位"。在此背景下，中科院积极响应国家号召，从2021年到2030年实施第二阶段"率先行动"计划，充分发挥国家战略科技力量的主力军作用①，积极发挥国家科学技术方面最高咨询机构的作用，主动肩负高水平科技自立自强的时代重任，争取全面实现"四个率先"。

新发展阶段，中科院聚焦作为国家战略科技力量主力军的定位，以

---

① 侯建国：《肩负起实现高水平科技自立自强的时代重任》，《人民日报》2021年6月15日，第13版；侯建国：《深入学习贯彻"七一"重要讲话精神　履行好国家战略科技力量的职责使命》，《旗帜》2021年第11期，第28~30页。

"两加快一努力"为要求，以"充分体现国家意志、有效满足国家需求、代表国家最高水平"为标准，以"强基础、抓攻关、聚人才、促改革"为重点，强化体系化建制化优势，努力支撑引领科技强国建设。

（三）新时代中国国家科研机构的使命任务

党的十九届五中全会提出，把科技自立自强作为国家发展的战略支撑，明确"构建新发展格局最本质的特征是实现高水平的自立自强"。2021 年 5 月，习近平总书记在"科技三会"上，深刻揭示了高水平科技自立自强与自力更生、自主创新一脉相承的历史逻辑，明确提出了"加快建设科技强国，实现高水平科技自立自强"的五大战略任务。从"科技自立自强"到"高水平科技自立自强"的演变，是以习近平同志为核心的党中央把握时代潮流、立足发展全局做出的重大战略决策。我国科技实力正在从量的积累迈向质的飞跃、从点的突破迈向系统能力提升。在新的历史起点上，我们完全有基础、有底气、有信心、有能力抓住新一轮科技革命和产业变革的机遇，乘势而上，大展宏图。[1]

科技创新演进和发展的需求呼唤国家科研机构更好地发挥其科技创新主力军的作用。首先，供给高水平成果。面对新一轮科技革命和产业变革，必须瞄准世界科技前沿和国家战略需求，发挥科研建制化体系化优势，以高水平的科技供给支撑国家战略，满足人民对美好生活的向往，引领科技发展的趋势，形成科技创新战略性、非对称性优势。其次，支撑高质量发展。高质量发展是以创新驱动为核心的发展，是依靠科技支撑的发展方式。强化创新链、产业链的安全可控性，提高经济发展的水平和效益，必须塑造科技创新支撑、引领发展的新优势，满足市场需求，创造引领新需求。最后，塑造竞争优势。面临国际少数国家的技术管控和全球性科技、环境等问题，必须依靠科技创新来解决，提供系统解决

---

① 万劲波：《当好高水平科技自立自强的排头兵》，《人民日报》（海外版）2021 年 6 月 8 日，第 9 版；万劲波、张凤、潘教峰：《开展"有组织的基础研究"：任务布局与战略科技力量》，《中国科学院院刊》2021 年第 12 期，第 1404~1412 页。

方案。塑造未来的竞争优势更加依靠基础研究、原始创新、源头创新、系统创新和引领创新。

二 国家科研机构支撑高水平科技自立自强的新要求

（一）确立更高的目标责任

当前我国正处在加快实现高水平科技自立自强、建设科技强国的关键时期。[1] 世界科技强国竞争，比拼的是国家战略科技力量。国家科研机构作为建制化的国家战略科技力量，在新时代努力争取的光荣具有鲜明的指向和具体的内涵，科技创新充分体现国家意志，有效满足国家需求，代表国家最高水平。加快实现高水平的科技自立自强，就要聚焦国家战略需求，坚持问题导向，明确战略目标和优先发展领域，抓好预先研究，搞好技术储备，保障科技安全发展；同时，要提升引领性、系统性创新能力，着力解决影响国家发展全局和长远利益的重大科技问题，强化原始创新，突破关键技术，形成敢于在根子上创新、在关键处求变、在全局中求胜的创新精神，塑造奉献、卓越的文化品格。

（二）承担更重的使命担当

国家科研机构是原始创新的策源地，应聚焦主业主责，凸显建制化优势，在前沿科学问题和应用基础研究上深耕细作。[2] 建立和巩固制度优势，并将之有效转化为资源要素、组织模式和体系竞争方面领先和基础性、战略性、关键性领域领跑的胜势。应以全球视野、历史眼光的宏大格局和站位，促进人才、科技、经济与现代金融的互动，在全球一体化浪潮中谋求主动，

---

① 白春礼：《大科学装置就是国之重器》，《学习时报》2021 年 11 月 10 日，第 6 版；王志刚：《坚持和加强党对科技工作的全面领导》，《机关党建研究》2019 年第 1 期，第 19~22 页。
② 陈套、万劲波：《发挥"国家队"优势 实现高水平科技自立自强》，《科技日报》2021 年 7 月 19 日，第 8 版。

全方位融入全球创新网络，在人类命运共同体中形成科学引领，打造基础性、长远性的非对称性优势。在国家创新体系重塑中发挥创新主导作用，整合资源要素，创新组织模式，在联动协同攻关中发挥建制化、组织化、系统化优势，做好重大任务统筹和要素组织，强化骨干引领和整体统筹作用。①加强科教融合、产教融合，围绕关键核心技术和前沿共性问题，建设一批前沿科学中心、基础学科研究中心、国家科技创新基地及重大科研设施，促进基础研究和应用研究融通发展。

（三）构建更新的精神文化

科学是现代文明中最具进步性、革命性的组成部分，科学家精神无疑是新时代精神谱系中最生动、最活跃、最具引领性的元素。战略科技力量无疑应成为践行、积累、完善、创造的带头者、引领者。伟大的事业需要伟大的精神，伟大的精神托举伟大的梦想。我国科技事业取得的历史性成就，离不开始终坚持和加强党对科技事业的领导，离不开包括科学家精神在内的中国共产党人精神谱系的支撑。国家科研机构作为科技创新的国家队，应以更先进的创新文化强化精神引领，汇聚建设科技自立自强、建设世界科技强国的磅礴动力。应继续发扬光荣传统，赓续红色血脉，大力弘扬以建党精神为引领的包括科学家精神在内的精神谱系，挖掘新时代科学家精神资源，拓宽传播渠道，提升传播质量与效果，统筹抓好弘扬科学家精神和加强作风学风建设工作，加强科学共同体基层创新文化建设，营造学术民主、开放包容的"微生态"。②

（四）实现更强的支撑引领

我国科技创新进入新阶段，对科技创新支撑引领提出了更高的要求。国

---

① 高鸿钧：《加强国家战略科技力量协同　加快实现高水平科技自立自强》，《中国党政干部论坛》2022 年第 2 期，第 6～11 页；樊春良：《国家战略科技力量的演进：世界与中国》，《中国科学院院刊》2021 年第 5 期，第 533～543 页；贾宝余、陈套：《强化国家战略科技力量的五个着力点》，《科技中国》2021 年第 5 期，第 9～11 页。

② 万劲波：《弘扬科学家精神需要持之以恒》，《光明日报》2022 年 3 月 3 日，第 16 版。

家科研机构应把握新一轮科技革命和产业变革的战略机遇，以更强的方式支撑引领科技创新，以问题导向的汇聚、学科交叉的融合和科技与经济的融通等方式推进科技创新范式转变；充分发挥建制化、体系化和大团队科技攻关优势，捕捉新需求、提出新问题、设定新概念、构建新理论、开辟新领域、引领新方向；提升原始创新能力，建立原创性、引领性的基础理论和创新方法，探索最底层的科学规律，掌握最基础的技术工艺，努力实现更多从"0到1"的突破；加快推动科技创新从量的积累向质的飞跃转变，从"追赶式"向"引领式"转变；从资源驱动向需求驱动转变，从个体能力向系统能力转变；促进跨组织、跨学科和跨领域的创新，加强交叉融合会聚，重视非共识、变革性、颠覆性研究，以引领未来科技发展方向；加强对数据资源的构建与利用，发挥由大数据技术形成的新型协作关系优势，推动科技创新与数据驱动的科研新范式和分布式、网络化科研组织模式相协调。①

三 国家科研机构支撑高水平科技自立自强的基本路径

2002~2021 年，我国 GDP 占全球 GDP 的比重从约 4%提升至 18%，我国有望在 2030 年之前跃升为世界第一大经济体，这为实现高水平科技自立自强打下了坚实的物质基础、提供了丰富的应用场景。我国应加快构建现代科技体系，突破一批"卡脖子"技术，实现关键核心技术自主可控。国家科研机构作为"国家队""国家人"，必须心系"国家事"，肩扛"国家责"，在 6 个方面努力支撑高水平科技自立自强。

（一）坚持党的领导：发挥制度优势和组织优势

党的领导是中国科技创新事业取得历史性成就的根本保证，党对科技事业的全面领导是我国科技创新最大的政治优势。这是中国自主科技创新的历

---

① 陈劲：《新形势下我国需要何种科技创新战略》，《人民论坛》2019 年第 35 期，第 87~89 页；万劲波：《完善国家科技创新治理体系的重点任务》，《国家治理》2021 年第 Z4 期，第 40~45 页。

史必然，具有鲜明的特征属性；也是面向未来发展的现实必然，为科技创新谋划战略方向。要坚持党对科技创新的全面领导，发挥新型举国体制的优势。2022 年全国两会期间，习近平总书记提出了 5 个"必由之路"和 5 个"战略性的有利条件"①，它们对国家科研机构支撑高水平科技自立自强也是适用的。

首先，党的领导是本质要求。党的领导是引领和取得更大光荣的必然要求。党对科技工作的全面领导具有必然性、科学性和急迫性。中国共产党具有最强大的领导体系和组织体系，对各项事业实现了组织体系建设的全覆盖。党的领导具有强大的政治优势、组织优势和人才优势。习近平总书记强调："对党忠诚必须始于足下。如果连本职工作都没做好，不担当不作为，把党组织交给的'责任田'撂荒了甚至弄丢了，那就根本谈不上'两个维护'！"② 国家科研机构要切实把"两个确立"转化为坚决做到"两个维护"的自觉，坚持党对科研事业的全面领导，坚持业务工作对标对表，全面、系统、准确地理解并坚决贯彻落实党中央的决策部署，在落实中做到"两个维护"。

其次，发挥制度优势。国家科研机构应充分发挥社会主义集中力量办大事的优势，通过体系化的制度设计，实现市场经济条件下资源配置的统筹和创新主体的协同，尤其是在"市场失灵"的领域替代市场实现对资源的有效配置，推动跨领域、跨机构、跨创新链各环节的资源统筹和协同，提高创新体系整体效能。强化目标导向，注重对科技创新趋势和全球竞争格局的研判，不断提升应对各种风险挑战的能力。加强科技创新整体战略部署和创新布局，以制度保障、资源引导、纪律约束，加快推动高质量科技创新成果供给，在前沿科学和关键技术领域培养系统能力，形成领先优势。

最后，发挥组织优势。加强党对科技创新工作的全面领导，就要切实把

① 《第一观察：两会上，总书记提出这些重要论述》，新华网，http://www.xinhuanet.com/politics/2022lh/2022-03/10/c_1128455761.htm，2022 年 3 月 10 日。
② 《习近平在中央和国家机关党的建设工作会议上的讲话》，人民网，http://jhsjk.people.cn/article/31433005，2019 年 11 月 1 日。

"两个维护"落实到科技工作的各方面、各环节。国家科研机构要贯彻落实中央关于科技创新工作的重大决策部署,强化党建引领,构建运行顺畅、充满活力的工作体系,形成顶层设计与科研探索良性互动的格局。发挥党组织的领导力、组织力、凝聚力、战斗力等优势,通过决策把关资源引导和条件保障等方式,把智慧和力量凝聚到落实党中央关于高水平科技自立自强的决策部署上来,汇聚科技创新的内生动力。把承担完成科技创新重大任务、激发人才创新的积极性和创造性、增强科技工作者的获得感、产出一流重大科技成果,作为检验党建工作的重要标准,确保党中央各项重大决策部署不折不扣地落实。引导组织党员科技工作者和各类创新人才发挥主体作用,珍惜时代赋予的重任,以科技创新工作实绩当好高水平科技自立自强的排头兵,勇做学科重要方向的开创者、重大工程项目研究的组织者、科技事业的引领和贡献者。①

(二)探索中国道路:保持创新自信和战略定力

中国道路以党的领导为基本特征。国家科研机构为党和人民争取更大光荣,其最终的落脚点是探索一条中国特色自主创新道路,保持科技创新的创新自信和战略定力,灵活采取"非对称"赶超或跨越战略方式,全面提升科技战略的支撑能力,加快实现高水平科技自立自强,打通从教育强、人才强和科技强到产业强、经济强和国家强的发展通道。

首先,坚定创新自信。国家科研机构应牢固树立强国复兴的科技使命,恪守职责定位,发挥特色优势,在兼收并蓄中树立创新自信。坚持"四个面向",强化战略导向、需求导向和目标牵引,奔着最紧急、最紧迫的问题去,推动科研范式变革,加快科技创新突破。统筹好国家战略科技力量建设与科技攻关任务部署,发挥好"国家队"的中坚作用和特色优势,加强基础研究,打好关键核心技术攻坚战。以重点创新平台建设、重大科技项目攻

---

① 陈套:《加快实现高水平科技自立自强》,《中国人才》2021年第10期,第48~50页;黄晨光、陈套:《加快构建科技人才评价体系》,《中国社会科学报》2022年2月23日,第8版。

关、重要机制改革为关键抓手，推进科技管理流程再造，加强交叉融合、非共识、变革性研究，引领未来科技发展方向，切实增强国家的生存力、竞争力、发展力和持续力。

其次，保持战略定力。信心是定力的前提，定力是信心的体现。聚焦国家战略需求，明晰目标任务，持续优化科研布局、资源配置、条件保障，适时调整科研组织方式，激发人才创新的积极性、主动性和创造性，推动人才队伍升级。发挥科技预见作用，在未来发展的重点领域前瞻谋划，强化事关发展全局的基础研究和关键共性技术研究，在前沿方向和关键核心技术领域重点攻关，形成一批战略性、系统性、引领性和颠覆性的重大创新成果和系统解决方案。坚定爱国、创新的理想信念、精神理念和价值追求，让能够引领高质量发展、贡献中华民族智慧的重大产出成为自立自强的志气和底气。

最后，坚持守正创新。守正创新是科技创新遵循的重要方式，即坚守正道、勇于创新。守正是立足科技基础和制度优势，创新是发挥体制机制优势，调动人才创新的积极性和主动性，优化资源要素配置，取得重大科技成果。国家科研机构应牢牢把握正确导向，稳中求进，前瞻谋划。要坚持"四个面向"，在基础研究领域深耕细挖，长期耕耘，取得重大原始创新成果；在战略关键技术方向勇闯无人区，形成技术领先优势；在产业技术创新领域强化共性技术供给，推动产业链、供应链安全可控，牢牢占据产业链的关键位置。

（三）聚焦初心使命：明确主责主业和使命担当

人民至上始终是党的执政理念和价值追求。中国科学院作为党、国家、人民可以依靠、可以信赖的国家战略科技力量，要聚焦"主力军"定位和主责主业，强化国家科研机构的责任担当，发挥自身高水平科技自立自强的战略支撑作用。

首先，提高目标站位。新时代科技创新已经被摆在国家发展全局的核心位置。国家科研机构应主动对标"四个率先"和"两加快一努力"的目标要求，超前谋划部署，狠抓工作落实。在独创独有上下功夫，在解决受制于

人的"卡脖子"问题上强化担当作为。聚焦国家战略需求，提升问题准度，提出新理论、开辟新领域、探寻新路径。从国家战略需求和人民对美好生活向往的需求中凝练重大科学问题，从世界科技前沿和未来发展的关键方向上形成项目清单，在学科交叉融合和重点领域部署重大项目，组织优势资源与力量，完善重大项目组织模式，推动多学科交叉融合，依托重大科技基础创新平台，产出原创性、引领性、颠覆性重大成果，为建设世界科技强国提供战略性、原创性科学供给，为提高国家综合竞争力、保障国家安全提供强大的科技支撑。

其次，聚焦主责主业。国家科研机构要坚持"四个面向"，加快关键核心技术难题的战略攻关，强化原始创新成果有效供给，推动科技创新与产业创新融合融通，努力成为卓越的、有重大影响力的国际一流科研机构。加快打造原始创新策源地，加快突破关键核心技术，为把我国建设成为世界主要科学中心、重要人才中心和创新高地做出重要贡献。应坚定创新自信，培养形成引领优势的战略定力，不断增强科学进步的内生动力。坚持以人为本，引导资源汇聚，让主力军发挥中坚作用，塑造竞争优势和战略领先格局。

最后，明确使命担当。正是坚持党的领导、坚持以人民为中心的意识，以及不断深化对创新发展规律、科技管理规律、人才成长规律的认识，促进了国家科研机构的科技创新顶层设计能力、创新体制机制建构能力、创新资源集聚能力不断提升，进而推动我国整体科技实力跃上新的大台阶，为坚持创新在我国现代化建设全局中的核心地位奠定了坚实的基础。面向未来，我国开启了全面建设社会主义现代化国家的新征程，加快建设世界科技强国，要求国家科研机构必须胸怀"国之大者"，践行"创新为民，强国有我"的使命担当，努力在科技强国的新征程和人类文明进步的大国担当中做出时代贡献。

（四）把握大势方向：强化骨干引领和开放引领

国家科研机构应常态化开展大势研判，加强高质量智库成果供给。发挥建制化优势，坚持自主创新、开放创新，在重点方向和关键技术领域形成骨干引领优势。

首先，发挥建制化优势。随着科学研究深度和广度不断拓展，技术创新的加快迭代升级，重大科技创新平台、科技条件的建设，为科学研究提供了有力的技术支撑和条件保障。而重大科技创新平台建设、重大项目攻关需要跨学科、跨领域以及科学、技术和工程人才的深度参与。这就需要发挥建制化优势，激发科技创新活力，实现科技资源效用的最大化，加快重大科技成果产出。国家科研机构要发挥好建制化、体系化的科研优势，保持科技战略定力，发挥科技预见作用，强化在战略性研究、国家重大科技任务、科技咨询和服务等方面的创新政策引领。通过优化组织模式、资源要素配置，提升创新的整体合力和创新体系的整体效能。

其次，发挥自主创新的骨干引领作用。关键核心技术是买不来的、要不来的、讨不来的，必须依靠自主创新才能把"卡脖子"的手甩掉。当前，科学前沿和关键技术领域呈现多种技术相互支持和融合发展的生动景象，颠覆性突破会形成链式反应，渗透其他技术领域。密集数据驱动成为继实验科学、理论分析和计算机模拟之后新的科研范式，数字技术对传统产业产生变革性影响。国家科研机构要坚持问题导向、需求导向和效果导向，以组织模式升级应对创新活动的高度复杂性和不确定性，以重大原始创新供给和关键核心技术突破发挥自主创新的引领作用。通过有效汇聚资源要素，聚焦事关国家发展和长远利益的重大科技问题，形成多主体、多学科、多领域协同解决重大科学技术问题的系统方案。

最后，发挥开放创新的引领作用。越是面临封锁打压，越不能搞自我封闭。要制定实施更加开放的国际科技合作战略，在高水平开放中持续提升科技的自主创新能力。面临世界共同的科技难题、社会问题和环境治理问题等，我国科技发展亟须体系转型和战略突破。国家科研机构应坚持开放创新，不断提升参与全球科技创新治理的能力与水平，供给"中国方案"，贡献"中国智慧"。代表中国开展以我为主的国际合作，在国际竞争中保持优势地位。深度参与全球科技治理体系和经济治理体系改革，推动构建创新共同体和人类命运共同体。

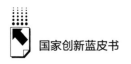

（五）突破原创核心：打造领先优势与竞争优势

面临百年未有之大变局，发挥科技在国家发展中的战略支撑作用，就要更加强调原始创新和源头创新。只有在未来的重点领域取得引领性重大科技成果，在关键核心技术领域实现核心技术突破，才能牢牢把握科技创新的主动权和领先优势。

首先，打造领先优势。成为世界科技强国、实现高水平科技自立自强，需要有厚实的基础研究和标志性的科技成就。国家科研机构应把握基础研究领域的重点方向，形成原始创新的引领性优势，强化战略性关键核心技术的自主可控，在建设世界重要人才中心和创新高地中发挥战略支撑作用。坚持有所为有所不为，以全球视野综合分析研判，找准基础、优势和可能突破口之间的内在联系，明确重大科技创新的目标和主攻方向。聚焦优先发展领域和重点基础性领域，前瞻部署一批重大科技攻关项目，不断增强源头创新能力，产出重大原始创新成果，实现重点领域的科学领先。探索大科学、密集数据驱动的科研范式，努力在未来科研范式中、科技文明中贡献中国力量。

其次，打造竞争优势。加快打造原始创新策源地、加快突破关键核心技术，努力抢占科技制高点。国家科研机构应密切关注科技发展态势，聚焦国家战略需求，动态调整科技攻关任务"清单"。加快"卡脖子"技术的攻关，组织资源与力量在未来发展的关键领域和重点方向前瞻探索，形成引领性重大成果。建立完善重大科技任务联合攻关机制，探索重大科学发现与重大科学装置建设、颠覆性技术突破之间的汇聚融合，推动科学发现与技术发明之间的创造性转化。聚焦重大科学问题和技术难题，开展定向战略性基础研究，推动科学、技术和工程之间的融合融通，形成系统创新的竞争优势。

最后，支撑现代化强国建设。强化科技创新在现代化强国建设中的战略支撑作用，以高水平科技自立自强推动经济社会高质量发展，支撑健康中国、美丽中国建设，满足人民对美好生活的向往。统筹重大科技问题和产业技术需求，推动基础研究成果向应用技术的转化，以市场需求倒逼基础研究选题优化。发挥知识和技术外溢效应，形成以国家科研机构为核心的向外辐射产业集群，提升原始创新能力和推动产业动能转换，实现高质量的发展。更加关注人民生命健康与社会福祉，围绕疾病防控、老龄化等问题强化高质量科技供给支撑。发挥科技在公共服务体系中的作用，为共同富裕提供科技支撑。

（六）改革体制机制：完善制度体系和创新文化

科技是最需要改革的领域。国家科研机要先行先试，加强制度创新，提升科研院所创新治理的现代化水平，进而带动提升国家创新体系的整体效能。

首先，重塑创新体系。国家科研机构要突出体制优势，加快建设功能明晰、目标明确的关键科技创新主体，发挥在原始创新、关键核心技术攻关和产业创新方面的骨干引领作用，形成创新头雁和战略支点。对于畅通国内国际双循环，实现产业链、供应链安全稳定，科技实力是重要保障。加快建设原始创新策源地，加快突破关键核心技术，协力推动产业技术创新，产学研合作开展产业共性技术研发，"唤醒"躺在论文、专利中的重大科技成果，打通科技成果转化的"堰塞湖"。

其次，完善创新制度。推动科技评价体制机制改革创新，破"四唯"、立"新标"，进一步优化科技管理体制与评价机制，以战略、资源和评价为抓手实现对科技创新的正面牵引。[1] 立"新标"方面，探索基于创新力（个人能力维度）、影响力（同行和研究领域上下游维度）、贡献力（人才依托组织维度）进行"三维"评价[2]，让"人才"在科技创新实践中脱颖而出，而不是在人才和项目的评审中诞生。改革科技评价制度，建立以科技创新质量、贡献、绩效为导向的分类评价体系，减少科研经费、发表论文和获得专利的考核权重，运用大数据技术，结合第三方评审，以科技创新能力、贡献

---

[1] 黄晨光、陈套：《加快构建科技人才评价体系》，《中国社会科学报》2022 年 2 月 23 日，第 8 版。

[2] 黄晨光、陈套：《加快构建科技人才评价体系》，《中国社会科学报》2022 年 2 月 23 日，第 8 版。

和实绩进行相对较客观的评价。正确评价科研机构、科技人才以及科技创新成果的科学价值、技术价值、经济价值、社会价值、文化价值。

最后，建设创新文化。大力弘扬科学家精神，更加重视科技工作者的精神因素和精神状态，建设先进的创新文化，为党和人民争取更大光荣汇聚磅礴力量。大力弘扬爱国、创新、求实、奉献、协同、育人的新时代科学家精神，让科学家精神作为引领科技工作者奋进的精神力量，在攀登科技高峰、抢占科技制高点的创新实践中绽放时代光芒。激励广大科技工作者牢记"创新科技，报国为民"的创新价值观，勇挑历史重任，肩负时代使命，把个人的科学追求融入社会主义现代化建设的宏伟事业，把个人价值实现融入实现中华民族伟大复兴中。发挥国家科研机构的科学传播和引领优势，在全社会营造尊重知识、尊重科学、尊重人才、尊重创造的文化氛围，激励出蕴藏在广大科技工作者中的磅礴伟力和全社会力量，为建设世界科技强国、实现中华民族伟大复兴注入不竭的精神动力。

B.4
科技自立自强视角下中国
基础研究现状

吴 杨*

摘 要： 国家关于基础研究的一系列政策体现的是国家战略需求。当前，我国原始创新能力持续提升，但与世界顶尖水平相比还有一定差距；基础研究领域原始创新所具有的周期长、不确定性大等特点以及基础研究在研发支出中的占比较低，导致基础研究投入不足。然而，基础研究是破解"卡脖子"技术问题的源头，是提升我国关键核心技术的动力，为我国未来发展提供了原始创新和知识保障。因此，实现科技自立自强，必须加强基础研究。

关键词： 基础研究 科技自立自强 技术创新

加强基础研究是实现科技自立自强的关键。党的十九大明确提出，我国要在 2035 年进入创新型国家前列。进入 21 世纪以来，我国创新驱动发展硕果累累，无论是创新投入还是产出都有明显的增长。《全球创新指数》显示，2022 年我国排名第 11，稳居中等收入经济体之首，已经成功进入创新型国家之列。但是目前我国创新能力大而不强，不能完全适应新发展阶段的要求，关键核心技术缺失依旧是高质量发展阶段存在的最大短板，由此暴露我国基础研究水平有待提升的问题。李克强总理在 2019 年 9 月国家杰出青年科学基金工作座谈会上指出："基础研究决定一个国家科技创新的深度和

---

* 吴杨，北京理工大学教育学院教授，博士研究生导师，研究方向为科技政策、智慧教育。

广度，'卡脖子'问题根子在基础研究薄弱。"① 由此可见，增强基础研究实力，提高科技创新水平已经成为我国可持续稳定发展的必然选择。

一　基础研究的紧迫性和必要性

（一）国家战略需求

基础研究领域的原始创新是科学技术发展的源泉，是社会进步与经济发展的重要支撑，是国家强大的根本保障。随着全球化进程的加快，国际科技竞争日益激烈，是否掌握核心技术就成为决定竞争成败的关键因素，而培育科技核心竞争力的关键就在基础研究。在此背景下，我国颁布了一系列文件来加强基础研究。如《国务院关于全面加强基础科学研究的若干意见》《加强"从0到1"基础研究工作方案》和《国民经济和社会发展第十四个五年规划和2035年远景目标纲要》等国家战略性文件都阐述了基础研究的重要作用和时代价值。

《国务院关于全面加强基础科学研究的若干意见》是关于基础研究发展方向的重要文件，提出了基础研究"三步走"的重要目标，明确了到21世纪中叶把我国建设成为世界主要科学中心和创新高地，从完善基础研究布局、建设高水平研究基地、壮大基础研究人才队伍、提高基础研究国际化水平与优化基础研究发展机制和环境五个方面提出了20条重点任务。《加强"从0到1"基础研究工作方案》从优化原始创新环境、强化国家科技计划原创导向、加强基础研究人才培养、创新科学研究方法手段、强化国家重点实验室原始创新、提升企业自主创新能力和加强管理服务七个方面提出具体措施，重点强调了建立有利于原始创新的评价制度，规划了基础研究领域原始创新未来的改革方向。《新形势下加强基础研究若干重点举措》提出了优化基础研究总

---

①　张龙鹏、钟易霖：《基础研究发展对技术创新的影响：基于最优研发结构视角》，《科技进步与对策》2021年第17期，第19~25页。

体布局、激发创新主体活力、深化项目管理改革、营造有利于基础研究发展的创新环境和完善支持机制五个方面重点举措，解释了经济高质量发展背景下基础研究的战略意义。尤其是关系我国未来五年发展的国家战略纲领性文件《国民经济和社会发展第十四个五年规划和 2035 年远景目标纲要》专门指出持之以恒加强基础研究。可见，基础研究已成为我国国家战略远景布局的重要组成部分，对我国实现科技自立自强起到巨大的推动作用。

（二）基础研究现状

近年来，我国的科技创新水平不断提升，在脑科学、单细胞组学、病毒学、云边协同、硅基光电子、低维材料等前沿领域涌现出一批具有国际影响力的原始创新成果。[①] 但是我们也必须认识到从"中国制造"到"中国创造"是一个从量变到质变的飞跃，我们还有很长一段路要走。2021 年 7 月 19 日，李克强总理在考察国家自然科学基金委员会并主持召开座谈会时讲道："当前国际环境发生很大变化，我国科技发展存在不少短板，很多产业技术瓶颈主要在于原始创新薄弱。"并提道："基础研究是推动原始创新、构筑科技和产业发展'高楼'的基石。我国已经到了必须大力加强基础研究的关键时期，立足现实，决不能错过这个时机。"可见，当前我国基础研究机遇与挑战并存，我们要抓住机遇，迎接挑战，补齐基础研究的短板，不断提升科技创新能力。

1. 中国原始创新能力分析

全球创新指数是一个衡量全球 120 多个经济体创新能力的主要基准工具。我国 2012~2022 年的全球创新指数排名进步了 23 名，从第 34 名提升到第 11 名，与美国、日本和韩国相比，排名提升最大。美国是创新大国，多年来排名一直较为靠前，2012 年排名第 10，2022 年排名第 2，进步了 8名。日本的全球创新指数 2012 年为第 25 名，2021~2022 年均为第 13 名，提升了 12 名。韩国全球创新指数排名进步明显，前进了 15 名，尤其是

---

① 韩秉志、沈慧：《2021 中关村论坛亮点纷呈 基础研究类获奖成果数量大增》，《经济日报》2021 年 9 月 29 日。

2021年（第5名）比2020年（第11名）提升了6名，首次进入全球前10（如图1所示）。上述数据表明，我国的原始创新能力持续提升，但近几年进步幅度变小，与世界顶尖水平相比还有一定差距。

图1　2012~2022年中美日韩全球创新指数排名

数据来源：根据历年《全球创新指数》（GII，https：//www.wipo.int）中的数据整理。

2. 基础研究特点分析

在基础研究的创新过程方面，基础研究领域的原始创新具有长期性、探索性、不确定性等特点。第一，基础研究领域的原始创新没有原始的理论、知识与方法可以借鉴，它需要人们长时间的探索。从创新思想到科学问题的形成再到实验的实施与理论的验证，是一个漫长的过程。第二，基础研究领域的原始创新是已知领域的进一步深化，需要不断探索，去探索未知的规律与现象。在探索过程中，规律的发现以及原理的验证具有极大的偶然性，甚至会超出预期的目标。第三，高质量研究项目具有较大的不确定性，项目研究过程中研究思路不断转变，研究方法随着实验的进一步深入而不断更改与完善，导致实验结果也极具不确定性。正是由于基础研究领域的原始创新所具有的长期性、探索性和不确定性等特点，多数科研工作者不愿意长期投入基础研究。

3. 中国基础研究、应用研究和试验发展人员全时当量比较

在研究与试验发展（R&D）人员全时当量方面，基础研究人员全时当

量较应用研究人员全时当量和试验发展人员全时当量基数小且增长缓慢。从纵向来看，2020~2022 年基础研究人员全时当量分别为 43 万人年、47 万人年和 51 万人年，年均增长率为 9%；应用研究人员全时当量分别为 64 万人年、69 万人年和 74 万人年，年均增长率为 8%；试验发展人员全时当量分别为 416 万人年、455 万人年和 510 万人年，年均增长率为 11%；基础研究人员全时当量年均增长率低于试验发展人员全时当量。从横向来看，基础研究人员全时当量 2020~2022 年连续 3 年都低于应用研究人员全时当量和试验发展人员全时当量，甚至试验发展人员全时当量 2020~2022 年是基础研究人员全时当量的 10 倍左右（如图 2 所示）。

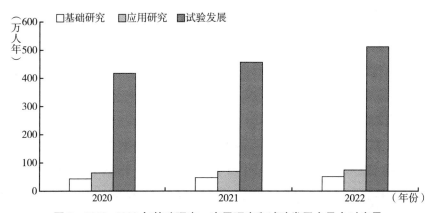

图 2　2020~2022 年基础研究、应用研究和试验发展人员全时当量

数据来源：国家统计局。

以上分析表明，基础研究领域原始创新所具有的周期长、不确定性大等特点以及我国之前在基础研究上并未足够重视等原因，导致基础研究投入不足。因此，要实现科技自立自强，首先要加强基础研究。

二　以基础研究助力科技自立自强

实现科技自立自强是国家战略的重要目标，基础研究是实现科技自立自强的核心要素，是"卡脖子"技术与关键核心技术突破的源头，是提高综

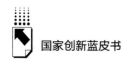

国家创新蓝皮书

合国力、在国际竞争中抢占先机的基石。自党的十八大以来，习近平总书记提出了一系列关于加强基础研究的论述，为我国突破"卡脖子"技术与关键核心技术，实现科技自立自强指明了方向。

（一）基础研究在"卡脖子"技术与关键核心技术中的作用

1.基础研究是破解"卡脖子"技术问题的源头

我国要解决"卡脖子"技术问题，必须坚持以需求为导向的研究方向，重视基础研究，将基础研究的原理、方法等与应用研究相结合，重塑科技创新体系，推动原始创新。2020年9月16日，中国科学院院长白春礼在新闻发布会上强调在关于第二阶段目标的"率先行动"中，要进一步加强"卡脖子"技术攻关任务的战略部署，将"卡脖子"技术清单和国外出口管制清单转化为我国科研任务清单，突破制约我国产业转型和升级的关键性技术。目前，我国有35项"卡脖子"技术需要破解，多以物理学、化学、数学等基础学科为基础。[①]

我国"卡脖子"技术的卡点大多在于技术难以达到高难度要求或缺少生产材料，如光刻机技术需要同步运动工作台误差2纳米以下、ICLIP技术没有核酸接头并缺少靶点基础研究、适航标准技术国产航空发动机型号匮乏等。其根源在于基础研究跟不上，缺乏原始创新。"卡脖子"技术的原始创新都来自国外，这些技术具备先发优势，在市场竞争中，后发者难以与先行者抗衡，我国需要重视原始性创新、破坏性创新与颠覆性创新。

由数据分析可知，我国的"卡脖子"技术都是以理工科为基础学科，其中以物理学为基础的"卡脖子"技术占比高达66%，以化学为基础的"卡脖子"技术占比达60%，以数学为基础的"卡脖子"技术占比为20%。其中，需要进行跨学科研究的"卡脖子"技术占比达60%（如图3所示）。因此，我国在突破"卡脖子"技术难关时，一方面，要提高对理工类基础

---

① 夏清华、乐毅：《"卡脖子"技术究竟属于基础研究还是应用研究?》，《科技中国》2020年第10期，第15~19页。

学科的重视程度，重视理工类人才的全面发展，培养其创新能力，重视基础学科在人才培养和科技引领中的作用，在国家科技创新战略需求下选拔拔尖创新人才。另一方面，要注重跨学科领域的探索，促进学科的融合交叉。传统的单一研究领域已不适应我国科技创新发展的要求，基础研究向横向扩展与纵向深化发展。在横向扩展方面，基础研究不断突破学科间的界限，呈现更加综合化的趋势，科技跨学科领域紧密结合。如面向世界科技前沿的"九章"量子计算原型机依赖统计学、大数据、计算社会科学等理论基础与技术的密切结合，面向国家重大战略需求的"奋斗者"号全海深载人潜水器、集成电路设备、火星车等科技创新成果需要数学、生物学、化学、物理学等学科的基础研究。在纵向深化方面，量子卫星通信、铁基超导、高铁等技术不断更新，不断向深层次领域发展。

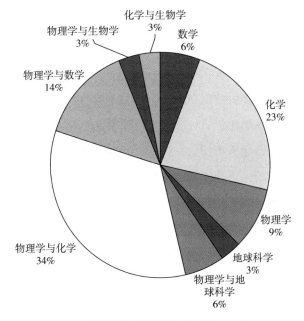

图3　各学科"卡脖子"技术所占比重

数据来源：根据文献《"卡脖子"技术究竟属于基础研究还是应用研究?》整理。

2. 基础研究是提升我国关键核心技术的动力

我国的关键核心技术对外依存度较高，这是我国科技创新的隐患，也是实现科技自立自强较大的短板。习近平总书记指出："实践反复告诉我们，关键核心技术是要不来、买不来、讨不来的。只有把关键核心技术掌握在自己手中，才能从根本上保障国家经济安全、国防安全和其他安全。"① 新一轮科技革命正在兴起，以科技实力为基础的国家竞争会更加激烈，关键核心技术问题不解决，就难以实现科技的自立自强，科技发展就会失去动力。过去我们的科学技术相对于欧美等发达国家来说还较为落后，科技创新依赖于国外技术引进，经过多年发展，我国的核心技术与发达国家总体的差距在逐渐缩小，一系列重大科技创新成果已经涌现，在小部分领域已走到世界科技前沿，在另一些方面进入无人区，科技实力已从量的积累迈向质的飞跃，从点的突破发展到系统能力的提升。例如，首次火星探测任务中探测器成功着陆火星，北斗三号最后一颗全球组网卫星补上了北斗卫星导航系统覆盖全球的最后一块拼图，量子计算实现"量子优越性"。

我国虽取得了众多科技创新成果，但依然存在严重的基础研究短板，与发达国家的先进水平相比仍有较大差距，科技创新链条的机制体制受限，基础研究创新与成果转化不密切。一方面，市场与政府配合度不高，造成资源浪费，构建符合市场经济规律的关键核心技术协同攻关机制存在障碍，导致各类科技创新主体的积极性与创造性不强，难以形成集中力量攻克关键核心技术难关的科技创新合力。另一方面，在芯片、高铁钢轨铣刀、燃料电池关键材料等核心技术方面缺少关键元器件，它们还需要依赖国外进口，关键核心技术仍受制于人。我们要实现科技自立自强，就必须加强自主创新，在关键核心技术领域不能受制于人。因此，我国要完善科技创新体系，促使政府与市场密切配合、优势互补，发挥市场配置资源的作用，增强科技创新的合力，同时坚持需求导向与问题导向，面向世界科技前沿，加强基础研究。

---

① 《习近平：在中国科学院第十九次院士大会、中国工程院第十四次院士大会上的讲话》，人民网，http://jhsjk.people.cn/article/30019215，2018 年 5 月 28 日。

（二）基础研究为我国未来发展提供原始创新和知识保障

基础研究是科技创新的源头，是解决我国"从 0 到 1"原始创新和"卡脖子"问题的关键，也是我国未来科技发展的重要支撑。习近平总书记在科学家座谈会上的讲话中提出："基础研究一方面要遵循科学发现自身规律，以探索世界奥秘的好奇心来驱动，鼓励自由探索和充分的交流辩论；另一方面要通过重大科技问题带动，在重大应用研究中抽象出理论问题，进而探索科学规律，使基础研究和应用研究相互促进。"[①] 总书记的讲话表明，基础研究的知识活动与主体活动虽不同，但本质都是为了促进知识创新转化为现实应用。

纯基础科学原理的创新与以应用为导向的技术基础研究，弥补了我国源头创新与关键核心技术的不足，增强了我国原始创新能力。从纯基础科学出发，将科学原理和科学发现转化为新的技术原理，制作出样机、模型或者提出原创性发明方案，最后转化为企业所需要的产品创新或者工艺创新。如爱因斯坦在早期对量子力学的系统解释以及"EPR"佯谬推动了量子力学理论基础的后续研究，我国在以往量子力学研究的基础上，加强量子科技发展战略谋划和系统布局，实现了从"墨子号"卫星，到千公里级量子保密通信干线，再到量子计算实现"量子优越性"，在量子领域成为世界劲旅。从企业和市场的需求出发，开展以应用为导向的技术基础研究，改变原有的从基础研究领域发起的创新路径，面向企业和市场的需求开展知识创新。[②] 在企业与市场需求中，我国的 EDA 软件、CPU、GPU 等人工智能领域对外依存度高达 90% 以上，大分子药物生产设备、核心菌种、分离系统耗材等对外依存度高达 70% 以上。如果没有美国的打压与遏制，我国可能还是一如既往地依赖国外进口，科研漫无目的，盲目地加强基础研究。部分领域对外依存度较高的重要原因在于我国产学研结合不够密切，企业与市场需求难以

---

① 《习近平在科学家座谈会上的讲话》，《人民日报》2020 年 9 月 12 日，第 2 版。

② 资料来源：中国科学院院刊（http://www.bulletin.cas.cn/zgkxyyk/ch/index.aspx）。

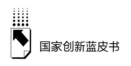

和高校、科研院所等的基础理论有效衔接，实质在于我国的基础研究理论不够扎实，没有弄清源头和底层。

细观科学技术发展的未来，以人工智能、先进计算、纳米科技等为代表的前沿性新技术有望对未来科技发展产生颠覆性影响，我国应当创新组织方式、抢先布局、重点发展，力争跻身全球科技竞争前列。

结　语

当前，我国基础研究投入呈现以下特点：一是研究与试验发展（R&D）经费投入逐年增加，但投入强度仍待提高；二是 R&D 经费投入结构比例失衡，与国际水平有较大差距；三是基础研究经费占 R&D 经费的比例较低，基础研究投入强度不足；四是基础研究人员占 R&D 人员的比例最低，且增长速度缓慢。由此可见，我国基础研究虽然取得了长足进步，但在经费投入、人才培养等方面仍存在不足。面对日益复杂的国际科技竞争格局，加强基础研究已成为我国实现科技自立自强的必然选择。基础研究不仅是突破技术瓶颈的关键，还是推动颠覆性技术创新、引领未来产业变革的根本。因此，我国应加大基础研究投入力度，完善多元化投入机制，吸引社会资本参与基础研究；加强基础学科建设，培养高水平创新人才，为基础研究持续发展提供人才保障。同时，进一步完善基础研究体制机制，优化科研评价体系，营造有利于原始创新的学术环境。通过基础研究的突破带动应用研究和技术创新，形成基础研究、应用研究和产业化良性互动的创新生态系统，为我国科技自立自强提供坚实支撑。

B.5
科技领军企业强化国家战略科技力量的理论逻辑和路径探索

张学文　靳晴天　陈劲*

摘　要： 作为国家战略科技力量的重要组成部分，科技领军企业是全面提升国家科技实力的关键角色。以华为公司为代表的科技领军企业领跑我国战略新兴产业创新发展。本文以华为公司为例，基于"顶层设计、策略响应、基础要素"三个层面提出六大实现路径，即确立伟大创新使命；构筑双元驱动创新战略；通过压强投入抢占技术高地；构建世界一流组织架构；建设世界级人才团队；营造开放包容的创新文化。以期为科技领军企业强化国家战略科技力量提供借鉴和参考。

关键词： 国家战略科技力量　科技领军企业　华为

一　引言

中国科技体制改革的历程显示，企业在自主创新和价值增值中的地位不断上升。一些在国际上具有重要影响力的中国企业，凭借自主创新已经成为世界一流企业，为中国科技创新做出了重要贡献。1987年，华为始创于深圳，在注册资本仅有2.1万元且没有技术和市场的情况下，在通信设备的红

* 张学文，河北师范大学商学院院长，河北省新型高端智库"现代服务与公共政策"首席专家，教授，博士研究生导师，研究方向为开放科学与创新、创新管理；靳晴天，河北师范大学商学院硕士研究生，研究方向为创新管理；陈劲，清华大学经济管理学院教授，清华大学技术创新研究中心主任，博士研究生导师，研究方向为科技创新政策与创新管理。

海中艰难起步。然而，经过 30 多年的发展，华为不仅仍然存在，而且从最初只专注于生产与销售交换机的公司，发展成为全球最大的通信设备公司之一。在 30 多年的"代理—模仿—领先—引领"发展实践中，华为通过不断从挫折中寻求生存，在艰辛的学习过程中迅速成长起来，最终在 ICT（信息与通信）产业中取得全球领先地位。华为的成长充分展现了中国在 ICT 产业中的速度和高度，华为的发展路径不仅是一家企业的成功典范，还是中国科技产业崛起的缩影。通过在全球舞台上展现中国企业的创新能力和竞争力，华为的经验和成就为中国在 ICT 领域的自主创新提供了宝贵的经验教训，为研究科技领军企业如何强化国家战略科技力量问题提供了重要的参考。

二 科技领军企业强化国家战略科技力量的理论逻辑

新时代背景下，企业在"技术开发—技术创新—自主创新"这条道路上扮演着不容忽视的角色，在国家科技创新体系中的主体地位越发凸显。民营科技企业（特别是科技领军企业）更是在技术演化中走入核心位置[1]，科技领军企业强化国家战略科技力量有着内在的理论逻辑（如图 1 所示）。

基于整合式创新理论，企业在科技创新体系建设中应注重系统观和全局观。[2] 战略上，企业应面向世界前沿技术，塑造"非对称优势"，在国家科学基础的知识层面加强国家战略科技力量，深度参与国家创新体系。[3] 技术上，企业应通过主动强化原创性、突破"卡脖子"难题、深入基础研究以及掌握关键核心技术，构建有效而有力的供应系统，促使生产系统能够实

---

① 张军涛、程浩岩：《新发展格局中的"科技自立自强"——基于创新演化观视角的分析》，《学术界》2022 年第 2 期，第 102~109 页。

② 陈劲、尹西明、梅亮：《整合式创新：基于东方智慧的新兴创新范式》，《技术经济》2017 年第 12 期，第 1~10、29 页。

③ Mulligan K., Lenihan H., Doran J., et al., "Harnessing the science base: Results from a national programme using publicly-funded research centres to reshape firms' R&D," *Research Policy*, 2022, 51 (4): 104468.

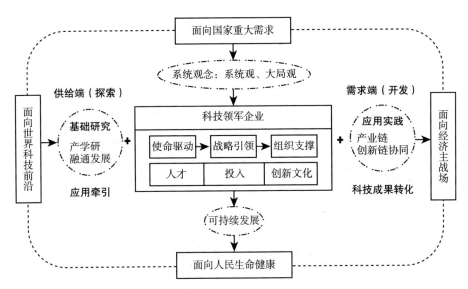

图1　科技领军企业强化国家战略科技力量的理论逻辑框架

现内部顺畅循环。因此，科技领军企业应以"面向世界科技前沿、面向经济主战场、面向国家重大需求、面向人民生命健康"为主基调，形成与未来产业发展趋势、社会需求、国家需要步调相一致的伟大使命。在使命驱动下，规划对关键核心技术的战略引领，形成支撑战略有效落地的组织架构，并结合高强度投入、广纳人才和创新文化，加强国家战略科技力量。

三　科技领军企业强化国家战略科技力量的实现路径

本文在系统梳理科技领军企业强化国家战略科技力量的理论逻辑的基础上，以华为为案例研究对象，从三个层面提出六个具体的实现路径（如图2所示）。

（一）路径一：确立伟大创新使命

科技领军企业伟大创新使命的确立，应面对国家需求和产业普遍问题。华为的使命陈述，在不同技术发展阶段发生了变化（如表1所示）。

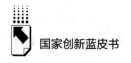

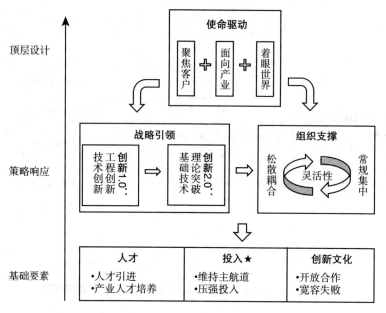

图2　科技领军企业强化国家战略科技力量的实现路径

2006~2011年为超越追赶阶段，其使命陈述的关键词是"客户"，要求满足客户需求和解决客户痛点，针对性地提供产品和服务。2012年至今为创新前沿阶段。其中在2012~2013年，其使命体现为：（1）关注用户需求向内延伸，不局限于显性需求，探寻客户内在需求，并扩大领域范围，从"个人"的客户领域范畴拓宽至组织领域范畴；（2）在使命陈述中加入开放概念，面向行业协同创新，与业内伙伴展开合作，觉醒未来机会意识，推进企业向前沿领域开展探索式创新。2014~2016年，其使命体现为：（1）以自身供给引领客户需求；（2）与行业伙伴持续进行开放合作和创新，共同致力于行业基础的体系建设，共同创造产业的发展趋势；（3）着眼未来，寻找未来发展方向。2017年至今，华为的使命陈述演变为更快地对客户的需求做出响应，新客户群不仅包括消费者和家庭，还扩展到各个组织方面。在关注当前和展望未来的基础上，企业投资于基础科学、基础技术研究，逐步构建起为未来奠定基础的能力。整体而言，华为使命陈述经历了从单点到面向外拓展的变化,聚焦重点逐渐叠加,从关注客户到聚焦产业,再到面向世界,这一转变反映出华为从简单的以产品与服务为主的研发创新,逐渐过渡到以研发与探索式创新相结合的复杂创新模式。

表 1 华为的使命陈述

时期	发展阶段	使命陈述
2006~2011 年	超越追赶阶段	聚焦客户关注的挑战和压力,提供有竞争力的通信解决方案和服务,持续为客户创造最大价值。
2012~2013 年	创新前沿阶段	围绕客户需求和技术领先持续创新,与业界伙伴开放合作,聚焦构筑面向未来的"智能的信息管道",持续为客户和全社会创造价值。
2014~2016 年		围绕客户需求和技术领先持续创新,与业界伙伴开放合作,聚焦构筑面向未来的信息管道,致力于构建更美好的全连接世界,持续为客户和全社会创造价值。
2017 年至今		把数字世界带入每个人、每个家庭、每个组织,构建万物互联的智能世界。

(二)路径二:构筑双元驱动创新战略

华为很好地抓住了创新战略转变的节奏,通过战略转型不仅提高了开放程度和拓宽了合作领域,还对创新体系进行了提前的升级和更新。早期,华为创新战略为 1.0 版本,主要集中为提高企业的商业价值,采用技术创新和工程创新来满足客户的需要。在创新 1.0 阶段,华为的创新重点放在技术创新和管理创新。任正非认为,对于高科技企业而言,管理创新比技术创新更重要。在超越追赶阶段,为弥补管理方面的不足,华为与国际咨询机构进行长期、深度的合作,通过优化自身研发、生产、财务、人力等各个部门的管理方式,使企业发展更加职业化、规范化、制度化和系统化。与此同时,在早期的创新战略中,华为已将营收的 10% 投入研发工作,围绕客户需求进行研发跟进,将优秀的人才送到市场与服务第一线,深入了解客户的需要,并将这些洞察运用于产品的研发,通过充分利用工

程师的优势，抓住商机窗口的盈利，再将盈利投入研发中，推动更多的突破性进展。

然而，随着技术高速发展，持续性技术创新已不满足发展需求。在5G时代，编码技术已经突破"香农定律"的界限，摩尔定律也面临工程瓶颈，这一瓶颈限制了信息通信技术的创新空间。2019年，华为进入创新2.0时代，更加注重探索"从0到1"的科技创新，同时保持以客户需求为驱动的愿景，形成"探索+开发"双元驱动的创新战略。在这个阶段，华为试图打破制约ICT产业发展的理论和基础技术瓶颈，推动理论突破和基础技术发明。为了达成这一目标，华为采取多种方式，联合业内伙伴，把工业界的问题、学术界的思想、风险资本的信念整合起来，共同进行创新。

双元驱动的创新战略根植于企业自身的要素禀赋。密切关注外界的发展和市场的变化，华为不断地进行探索和发展，抓住世界的前沿，给未来的发展创造新的机会；同时，为了将科技创新分散的成果成功转化为产品并实现商业价值，努力让这些创新在实践中落地。

（三）路径三：通过压强投入抢占技术高地

在企业长期发展中，技术革新发挥了举足轻重的作用。为了保持在相关产业和领域的领先地位，科技领军企业必须进行高强度的创新投入，以确保技术更新的及时性。在这方面，华为在科技创新上展现出高强度投入，并采用了"压强原则"来合理配置资源。

在技术封锁和营收下滑的重重压力下，华为依然保持着高强度的研发投入。2013~2022年，累计研发投入资金超过9773亿元（如图3所示），2022年更是创下了十年来新高，研发费用高达1615亿元，占全年营收的25.1%，这种高强度的研发投入是攻克关键核心技术、延续产业技术创新方向的基础保障。

华为每年将20%~30%的科研经费专门用于基础性和前沿的研究，将70%~80%的资金和人力集中在产品的技术更新上。在探索的过程中，做基础性研究也能"沿途下蛋"，帮企业排忧解难。在技术更新上，直面市场需

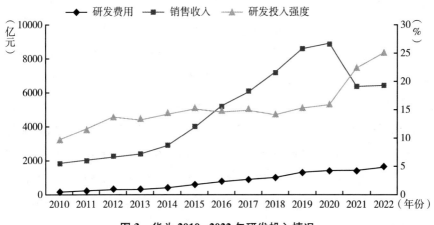

图 3　华为 2010~2022 年研发投入情况

数据来源：华为投资控股有限公司各年年度报告。

求，产生更高的业务价值。尽管探索性创新几乎无法直接体现在财务业绩上，但是开拓新市场和积累工业基础所必需的。截至 2022 年，华为已在全世界建立 86 个基础技术实验室，致力于解决关键技术领域问题，旨在以高强度投入打造科技创新环境、直面关键核心技术与世界难题。大规模的创新投入只有在合理进行配置时才能发挥有效作用。在持续发展和优化的过程中，华为对各项业务的短期业绩和长期业绩进行全面评价，实现对创新资源的合理配置。在资源配置上，华为坚持"压强原则""力出一孔"，削减了不需要的、没有战略意义的投资。华为在发展初期就凭借"压强原则"成功获得了万门数字程控交换机等重要的科技成果。专注主营业务使华为收窄战略范围，避免分散创新资源，奠定了世界级投入获得世界级产出的基础。

（四）路径四：构建世界一流组织架构

在华为的组织架构发展中，紧密吻合组织的战略发展轨迹始终是一项关键任务。在每个重要的发展节点上，华为都能够及时根据企业创新战略进行组织架构调整，以构建与之匹配的组织体系。在初创期，华为作为用户交换机（PBX）的销售代理商，虽然已经开始进行自主研发 PBX 技术和探索农

村数字解决方案等创新，但仍以转售他人设备为主，人员数量较少，整体呈直线职能型组织结构，部门形式单一。1998 年，根据《华为基本法》，在这一阶段为了适应可持续发展的需要，华为将组织架构分为两个层面，即事业部和区域公司，事业部按照战略性事业的不同承担研发、生产、销售、用户服务等职能，而区域公司则根据区域进行运营，形成了矩阵式的组织架构，有利于推动国际化战略的部署与执行。2007 年，为了促进部门信息交流，华为在海外市场上以"铁三角"形式贴近市场变化，组建了以客户经理（AR）、产品解决方案经理（SR）、交付管理与订单履行管理经理（FR）为核心的部门。2011 年，随着外部市场的变化，华为确立了矩阵型组织结构，形成运营商、消费者和企业三大业务体系（BG）。2022 年，在海外资产被冻结、芯片短缺等重重压力下，华为提出了"军团制"，通过更集中的管理模式，来缩短用户需求与研发维护之间的链条，降低传输过程中的物质消耗与损失。

传统的单一组织方式难以应对创新所具有的高风险和高弹性，由于创新的侧重点在探索和开发阶段，因此需要更加灵活的组织架构支持。华为的组织架构不仅在基本层面进行了革新，也拓展到了研发体系上。在探索过程中，强调试验、发现和彻底的革新，要求有组织、松散耦合的体系。而在开发流程中，为了实现精细、高效、制造和实施，需要高层次的分工、采用常规路径和注重效率的组织结构，与市场及商业部门的关系更加紧密。华为的研发组织架构在其内部形成了探索创新、注重开发和市场联系的子项目，并且不受一种固定的组织模式的拘束。为了满足不同的创新需求和商业要求，华为采取了多项措施来保障创新，创立定位不同的研发部，使之可以更好地发挥其资金、人员管理的作用，通过整合整体组织层次，形成了实施创新战略的有力支持。

（五）路径五：建设世界级人才团队

信息与知识的重要承载者是创新型人才，他们能够促进学科、信息与知识的相互渗透，是推动前沿科学技术取得突破性进展的重要资源。2008 年起，华为研发人员占比均超 40%，并明显增长（如图 4 所示）。在人才方面，通过薪酬激励、发展激励和未来激励的结合，形成了一种对外引进、对内开发的局面。华为以世界级难题吸引顶尖人才，并以一流待遇提供人才保障，为解决复杂问题提供广泛平台，促进了内外人才的深度交流和共享。华为致力于为员工提供更多发展机会，成为人才争夺的热门目的地，还推动了员工的职业发展和创新能力的不断提升。

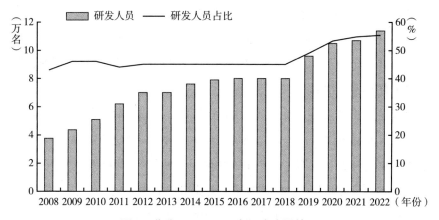

图 4　华为 2008~2022 年研发人员情况

数据来源：华为投资控股有限公司各年年度报告。

企业要走出"人才困境"，必须解决好"人才供给"与"行业需要"的矛盾。在助力产业人才方面，华为以"平台+生态"的策略，与产业生态伙伴深度协作，共同推动 ICT 行业人才生态的发展。华为提出了包含教师和学生人才生态、行业从业者人才生态、终身教育人才生态的"三棵树"人才生态模式，并通过"建设人才联盟、融入人才标准、提升人才能力、传播人才价值"四条路径，满足 ICT 行业人才需求。截至 2023 年底，华为人才联盟伙伴超 2000 家。积极深度参与产教融合，通过"华为 ICT 学院"等校企合作项目赋能高等教育，提供 ICT 技术培训。在教育部"产学合作·协同育人"项目中，累计立项 705 项，支持 217 所高校的教师开发出一批国家一流课程、规划教材、精品 MOOC 等。华为正在逐步优化、

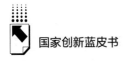

助力健全人才认证体系，针对不同角色进行职业和专业的不同认证。截至 2023 年 9 月，HCIE 专家级认证超过 26000 人次，通过华为认证的人数超过 82 万人次。

（六）路径六：营造开放包容的创新文化

华为在创新文化体系中的核心理念是与相关利益方广泛交流，为创新营造一个开放合作、容忍失败的环境。[①] 任正非提过"灰度理论"，反对非黑即白的用人观，灰度理论的核心就是开放和宽容。不管是内部还是外部的，开放都让华为在不断变化的市场环境中始终保持着向前的态势与精神，渗透到华为所有的革新领域。

华为建设了"心声社区"与"罗马广场"。思想活跃的内部社群交流区，让所有人都可以自由发表自己的看法，让华为文化变得普及易懂，降低了工卡文化的分量，汇聚了每一个人的能量，发挥了集体的潜能。华为之前是"低带宽，高幅度"，在单个领域，大家都有很强的能力，但他们所学的知识存在局限性，然而当他们聚集在一起的时候，华为就会变得"宽带宽，高幅度"。如果单纯依赖自身资源自主创新，就会面临创新成本高、创新资源优势难以发挥、创新资源配置不均衡等问题。对内开放让华为能够汇集群体智慧，对外开放让华为能够捕捉到前沿技术，跨界、跨学科地利用关键机遇，推动不同机构之间的创新资源整合。华为与全球产业组织、智库、学术界、企业等相关方联合，共同建立产业协同平台，共同探索 AI、智能驾驶、数字化场景、音视频等产业热点领域，对产业的痛点和难点进行剖析，达成产业共识，形成产业合力；同时，围绕鲲鹏、昇腾、华为云、鸿蒙、智能汽车解决方案，培育数字化转型人才，赋能开发者，通过与生态伙伴合作实现共赢，从而创造未来更加长远的社会价值。

华为的企业文化具有包容性和高容错性的特点，其内核是对创新的容

---

① 毛伟：《大数据时代企业创新的文化驱动》，《浙江社会科学》2020 年第 6 期，第 12~20、155 页。

忍，以及对失败的容忍。因为探索本身是一件风险性很强的事情，需要有接受失败的心态，失败也是一种很大的收获，它可以消除一种必然的不可能，同时也可以缩小不确定性的空间，为探索创造出更多的空间。但是，华为的企业文化也并非只对失败有足够的容忍，在研发过程中，要尽可能地降低不需要的失误损失，以目的为导向，推动科技创新成果的转化。

四　结语

作为ICT产业的科技领军企业，华为的科技创新模式展现了典型性。回顾华为的发展历程，企业一直密切跟随自身需求、行业发展、社会进步和国家需求，持续聚焦主营业务。通过高强度、持续性、精准的创新投入，深耕科技创新的薄弱环节，在产业层面实现关键突破，在使命、战略、组织、人才、投入和文化等多个方面进行全面革新和发展。

在科技创新过程中，华为深化了与政府、产业界、学术界的合作，建立了更加紧密的协同机制。通过跨界合作，企业不仅能够获取更广泛的智力支持，还能更有效地将科研成果转化为实际的应用。这种紧密结合的创新路径有助于整合各方资源，共同研究解决面临的科技难题，推动前沿技术的突破，使华为在科技领域不断取得卓越成就，推动了产业的不断升级与创新。科技领军企业通过强化国家战略科技力量，实现了企业自身价值与国家科技发展战略的有机结合，推动了科技创新的持续繁荣。

B.6
高水平研究型大学服务国家科技自立自强的现状与路径

崔明明*

摘　要： 　纵观科技强国的大学发展史，大学职能从人才培养拓展到科学研究、社会服务以及以创新与领导力教育引领和推动社会发展。高水平研究型大学作为科技是第一生产力、人才是第一资源、创新是第一动力的重要结合点，是国家战略科技力量的重要组成部分。近年来，国内一流大学在服务国家科技自立自强上取得了一些成果，形成了一些特色。例如，开展有组织科研的清华大学核能与新能源技术研究院，瞄准学科前沿的中国地质大学（武汉）高等研究院科研特区模式，聚焦校企全链条协同创新的北京航空航天大学航空发动机研究院，以及面向交叉学科研究的清华大学未来实验室、北京大学前沿交叉学科研究院。未来，高水平研究型大学要想更好地服务国家科技自立自强，就应当培养储备战略科学家，助力形成人才高地；推动原始创新，提供科技创新的源头活水；协同攻关，推动基础研究转换为市场产品；创新体制机制设计，营造良好科研生态。

关键词： 　国家战略科技力量　高水平研究型大学　科技自立自强

---

* 崔明明，国家教育行政学院助理研究员，研究方向为科技政策、干部教育。

一　高水平研究型大学的职能定位与时代使命

（一）大学的使命演变

纵观世界上科技发达国家的大学发展之路，大学的使命职责表现出相同的演变路径。11 世纪成立于意大利的博洛尼亚大学是世界上广泛公认的、拥有完整大学体系并发展至今的第一所大学，被誉为"世界大学之母"，培养了大批人才。1810 年建立的柏林大学（德国洪堡大学）践行一系列新的教育理念，在提倡学术自由、教学与科研相结合的大学理想指导下，德国逐渐探索建立起现代研究型大学。同时，洪堡大学的创建者认为，大学的功能不仅在于向学生传授知识，科学研究也是大学的根本价值所在。[①] 20 世纪，在知识经济时代背景下，"威斯康星思想"引导美国威斯康星大学麦迪逊分校投身区域经济发展与社会进步之中，推动大学科研成果商业化，研究型大学为企业提供科学知识，并输送人才，而企业会反哺大学市场、资金和技术。至此，大学的职能定位从人才培养、科学研究拓展到社会服务。21 世纪，部分高校提出建设"创新型大学"，这一概念是对研究型大学概念的延伸和拓展，使得大学的使命由人才培养、科学研究和社会服务拓展到以创新与领导力教育引领和推动社会发展，大学的职能从被动服务社会发展转变为主动引领社会发展。

从大学的职能定位演变中可以看出，大学始终肩负着培养人才、探索研究前沿和服务国家战略的重要任务。从大学自身的发展逻辑来看，大学的优势在于拥有自由的学术氛围，学科跨度大，以培养人才作为根本使命，以自由探索和小团队各自为战为主要形式进行基础研究。相较之下，国家战略科技力量则体现国家意志和国家利益，以"国家意志"为导向，以"引领发展"为目标，面向世界科技前沿领域，从国家战略全局的高度解决事关国

---

① Hüther O., Krücken G., *Higher Education in Germany: Recent Developments in an International Perspective* (Berlin: Springer, 2018).

家安全、国家发展、国计民生等的根本性问题，从整体上提升国家的创新能力、竞争实力与发展潜力。① 高水平研究型大学作为高等教育第一方阵的"排头兵"，作为科技是第一生产力、人才是第一资源、创新是第一动力的重要结合点，显然是国家战略科技力量的重要组成部分。习近平总书记强调："高水平研究型大学要把发展科技第一生产力、培养人才第一资源、增强创新第一动力更好结合起来，发挥基础研究深厚、学科交叉融合的优势，成为基础研究的主力军和重大科技突破的生力军。"②

（二）高水平研究型大学作为国家战略科技力量的时代使命

2020 年 9 月，习近平总书记在科学家座谈会上发表重要讲话，强调："要发挥高校在科研中的重要作用，调动各类科研院所的积极性，发挥人才济济、组织有序的优势，形成战略力量。"总书记的重要讲话，对大学的科技创新能力提出了新的要求。大学要努力担负起推动科技创新的历史责任，以高质量的创新成果为建设世界科技强国做出贡献。

2020 年 10 月，党的十九届五中全会审议通过的《中共中央关于制定国民经济和社会发展第十四个五年规划和二〇三五年远景目标的建议》指出："强化国家战略科技力量。制定科技强国行动纲要，健全社会主义市场经济条件下新型举国体制，打好关键核心技术攻坚战，提高创新链整体效能。加强基础研究、注重原始创新，优化学科布局和研发布局，推进学科交叉融合，完善共性基础技术供给体系。瞄准人工智能、量子信息、集成电路、生命健康、脑科学、生物育种、空天科技、深地深海等前沿领域，实施一批具有前瞻性、战略性的国家重大科技项目。制定实施战略性科学计划和科学工程，推进科研院所、高校、企业科研力量优化配置和资源共享。推进国家实验室建设，重组国家重点实验室体系。布局建设综合性国家科学中心和区域性创新高地，支持北京、上海、粤港澳大湾区形成国际科技创新中心。构建

---

① 陈劲、朱子钦：《加快推进国家战略科技力量建设》，《创新科技》2021 年第 1 期，第 1~8 页。
② 习近平：《在中国科学院第二十次院士大会、中国工程院第十五次院士大会、中国科协第十次全国代表大会上的讲话》，《当代党员》2021 年第 12 期，第 3~7 页。

国家科研论文和科技信息高端交流平台。"这是首次具体从任务、领域、目标和保障体系等方面讲述如何强化国家战略科技力量，并且进一步明确了高校建设和国家战略科技力量之间的关系。

2021 年 5 月，习近平总书记在两院院士大会和全国科协代表大会上的讲话中指出："国家实验室、国家科研机构、高水平研究型大学、科技领军企业是国家战略科技力量的重要组成部分，要自觉履行高水平科技自立自强的使命担当。"① 这进一步明确了高水平研究型大学是国家战略科技力量的战略定位。

二 高水平研究型大学服务国家科技自立自强的现状

近年来，国内一批研究型大学围绕国家目标和国家任务，对现有研究资源和组织模式进行重新部署和组织，探索建立具有重大引领作用的跨学科、大协同的创新攻关力量，积极承担国家赋予的职责，增强履行国家赋予的使命的能力，从科研主体、基础、资源、生态环境等方面着手发力，试图在创新能力、保障能力、发展能力、研究成果等方面体现国家最高水平，服务国家科技自立自强。

（一）研究好奇心由自由探索向面向国家战略需求转变，开展有组织科研：清华大学"200号"

清华大学一直就有着服务国家发展需要、开展有组织科研工作的传统。其中，最有代表性的就是 20 世纪 60 年代初建设"200 号"的壮举，这是清华大学服务国家战略需求的重大举措，也是学校有组织科研的宝贵经验和财富。在国家的大力支持下，在学校党委的坚强领导下，一批平均年龄 23 岁半的热血青年不畏艰辛、艰苦创业、众志成城，终于建成我国高等教育体系

---

① 习近平：《在中国科学院第二十次院士大会、中国工程院第十五次院士大会、中国科协第十次全国代表大会上的讲话》，《当代党员》2021 年第 12 期，第 3~7 页。

中最大的实体研究院和我国最早的核能核科技研发基地，60年不忘初心、牢记使命、坚持不懈、矢志不渝，坚持把论文写在祖国大地上，坚持大团队攻关，坚持教育科研实践三结合，承担了高温气冷堆、低温核供热堆、核燃料、核设施、核退役等一大批国家重大任务，取得了丰硕成果，为我国核能事业发展做出了重大贡献。

清华大学核能与新能源技术研究院简称"200号"，成立于20世纪60年代初，作为我国高等教育体系中规模最大的实体研究院，一直以服务国家经济社会发展和国防需求为战略方针，推动了清华大学争创世界一流大学的步伐，成为高等教育系统服务创新型国家建设的典范。

建院之初，"200号"就紧紧围绕国防急需，开展屏蔽试验反应堆建设和服务以溶剂萃取法核燃料后处理技术研发为代表的国防科技事业，为我国"两弹一艇"研制做出重要基础性贡献。改革开放以来，"200号"以5MW低温供热实验堆和10MW高温气冷实验堆研发、国家科技重大专项示范电站建设和核技术开发应用为代表，服务国民经济和现代化建设事业，做出重大贡献。目前，全球首座高温气冷堆商业化示范工程即将建成，高温堆制氢技术已基本打通技术路线；以低温堆技术为基础的小型核动力演示验证项目一次临界成功并实现满功率运行，后续型号与研发工作已提上议事日程，即将为我国海军新型主战装备提供动力支撑。目前，研究院正努力瞄准更紧凑、更高温、更大功率密度方向开展工作，未来有望在空间核动力与电源、海洋核动力、能源安全保障、战略部件监控保障等领域取得重大突破、产生核心关键技术，为提升我国战略威慑力量提供技术保障。

总结"200号"建院60年的成功经验，一是针对国家战略需求，瞄准重大前沿问题，知难而进、打硬仗、啃硬骨头。二是实施团队攻关，做大项目、出大成果。突破高校普遍的"分散、低效"的小作坊式科研模式，建设以"知难而进、众志成城"精神为代表的团队文化，打造一支通过研发和工程验证，把一个创新型先进核反应堆从概念发展成可以商业化的产品的核心创新团队。三是多学科深度交叉，提升设计研发与装备制造深度融合的协同创新能力。

（二）瞄准学科前沿：中国地质大学（武汉）高等研究院科研特区模式

中国地质大学（武汉）高等研究院（以下简称"高研院"）是中国地质大学直属的独立运行的科研与学术创新平台管理机构，是独立的研究生培养单位，定位为大学科研特区，汇聚研究领域的高水平人才，以地球系统科学理论为指导，瞄准地质学科理论前沿，坚持面向世界科技前沿、坚持面向经济主战场、坚持面向国家重大需求、坚持面向人民生命健康，围绕学科的前沿问题和国家重大战略需求开展研究，取得原创性和具有国际先进水平的科研成果，培养基础研究和应用基础研究领域的创新研究群体和多学科交叉杰出人才。

科研定位方面，高研院是学校承接和完成自然资源调查和地质调查任务的主体，是地球系统科学原创性科技创新的策源地，学科交叉、融合、汇聚的先导区，跨学科研究中心，拔尖创新人才培养和高水平国际科研合作交流的示范区；是具有全球视野的国家战略科技领军人才培养高地，支撑学校建设地球科学领域世界一流大学的重要科技创新基地。开展地球系统科学前沿科学研究与共性技术研发，推进科技创新与行业发展协同互动，聚焦大数据、人工智能、新材料等与地球科学的交叉融合，谋划跨学科研究中心。加强在气候变化、防灾减灾、深地深海、微区地球化学、地球生物学等领域建立国际合作科技平台，与国际知名研究型大学和著名研究机构共建国际研究中心和国际联合实验室。

管理体制方面，实行"高研院统筹规划管理、科技平台独立运行"的矩阵式管理体制。高研院设有 9 个科技平台，是国家级和教育部科技平台的聚集地，分别是：地质过程与矿产资源国家重点实验室、生物地质与环境地质国家重点实验室、国家地理信息系统工程技术研究中心、湖北巴东地质灾害国家野外科学观测研究站、地质调查研究院、紧缺战略矿产资源协同创新中心、地质探测与评估教育部重点实验室、构造与油气资源教育部重点实验室、纳米矿物材料及应用教育部工程研究中心。

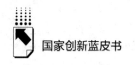

各个科技平台独立运行，由知名学者担任负责人。高研院统筹负责党建、思政、人事、大型仪器设备共享、研究生管理、群团工作等非学术事务管理工作。

（三）校企全链条协同创新：北京航空航天大学航空发动机研究院

2018 年 12 月 15 日，北京航空航天大学和中国航空发动机集团有限公司（简称"中国航发"）签约成立航空发动机研究院和航空发动机国际学院（简称"两院"）。"航空发动机研究院"和"航空发动机国际学院"为一个实体、两块牌子，采用独立方式运行。北京航空航天大学和中国航发采用"强强联合、深度融合、紧密协同"的原则，积极探索校企协同创新机制，引入协同决策机制、融合攻关机制、联合考评机制、互补投入机制和协作育人机制，共同进行航天发动机关键技术攻破。

在科学研究组织模式上，"两院"围绕基础研究和关键技术，将同一批研究人员定位于两支队伍当中。研究人员在学术研究团队中"练内功"，在关键技术团队中"亮剑"，形成了 8 横、14 纵交叉的框架。基础研究方面，采用"CS-CPI-PI"的模式进行学术研究治理。设置首席科学家（CS），他们提出具有战略性、前瞻性、创造性的研究构想，统筹学术领域发展。聚焦基础前沿研究，设立 8 个学术领域，分别为总体与仿真、气动与声学、传热与燃烧、结构强度与可靠性、试验/测试与控制、先进制造、先进材料、适航与安全性。每个学术领域设置领域首席（CPI）1 人，每个学术领域根据领域特点和发展需要设置不超过 3 个基础研究方向团队，每个基础研究方向团队设置团队负责人（PI）2 人，分别来自高校和行业。

关键技术团队方面，"两院"针对新概念航空推进系统及其综合验证技术探索，加速基础研究成果转化应用，组建新概念航空推进系统协同创新工作站，设立 14 个关键技术团队，分别为总体性能、总体结构、系统安全、综合热管理、空气系统、控制系统、压缩系统、燃烧系统、膨胀系统、进排气系统、传动润滑、调节机构、先进材料、先进制造。"两院"设置总工程师岗位统筹 14 个关键技术团队工作，由"两机"专项发动机工程总师尹泽勇院士担任。每个关键技术团队设置副总工程师（VCE）1~2人，来自高校或行业。

"航空发动机研究院"下设战略发展部、型号发展部、基础前沿部、实验设施部和成果转化办公室五个部门。"航空发动机国际学院"下设科教中心和管理服务机构，目标是培养具有国际视野的卓越工程师和具备领军领导潜质的航空发动机专业人才。科教中心由中英、中俄、中法、中德四个联合教育研究中心组成，吸纳国内外优势教学科研资源，组成国际化的教学科研团队，形成"以教促研、科教融合"的发展机制。管理服务机构由科研办公室、学历教育办公室、非学历教育办公室组成，开展学历教育联合培养、非学历教育培训和基础科研合作研究。中外科教中心计划与国外相关院校成立联合实验室，承担中国航发提出的"两机"技术领域基础研究，深度开展科教融合，助力人才培养。根据已有合作基础，分阶段、分类型、分领域开展对俄、德、法、英的国际合作。

众所周知，航空发动机是我国国防装备和航空工业发展的关键"瓶颈"，北京航空航天大学作为航空航天领域高校的排头兵，为了攻克航空发动机高度垄断、尖端技术，与中国航发这一航空航天领域的头部企业深度融合协同，相关的经验如下：一是改变以往高校科学研究自由探索、各自为战的模式，发挥社会主义市场经济下的新型举国体制优势，强化目标导向，探索"有组织科研"的新模式；二是推动校企融合，高校发挥基础研究体系和学科交叉的优势，提供核心技术并培养大批人才，头部企业专注战略性、代表性产品自主创新研发，各自发挥优势，相互之间优化配置，实现资源共享；三是企业可以将市场需求和国家战略传导给高校，可以实现需求牵引和技术推动的双轮驱动。

（四）成立交叉学科研究平台：清华大学未来实验室、北京大学前沿交叉学科研究院

清华大学未来实验室成立于2017年12月15日，是依托清华大学人才培养和综合学科布局的优势而成立的独立运行的跨学科交叉的实体科研机

构，是清华大学改革科研机制和推动跨学科交叉的重大成果。未来实验室聚焦人类发展的前沿问题，怀有不断创新、探索未来领域、突破学科壁垒的使命感，深入开展跨学科交叉研究与学术交流，产生引领性原始创新重大研究成果，推动学科建设和发展。以"计算、传播、媒体、艺术汇聚合一"为愿景，通过"原创性、交叉性、颠覆性"的无疆界技术创新，对人类认知、互动、逻辑产生变革性影响，促进人机物融合社会发展，借由文化、创业家精神融入，构建交叉原创基础力量高地，推动产业跨越式引领发展。

北京大学前沿交叉学科研究院于 2006 年 4 月 4 日正式成立，是由北京大学建立的跨学科研究平台，是国内第一个正式以交叉学科命名的研究生培养机构，在全国高等院校中率先开辟了跨学科研究的试验田。北京大学前沿交叉学科研究院充分发挥北京大学的基础学科和技术学科齐全优势，组织相关研究力量，组建了一支学科跨度大、研究领域广、学科交叉深度融合的研究队伍，开展跨学科的科学研究，培养交叉学科人才，取得了多项世界领先的交叉学科研究成果。

目前，研究院现有纳米科学与技术研究中心、生物医学跨学科研究中心、定量生物学中心、生命科学联合中心、大数据科学研究中心、环境与健康研究中心、磁共振成像研究中心、科学史与科学哲学研究中心、脑科学和类脑科学研究中心、睡眠医学研究中心等 10 多个实体和虚体研究机构，涵盖数学、物理学、化学、生物学、医学、工学等学科的众多交叉研究领域。①

研究院自成立以来，通过探索科研与管理机制创新、推动基础条件建设、招聘和引进优秀科研人才、组织学术教育与研究项目申请等工作，极大地促进了学科建设、科研发展和人才培养工作。科研组织方面，推行"稳定支持"与"项目竞争"相结合的方式，一方面通过"稳定支持"，并给予充分的学术自由，进行自由探索，另一方面通过"项目竞争"对标国家重

---

① 李宁、黄俊平、黄海军：《交叉融合　相生共赢——北京大学前沿交叉学科研究院建设模式探索》，《大学与学科》2021 年第 4 期，第 108~120 页。

大战略需求。[①] 在管理体系和评价机制上，研究院享有一定的自主权，联合聘任、教学工作量通用、交叉学科学位分会和人才评议等制度有效地促进了各学科深度交叉融合。

以清华大学未来实验室和北京大学前沿交叉学科研究院为代表的跨学科研究机构的成立，是高校发挥学科丰富优势的体现，是高校发挥自身优势、整合优势资源、促进学科交叉形成攻关团队的重要举措。跨界合作打破了不同学科、不同研究个体之间的信息边界，不同领域的经验交流碰撞形成新奇的、多元化的观点思想，科学创意可以在不同领域之间诞生，从多重学科领域得到延伸和验证，使得科学研究更具创新性，高校更有可能占领科研的"无人区"。

三　高水平研究型大学服务国家科技自立自强的路径

现阶段，进行基础研究和教学活动是高校的重要职能，这两项活动可以为科技创新提供两大重要因素——基础创新知识和人力资本，因此，这两项高校职能直接地发挥了推动创新的作用。同时，为了提升高水平研究型大学服务国家科技自立自强的能力和水平，高校自身也应该增强有组织的创新，适度引导科学研究从好奇心驱动的研究转向国家战略和国家目标驱动的研究。

（一）培养储备战略科学家，助力形成人才高地

战略人才是承担国家战略科技任务、支撑国家高水平科技自立自强的重要力量，高水平研究型大学应该下大力气全方位培养、引进、用好人才，提高服务国家战略的能力和水平。要通过多路径培养和储备战略科学家，充分发挥战略科学家在科学研究中的决策作用、科研资源整合作用，准确把握科学研究的

① 李宁、黄俊平、黄海军：《交叉融合　相生共赢——北京大学前沿交叉学科研究院建设模式探索》，《大学与学科》2021 年第 4 期，第 108~120 页。

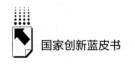

发展规律和战略动向。在人才培养方面，要落实立德树人根本任务，创新人才培养机制，通过科教融合、学科交叉培养等方式，培养心系国家发展、具有国际科技前沿视野、引领全球科技发展的科技青年力量；在人才引进方面，要把握基础研究和关键技术的重要方向，瞄准国家战略需求，精准把握人才聚集举措，实行更加开放更加便利的人才引进政策；在人才使用方面，要破除高校在人才使用、服务、支持、激励等方面的体制机制障碍，重构完善的机制生态，充分调动人才的积极性和创造性，赋予科研人员自主权，让科研人员沉下心来研究真问题，不断提升高水平研究型大学服务国家战略的能力和水平。

（二）推动原始创新，提供科技创新的源头活水

基础研究对科技创新起到源头供给和引领作用，高水平研究型大学要发挥基础研究深厚的优势，将自由探索与目标导向有机结合，瞄准基础研究前沿，开展前瞻性、战略性、前沿性研究，勇闯基础研究"无人区"。拓宽基础研究支持渠道，以政府支持为主，引导社会资本投资基础研究。要大力弘扬科学家精神，在全社会范围内营造崇尚科学的良好氛围。

（三）协同攻关，推动基础研究转换为市场产品

高校跨界合作可以实现新的科技突破。高水平研究型大学应该打破学科、学院、学校、产业和政府之间的边界。一是要打破学科直接的边界，开展跨学科思想碰撞。二是要与企业跨界合作，高校的优势在于基础研究的知识创造，而企业对于市场具有更敏锐的嗅觉，可以将市场需求和国家战略更好地传导到高校，引导高校开展目标导向的科学研究，实现技术推动和需求拉动双轮驱动，使得高校更好地服务于国家战略发展。三是要发挥政府的引导作用，通过早期的种子投资和产业扶持基金，加速有组织创新的进程。

（四）创新体制机制设计，营造良好科研生态

高校培养人才、开展基础研究和开展跨界合作，有赖于良好的机制体制设计和有利于持续深入研究的科研生态。高水平研究型大学要破除阻碍科技

创新的机制障碍，推动建立良好的科研生态：科研评价方面，要持续推动"破五唯"，开展人才分类评价机制，以实际贡献为衡量标尺，形成"外圆内方"的科研评价体制，营造有利于科研人员潜心科研的良好氛围；体制机制方面，要创新体制机制设计，更好地发挥科研人员的能动性，提高科研经费和平台等科研资源的使用效率，发挥存量资源的效能。

区域篇

B.7
中国区域创新能力综合分析

陈钰芬　裘梦婷*

摘　要： 创新是引领高质量发展的第一动力，区域创新能力是区域经济发展的重要引擎。本文从创新环境、创新资源、创新成果及创新绩效四个维度设计指标体系，搜集 2011~2022 年我国各省域数据，利用逐层拉开档次法对各省域及四大经济区域的创新能力进行测度及综合评价分析，并利用Kernel 密度估计法对四大经济区域的创新能力动态演进规律开展可视化分析。研究发现，我国区域创新能力整体发展向好，但区域创新能力差距显著且持续扩大。因此，各地政府在制定创新发展政策时，要优化创新要素整体布局，有针对性地调整研发投入结构；选择合适本地的创新模式，实现创新驱动经济高质量发展。

关键词： 区域创新能力　区域协调发展　逐层拉开档次法

---

* 陈钰芬，浙江工商大学统计与数学学院党委书记、副院长，二级教授，研究方向为科技创新评价和测度、企业创新管理与战略决策等；裘梦婷，浙江工商大学统计与数学学院硕士研究生，研究方向为科技统计。

一 区域创新能力的概念和内涵

党的二十大报告指出："必须坚持科技是第一生产力、人才是第一资源、创新是第一动力，深入实施科教兴国战略、人才强国战略、创新驱动发展战略，开辟发展新领域新赛道，不断塑造发展新动能新优势……坚持创新在我国现代化建设全局中的核心地位。"创新能力在我国经济社会发展中占据越来越重要的地位。区域创新是驱动区域经济高质量发展的支撑，区域创新能力的核心是促进各创新主体间的互动和联系，是一个地区将新知识转化为新产品、新工艺、新服务的能力①，表现为对区域社会经济转型发展和高质量发展的贡献能力。同时，在数字经济快速发展的背景下，数字技术与社会经济深度融合。数字经济发展能够通过人才聚集和金融发展显著提升城市创新能力②，进而驱动区域创新能力的提升，已经成为区域创新的重要影响因素③。

区域创新能力不仅是区域特有的不可复制的竞争优势，而且是区域经济发展的不竭动力，它的不断提升是转变区域经济发展方式、提高区域经济增长质量、促进区域产业结构转型升级及经济跨越发展的加速器。区域创新能力的提升是一个长期持续动态逐步积累的演进过程，区域经济的高质量发展需要较强的创新能力推动。不仅要推动区域经济的持续稳定发展，而且要注重区域间的协调发展。因此，研究区域创新能力的动态演进对促进区域经济的高质量发展具有重大意义。

---

① 柳卸林、胡志坚：《中国区域创新能力的分布与成因》，《科学学研究》2002 年第 5 期，第 550~556 页。
② 韩璐、陈松、梁玲玲：《数字经济、创新环境与城市创新能力》，《科研管理》2021 年第 4 期，第 35~45 页。
③ 苏屹、支鹏飞、郭秀芳：《区域数字经济规模测算及其对区域创新的影响》，《科研管理》2023 年第 9 期，第 29~38 页。

二 区域创新能力测度指标体系

（一）区域创新能力测度指标体系的设计

基于技术创新理论，根据区域创新能力的概念、内涵和特征，参考数据的可获取性以及指标体系构建的科学性、全面性、代表性、层次性以及可比性，本文从创新环境、创新资源、创新成果以及创新绩效四个维度设计区域创新能力测度指标体系。为了更加科学合理地反映区域创新能力，基于《中国创新发展报告（2020~2021）》的区域创新能力测度指标体系，对部分指标进行了调整（结果如表1所示）。

表 1　区域创新能力测度指标体系

领域层	指标层	变量标识	单位
创新环境	光缆建设水平	X_1	km/100km^2
	本科及以上学历人数占就业人数的比重	X_2	%
	有 R&D 活动的规模以上工业企业占比	X_3	%
	地方财政科技拨款占地方财政预算支出的比重	X_4	%
创新资源	R&D 经费支出	X_5	亿元
	R&D 经费支出占 GDP 的比重	X_6	%
	科学研究活动经费支出	X_7	亿元
	R&D 人员全时当量	X_8	万人年
	每万人研究与开发人员数	X_9	人年/万人
	科学研究人员全时当量	X_{10}	万人年
创新成果	发明专利授权数	X_{11}	件
	每万人发明专利授权数	X_{12}	件/万人
	国外主要检索工具收录科技论文数	X_{13}	篇
	每万人国外主要检索工具收录科技论文数	X_{14}	篇/万人
创新绩效	高技术产品出口占货物出口额的比重	X_{15}	%
	高技术产业主营业务收入占 GDP 的比重	X_{16}	%
	新产品销售收入	X_{17}	万元
	单位能源创造的 GDP	X_{18}	万元/吨标准煤

　　创新环境是一个影响创新主体进行创新和创造的外部条件和因素的集合，是区域创新的前提条件和载体①，包括地区信息技术发展水平、劳动力市场和政府支持水平等；创新资源是指区域内存在的影响创新水平的各种资源，本文使用的创新资源指标包括资金资源和人才资源；创新成果是指创新主体在创新过程中形成的具有自主知识产权的技术成果，代表了区域取得的创新科技成就，指标包括发明专利授权数与国外主要检索工具收录科技论文数；创新绩效反映了将科技成果转化为现实生产力进而促进经济增长的效果，选取高新技术产品和新产品相关指标与单位能源创造的 GDP 来代表创新绩效。

　　由于"每百家企业拥有的网站数"指标在各省域区分度不高，无法准确体现区域数字技术发展水平，因此用"光缆建设水平"指标（长途光缆线路长度/区域国土面积）替换。

　　在当前复杂多变的国际竞争格局以及我国现阶段的技术创新积累中，通过模仿学习、技术引进实现创新的模式已经不可持续，必须重视对基础研究的投入，加强原始创新，实现高水平科技自立自强。② 科学研究已成为国家和区域的重要战略资源，科学的发展实力代表着综合竞争力。科学研究活动包括基础研究和应用研究两类，在创新资源中加入"科学研究活动经费支出"（基础研究经费支出与应用研究经费支出）和"科学研究人员全时当量"（基础研究人员全时当量与应用研究人员全时当量）两个指标，侧重考察区域对自主创新能力的重视程度。

　　在有关创新绩效的研究中，新产品销售收入是常用的衡量指标。区域的新产品销售收入可以反映整个区域创新系统的创新产品收益水平，具有市场属性，能够较为客观地体现创新技术的市场价值。③ 它一方面可以反映企业的新产品有效供给，另一方面在市场相对饱和情况下更能反映新

---

①　孙瑜康、李国平：《京津冀协同创新水平评价及提升对策研究》，《地理科学进展》2017 年第 1 期，第 78~86 页。

②　孙早、许薛璐：《前沿技术差距与科学研究的创新效应——基础研究与应用研究谁扮演了更重要的角色》，《中国工业经济》2017 年第 3 期，第 5~23 页。

③　苏屹、安晓丽、雷家骕：《基于耦合度门限回归分析的区域创新系统 R&D 投入对创新绩效的影响》，《系统管理学报》2018 年第 4 期，第 729~738 页。

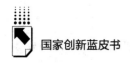

产品的市场需求。① 新产品销售收入占产品销售收入的比重可能受到企业或区域整体销售收入规模的影响，即使新产品销售收入有较大增幅，这也会因整体销售收入的膨胀而无法很好地体现。新产品销售收入以绝对值的形式直接反映了创新活动带来的经济效益，能够更好地表示区域创新绩效的实际贡献。且作为绝对值指标，新产品销售收入能够更直接地激励企业和区域管理者关注创新的实际经济产出，鼓励他们通过创新活动增加收入。因此，在创新绩效中使用"新产品销售收入"指标代替"新产品销售收入占产品销售收入的比重"指标。

（二）数据说明

本文数据来源于 2012~2023 年《中国统计年鉴》《中国能源统计年鉴》《中国科技统计年鉴》，部分指标数据经计算而得，同时对部分缺失数据进行了合理推算。

三 区域创新能力综合评价

本文研究的省域范围为中国大陆 30 个省、自治区及直辖市，由于西藏、香港、澳门和台湾有大量的数据缺失，予以排除。选择的研究时期为 2011~2022 年。由于需要对 30 个省份的截面数据进行纵向比较，省份过多，研究对象繁杂，因此本文将 30 个省份划分东部、中部、西部和东北四大经济区域进行深入分析。

东部地区：包括北京、天津、河北、上海、江苏、浙江、福建、山东、广东和海南 10 个省份。

中部地区：包括山西、安徽、江西、河南、湖北和湖南 6 个省份。

西部地区：包括内蒙古、广西、重庆、四川、贵州、云南、陕西、甘

---

① 张超：《产品创新、供求互动与中国经济内生增长研究》，《科研管理》2011 年第 10 期，第 18~26 页。

肃、青海、宁夏和新疆 11 个省份。

东北地区：包括辽宁、吉林和黑龙江 3 个省份。

（一）创新环境分析

在对创新环境进行比较分析时，选择变量 $X_1 \sim X_4$，使用逐层拉开档次法[①]，了解各省份光缆建设水平、本科及以上学历人数占就业人数的比重、有 R&D 活动的规模以上工业企业占比、地方财政科技拨款占地方财政预算支出的比重四个指标的情况。对反映创新环境的四个指标的数据进行标准化处理，利用 Matlab 2018 使用纵横向拉开档次法求出矩阵 $\mathbf{H}$ 为：

$$\mathbf{H} = \begin{bmatrix} 359.0000 & 190.6289 & 143.0451 & 251.6020 \\ 190.6289 & 359.0000 & 170.1091 & 214.3162 \\ 143.0451 & 170.1091 & 359.0000 & 237.1469 \\ 251.6020 & 214.3162 & 237.1469 & 359.0000 \end{bmatrix}$$

利用 Matlab 2018 求出矩阵 $\mathbf{H}$ 的最大特征值 λ_{max} 为 966.4222，最大特征值对应的特征向量 $\boldsymbol{\alpha}_1$ 为：

$$\boldsymbol{\alpha}_1 = (0.4912, 0.4811, 0.4674, 0.5557)^{\mathrm{T}}$$

由于得到的特征向量中各元素大于 0，因此得到的特征向量 $\boldsymbol{\alpha}_1$ 即指标的权重向量，将权重系数进行归一化处理，得到的指标权重系数向量 $\mathbf{w}_1$ 为：

$$\mathbf{w}_1 = (0.2462, 0.2411, 0.2342, 0.2785)^{\mathrm{T}}$$

因此，创新环境评价模型为：

$$s_1 = 0.2462x_1 + 0.2411x_2 + 0.2342x_3 + 0.2785x_4$$

其中 x_i 为标准化处理后的数据。根据此模型得到我国各省份创新环境的评价得分及其排名（如表 2 和表 3 所示）。

---

① 郭亚军：《综合评价理论、方法与拓展》，科学出版社，2012。

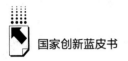

表 2 我国各省省份创新环境得分情况

省份	2011 年	2012 年	2013 年	2014 年	2015 年	2016 年	2017 年	2018 年	2019 年	2020 年	2021 年	2022 年
北京	1.5040	1.5816	1.6064	1.8842	1.5816	1.6017	1.9305	1.9800	2.0176	2.1542	2.2502	2.3921
天津	0.5167	0.6392	0.9648	1.0704	1.2245	1.2174	1.3573	1.3195	1.1877	1.3840	1.2862	1.1667
河北	-0.7564	-0.6911	-0.6831	-0.6051	-0.5834	-0.4515	-0.4020	-0.4844	-0.3126	-0.1748	-0.0996	-0.0317
山西	-0.6935	-0.6423	-0.3342	-0.4543	-0.4299	-0.3923	-0.2871	-0.2940	-0.2922	-0.1610	-0.0714	-0.1467
内蒙古	-0.9842	-0.9659	-0.9096	-0.8757	-0.8018	-0.7491	-0.6541	-0.7471	-0.6544	-0.5891	-0.5123	-0.3817
辽宁	-0.4965	-0.5052	-0.4254	-0.3818	-0.4019	-0.3186	-0.1667	-0.1532	-0.1098	-0.0593	0.0315	0.0506
吉林	-0.8344	-0.7885	-0.6930	-0.6753	-0.6365	-0.6544	-0.5913	-0.5282	-0.4590	-0.4531	-0.3766	-0.4514
黑龙江	-0.8272	-0.8559	-0.8105	-0.7986	-0.6460	-0.5953	-0.5715	-0.6691	-0.5935	-0.5597	-0.4135	-0.3892
上海	1.7735	1.9062	1.5978	2.1810	2.0966	2.4363	2.5097	2.1697	2.1460	2.5026	2.5020	2.4308
江苏	0.2599	0.4563	0.4765	0.6790	0.9574	1.0953	1.2749	1.2676	1.6668	1.4975	1.5579	1.6638
浙江	0.3152	0.4960	0.5465	0.6475	0.7726	0.8574	1.0172	1.1086	1.3369	1.3575	1.4928	1.5509
安徽	-0.4166	-0.3097	-0.2413	-0.1133	-0.0286	0.3796	0.4669	0.4742	0.8618	0.9081	1.1259	1.3014
福建	-0.3702	-0.3084	-0.2464	-0.2005	-0.1220	-0.0508	0.0670	0.1867	0.3242	0.4528	0.5622	0.5494
江西	-0.8815	-0.8824	-0.7022	-0.6390	-0.5200	-0.3698	-0.1626	0.0900	0.2627	0.3714	0.4539	0.2406
山东	-0.3940	-0.3676	-0.2951	-0.2247	-0.2194	-0.1054	0.0742	0.0183	0.3058	0.5247	0.7126	0.6998
河南	-0.6879	-0.6584	-0.6085	-0.5576	-0.5180	-0.5098	-0.3263	-0.3373	-0.0284	0.0863	0.3727	0.5942
湖北	-0.5718	-0.5704	-0.5056	-0.2520	-0.1638	-0.0312	0.1640	0.2318	0.4710	0.4680	0.6883	0.7539
湖南	-0.5304	-0.5215	-0.5078	-0.4410	-0.3132	-0.2590	-0.0516	0.1714	0.4430	0.5450	0.7020	0.8377
广东	-0.0875	0.0314	0.2317	0.0858	0.5361	0.8861	1.0532	1.2537	1.4648	1.2628	1.3206	1.1947
广西	-0.7618	-0.6989	-0.6372	-0.6173	-0.6255	-0.6480	-0.5912	-0.6255	-0.5369	-0.5034	-0.3354	-0.1652
海南	-0.7047	-0.6136	-0.5785	-0.4861	-0.5538	-0.4526	-0.4683	-0.6173	-0.3428	-0.2973	-0.1281	0.1014

续表

省份	2011 年	2012 年	2013 年	2014 年	2015 年	2016 年	2017 年	2018 年	2019 年	2020 年	2021 年	2022 年
重庆	-0.8544	-0.8030	-0.7045	-0.6254	-0.4560	-0.3886	-0.2061	-0.1116	0.0874	0.1596	0.3176	0.3274
四川	-0.9421	-0.8631	-0.8176	-0.7468	-0.6756	-0.5858	-0.4506	-0.4196	0.0339	0.1219	0.2765	-0.0731
贵州	-0.7288	-0.7246	-0.7033	-0.6411	-0.5852	-0.3918	-0.2268	-0.2235	-0.0709	0.0562	0.0461	-0.0706
云南	-0.8037	-0.8371	-0.7454	-0.6922	-0.5278	-0.5153	-0.4470	-0.4785	-0.2995	-0.2581	-0.2673	-0.2892
陕西	-0.6965	-0.6478	-0.5757	-0.4571	-0.4243	-0.3226	-0.2362	-0.2814	-0.2647	-0.1913	-0.0620	0.1441
甘肃	-0.9049	-0.8684	-0.7278	-0.6703	-0.5322	-0.5464	-0.5453	-0.6130	-0.4605	-0.4818	-0.4448	-0.3483
青海	-0.9857	-0.9319	-0.8915	-0.8456	-0.8421	-0.7470	-0.7085	-0.6529	-0.5302	-0.5950	-0.5297	-0.5685
宁夏	-0.4788	-0.4867	-0.5155	-0.4495	-0.2723	-0.0912	0.0190	0.2119	0.3117	0.3636	0.4812	0.4394
新疆	-0.9738	-0.9100	-0.8428	-0.8856	-0.6804	-0.6625	-0.7091	-0.7442	-0.7812	-0.7765	-0.6375	-0.5966

表 3　我国各省省份创新环境得分排名情况

省份	2011 年	2012 年	2013 年	2014 年	2015 年	2016 年	2017 年	2018 年	2019 年	2020 年	2021 年	2022 年
北京	2	2	1	2	2	2	2	2	2	2	2	2
天津	3	3	3	3	3	3	3	3	6	4	6	7
河北	19	18	19	18	22	19	20	22	22	20	21	19
山西	15	15	10	14	15	18	18	18	20	19	20	22
内蒙古	29	30	30	29	29	30	28	30	29	28	28	26
辽宁	11	11	11	11	13	13	14	15	18	18	18	18
吉林	23	21	20	24	25	27	27	23	24	24	25	28
黑龙江	22	24	26	27	26	25	25	28	28	27	26	27
上海	1	1	2	1	1	1	1	1	1	1	1	1
江苏	5	5	5	4	4	4	4	4	3	3	3	3
浙江	4	4	4	5	5	6	6	6	5	5	4	4
安徽	9	8	7	7	7	7	7	7	7	7	7	5
福建	7	7	8	8	8	9	10	10	10	11	11	12
江西	25	27	21	21	18	15	13	12	13	12	13	15
山东	8	9	9	9	10	11	9	13	12	9	8	10
河南	14	17	17	17	17	21	19	19	16	16	14	11
湖北	13	13	12	10	9	8	8	8	8	10	10	9
湖南	12	12	13	12	12	12	12	11	9	8	9	8
广东	6	6	6	6	6	5	5	5	4	6	5	6
广西	20	19	18	19	24	26	26	26	27	26	24	23
海南	17	14	16	16	21	20	23	25	23	23	22	17

续表

省份	2011年	2012年	2013年	2014年	2015年	2016年	2017年	2018年	2019年	2020年	2021年	2022年
重庆	24	22	23	20	16	16	15	14	14	14	15	14
四川	27	25	27	26	27	24	22	20	15	15	16	21
贵州	18	20	22	22	23	17	16	16	17	17	17	20
云南	21	23	25	25	19	22	21	21	21	22	23	24
陕西	16	16	15	15	14	14	17	17	19	21	19	16
甘肃	26	26	24	23	20	23	24	24	25	25	27	25
青海	30	29	29	28	30	29	29	27	26	29	29	29
宁夏	10	10	14	13	11	10	11	9	11	13	12	13
新疆	28	28	28	30	28	28	30	29	30	30	30	30

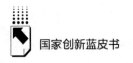

根据表 2 中的数据绘制 2011～2022 年东部、中部、西部、东北四大经济区域创新环境平均得分发展趋势图（见图 1）。

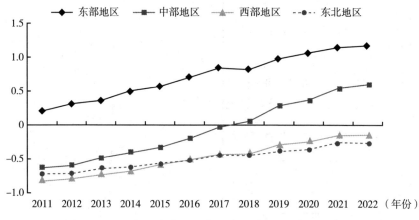

图 1　2011～2022 年我国四大经济区域创新环境平均得分

根据表 2、表 3 以及图 1 可知，从整体看，我国各省份及东部、中部、西部、东北四大经济区域的创新环境发展趋势良好，绝大部分省份得分逐渐增长，创新环境得到了极大改善。

按省份分析，上海和北京创新环境发展位于全国前列，遥遥领先于其他省份。其中，北京四个指标的排名都位于前十，本科及以上学历人数占就业人数的比重和地方财政科技拨款占地方财政预算支出的比重表现突出，自 2020 年起在 30 个省份中位居第一；上海的光缆建设始终处于一枝独秀的地位，光缆建设水平远高于其他省份，本科及以上学历人数占就业人数的比重也始终处于全国领先地位。北京作为全国的政治中心，上海属于长三角地带的核心，是资金、人才、政策等要素集聚的高地。我国在布局创新高地、推动科技创新中心建设方面，将继续支持北京、上海国际科技创新中心建设，强化国家重大创新基地和平台布局，着力打造科技创新主引擎。丰富的科教资源以及雄厚的经济实力是打造优良创新环境的坚固基石。

其次是江苏、浙江、广东、天津、安徽等省份，这些省份创新环境的四个指标都较为均衡且整体表现良好，但存在个别相对落后的指标，如安徽的本科及以上学历人数占就业人数的比重、天津的有 R&D 活动的规模以上工业企业占比和地方财政科技拨款占地方财政预算支出的比重。这些地区发展势头迅猛，在已有资源、经济实力的基础上不断发展，相互追赶，形成良性竞争。湖北、湖南、重庆、四川等省份的创新环境虽然有较大改善，然而领先优势并不明显，且数字技术发展较为落后，对高素质高学历就业人员的吸引力不强，技术创新尚未取得关键性突破。其余省份大多位于我国西部以及东北地区，各项指标得分都不高，且受到地理、文化等限制，这些地区的教育水平以及企业发展水平落后，尚未形成技术创新的有利环境。

按四大经济区分析，东部地区的创新环境平均得分显著高于其他地区，四个一级指标的得分均较其余地区有较大的优势，是我国科技创新的策源地。其次为中部地区，其光缆建设水平、有 R&D 活动的规模以上工业企业占比和地方财政科技拨款占地方财政预算支出的比重表现较好，但本科及以上学历人数占就业人数的比重较低，在四个区域中排名最后。由图 1 可知，中部地区创新环境平均得分有了大幅提升，甚至在 2018~2022 年增长速度超过东部地区。东北地区与西部地区的创新环境相对落后，两者创新环境的平均得分常年处于 0 以下。这两个区域的光缆建设水平、有 R&D 活动的规模以上工业企业占比和地方财政科技拨款占地方财政预算支出的比重较东部、中部地区有较大差距。

（二）创新资源分析

在对创新资源进行比较分析时，选择变量 $X_5 \sim X_{10}$，使用逐层拉开档次法，了解各省份 R&D 经费支出、R&D 经费支出占 GDP 的比重、科学研究活动经费支出、R&D 人员全时当量、每万人研究与开发人员数、科学研究人员全时当量六个指标的情况。对反映创新资源的六个指标的数据进行标准化处理，利用 Matlab 2018 使用纵横向拉开档次法求出矩阵 **H** 为：

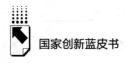

$$\mathbf{H} = \begin{bmatrix} 359.0000 & 250.3351 & 278.0183 & 341.5229 & 268.4963 & 297.9072 \\ 250.3351 & 359.0000 & 304.4077 & 204.2738 & 337.8255 & 310.0572 \\ 278.0183 & 304.4077 & 359.0000 & 217.9760 & 297.7842 & 349.1046 \\ 341.5229 & 204.2738 & 217.9760 & 359.0000 & 235.0091 & 248.4704 \\ 268.4963 & 337.8255 & 297.7842 & 235.0091 & 359.0000 & 297.3376 \\ 297.9072 & 310.0572 & 349.1046 & 248.4704 & 297.3376 & 359.0000 \end{bmatrix}$$

利用 Matlab 2018 求出矩阵 **H** 的最大特征值 λ_{max} 为 1775.6923，最大特征值对应的特征向量 $\boldsymbol{\alpha}_2$ 为：

$$\boldsymbol{\alpha}_2 = (0.4111, 0.4079, 0.4176, 0.3662, 0.4139, 0.4298)^T$$

由于得到的特征向量中各元素大于 0，因此得到的特征向量 $\boldsymbol{\alpha}_2$ 即指标的权重向量，将权重系数进行归一化处理，得到的指标权重系数向量 $\mathbf{w}_2$ 为：

$$\mathbf{w}_2 = (0.1680, 0.1667, 0.1707, 0.1497, 0.1692, 0.1757)^T$$

因此，创新资源评价模型为：

$$s_2 = 0.1680x_5 + 0.1667x_6 + 0.1707x_7 + 0.1497x_8 + 0.1692x_9 + 0.1757x_{10}$$

其中 x_i 为标准化处理后的数据。根据此模型得到我国各省份创新资源的评价得分及其排名（如表 4 和表 5 所示）。

根据表 4 中的数据绘制 2011～2022 年东部、中部、西部、东北四大经济区域创新资源平均得分发展趋势图（见图 2）。

依据表 4、表 5 和图 2 可知，从整体看，我国各省份及东部、中部、西部、东北四大经济区域的创新资源投入逐渐增加，对创新的日益重视，使得创新资源投入水平不断提升。同时，各地区不断调整创新人力、创新资本在不同创新活动中的投入结构，积极适应我国现阶段的创新发展需求。

虽然我国整体创新资源投入持续增加，但是不同省份、不同经济区域对创新的投入力度存在显著差异。按省份分析，北京、广东、江苏、上海、浙江这五个省市的创新资源得分逐年攀升，不管是 R&D 经费还是 R&D 人员投入，资源投入规模与投入强度都远超其他省份，2022 年创新资源得分均在 1.8 以上，其本就发达的区域经济为创新活动开展提供了强有力的支撑。除

表 4 我国各省份创新资源得分情况

省份	2011年	2012年	2013年	2014年	2015年	2016年	2017年	2018年	2019年	2020年	2021年	2022年
北京	1.8390	2.0224	2.1159	2.1946	2.3443	2.4650	2.6183	2.8151	3.6432	3.8853	4.1474	4.6539
天津	0.0105	0.1238	0.2372	0.2962	0.4003	0.3575	0.2276	0.3467	0.3086	0.3344	0.5442	0.4766
河北	-0.5650	-0.5108	-0.4696	-0.4429	-0.3888	-0.3496	-0.3080	-0.2313	-0.1611	-0.1184	-0.0724	0.0861
山西	-0.5959	-0.5798	-0.5548	-0.5698	-0.6091	-0.5947	-0.5614	-0.5482	-0.5269	-0.4767	-0.4455	-0.4273
内蒙古	-0.7440	-0.7113	-0.6846	-0.6838	-0.6753	-0.6491	-0.6766	-0.6906	-0.6749	-0.6546	-0.6410	-0.5980
辽宁	-0.2713	-0.2332	-0.1988	-0.1972	-0.2640	-0.1953	-0.1382	-0.0597	0.0231	0.1046	0.1036	0.1566
吉林	-0.5291	-0.4954	-0.4953	-0.4679	-0.4759	-0.4983	-0.5110	-0.5115	-0.4032	-0.3592	-0.2981	-0.3209
黑龙江	-0.5090	-0.4732	-0.4654	-0.4724	-0.4814	-0.4909	-0.5272	-0.5074	-0.4447	-0.3852	-0.3530	-0.2690
上海	0.5105	0.5958	0.7048	0.7585	0.8656	0.9319	1.0489	1.1399	1.3878	1.5432	1.6988	1.9152
江苏	0.4062	0.6407	0.8558	0.9808	1.0897	1.2333	1.3846	1.4483	1.8009	1.9523	2.2769	2.5739
浙江	0.0853	0.2109	0.3156	0.4136	0.5240	0.5955	0.6972	0.9234	1.1919	1.3974	1.5228	1.8591
安徽	-0.4332	-0.3122	-0.2096	-0.1522	-0.1270	-0.1196	-0.0328	-0.0137	0.1566	0.3277	0.4799	0.6382
福建	-0.4193	-0.3468	-0.2959	-0.2395	-0.2248	-0.1712	-0.0840	0.0183	0.1079	0.1744	0.3587	0.4529
江西	-0.7125	-0.6940	-0.6587	-0.6510	-0.6197	-0.5918	-0.5208	-0.4144	-0.3203	-0.2144	-0.1665	-0.0979
山东	0.1050	0.2444	0.3560	0.4349	0.4954	0.5845	0.6911	0.7329	0.6054	0.7988	1.1202	1.4481
河南	-0.5288	-0.4891	-0.4131	-0.3770	-0.3532	-0.3032	-0.2359	-0.1417	-0.0114	0.0640	0.1445	0.2591
湖北	-0.2362	-0.1573	-0.0946	-0.0587	-0.0558	-0.0398	0.0478	0.1440	0.3092	0.4030	0.6403	0.7446
湖南	-0.4501	-0.3753	-0.3472	-0.3265	-0.2795	-0.2201	-0.1070	-0.0227	0.1233	0.2601	0.4030	0.6104
广东	0.4751	0.7868	0.8703	1.0013	1.1742	1.2798	1.5716	2.0623	2.2709	2.7658	3.1296	3.4038
广西	-0.6541	-0.6421	-0.6413	-0.6457	-0.6587	-0.6448	-0.6112	-0.6052	-0.5762	-0.5924	-0.5349	-0.4671
海南	-0.8724	-0.8493	-0.8540	-0.8458	-0.8467	-0.8213	-0.8206	-0.8104	-0.7986	-0.7842	-0.7215	-0.6417

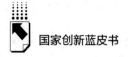

续表

省份	2011年	2012年	2013年	2014年	2015年	2016年	2017年	2018年	2019年	2020年	2021年	2022年
重庆	-0.5545	-0.5058	-0.5030	-0.4730	-0.4143	-0.3442	-0.2469	-0.1493	-0.0875	-0.0089	0.0942	0.1816
四川	-0.2962	-0.2404	-0.1818	-0.0844	-0.0972	-0.0793	0.0251	0.0891	0.2826	0.4244	0.6108	0.6366
贵州	-0.8093	-0.8030	-0.7811	-0.7713	-0.7630	-0.7621	-0.7162	-0.6576	-0.6226	-0.5932	-0.5656	-0.5417
云南	-0.7392	-0.7177	-0.7096	-0.7018	-0.6424	-0.6055	-0.5713	-0.5497	-0.5057	-0.4590	-0.4354	-0.3851
陕西	-0.2543	-0.2187	-0.1267	-0.1020	-0.0819	-0.0581	-0.0173	0.0769	0.1850	0.2318	0.2767	0.3956
甘肃	-0.7015	-0.6613	-0.6625	-0.6371	-0.6191	-0.6223	-0.6301	-0.6121	-0.5621	-0.5654	-0.5117	-0.4917
青海	-0.8058	-0.8105	-0.8232	-0.8283	-0.8586	-0.8467	-0.8093	-0.8294	-0.8040	-0.8164	-0.7900	-0.7870
宁夏	-0.7882	-0.7720	-0.7674	-0.7444	-0.7455	-0.7356	-0.6945	-0.6566	-0.6251	-0.6179	-0.5722	-0.5646
新疆	-0.8046	-0.7910	-0.7881	-0.7930	-0.7737	-0.7643	-0.7850	-0.7819	-0.7981	-0.7999	-0.7367	-0.7260

表 5 我国各省份创新资源得分排名情况

省份	2011年	2012年	2013年	2014年	2015年	2016年	2017年	2018年	2019年	2020年	2021年	2022年
北京	1	1	1	1	1	1	1	1	1	1	1	1
天津	7	7	7	7	7	7	7	7	8	9	9	11
河北	19	19	17	16	16	17	17	17	17	17	17	17
山西	20	20	20	20	20	21	21	21	22	22	22	22
内蒙古	25	24	24	24	25	25	25	27	27	27	27	27
辽宁	10	10	11	12	13	13	14	14	14	14	15	16
吉林	17	17	18	17	18	19	18	20	19	19	19	20
黑龙江	15	15	16	18	19	18	20	19	20	20	20	19
上海	2	4	4	4	4	4	4	4	4	4	4	4
江苏	4	3	3	3	3	3	3	3	3	3	3	3
浙江	6	6	6	6	5	5	5	5	5	5	5	5
安徽	13	12	12	11	11	11	11	12	11	10	10	8
福建	12	13	13	13	12	12	12	11	13	13	12	12
江西	23	23	22	23	22	20	19	18	18	18	18	18
山东	5	5	5	5	6	6	6	6	6	6	6	6
河南	16	16	15	15	15	15	15	15	15	15	14	14
湖北	8	8	8	8	8	8	8	8	7	8	7	7
湖南	14	14	14	14	14	14	13	13	12	11	11	10
广东	3	2	2	2	2	2	2	2	2	2	2	2
广西	21	21	21	22	24	24	23	23	24	24	24	23
海南	30	30	30	30	29	29	30	29	29	28	28	28

续表

省份	2011 年	2012 年	2013 年	2014 年	2015 年	2016 年	2017 年	2018 年	2019 年	2020 年	2021 年	2022 年
重庆	18	18	19	19	17	16	16	16	16	16	16	15
四川	11	11	10	9	10	10	9	9	9	7	8	9
贵州	29	28	27	27	27	27	27	26	25	25	25	25
云南	24	25	25	25	23	22	22	22	21	21	21	21
陕西	9	9	9	10	9	9	10	10	10	12	13	13
甘肃	22	22	23	21	21	23	24	24	23	23	23	24
宁夏	28	29	29	29	30	30	29	30	30	30	30	30
青海	26	26	26	26	26	26	26	25	26	26	26	26
新疆	27	27	28	28	28	28	28	28	28	29	29	29

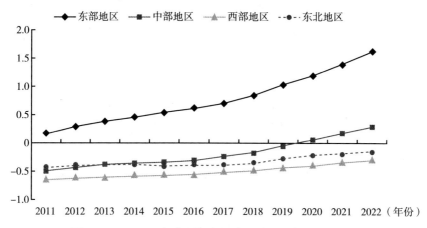

图2　2011~2022年我国四大经济区域创新资源平均得分

了地区禀赋带来的创新便利外，这些省份还通过吸收、引进外部资金和人才打造创新资源的集聚地。然而，海南、宁夏、青海、新疆等省份创新资源得分持续偏低，处于创新资源投入洼地。这些地区经济发展落后，产业结构欠优，企业创新动力缺乏，不管是 R&D 经费还是 R&D 人员投入都位于全国靠后的位次，创新资源投入不足。

按四大经济区分析，我国东部地区创新资源平均得分远超其他地区，在6个指标上都呈现断层优势，且增长率也明显高于其他地区。中部地区的6项指标平均得分在四大区域中均位居第二，且东北、西部与之相比有一定的差距。由图2可知，自2013年起中部地区的平均得分逐渐领先于东北地区且差距日益拉大。西部地区始终处于末位，但东北和西部差距不是很大，这两个地区创新资源投入不足、集聚速度慢。虽然四大经济区域的创新资源平均得分总体上均呈现逐年提升的趋势，但是不同区域间的差异过大，不利于我国区域创新的协调发展。

（三）创新成果分析

在对创新成果进行比较分析时，选择变量 $X_{11} \sim X_{14}$，使用逐层拉开档次法，了解各省份发明专利授权数、每万人发明专利授权数、国外主要检索工

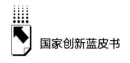

具收录科技论文数、每万人国外主要检索工具收录科技论文数四个指标的情况。对反映创新成果的四个指标的数据进行标准化处理，利用 Matlab 2018 使用纵横向拉开档次法求出矩阵 $\mathbf{H}$ 为：

$$\mathbf{H} = \begin{bmatrix} 359.0000 & 262.5896 & 297.9808 & 192.9045 \\ 262.5896 & 359.0000 & 313.4927 & 335.1206 \\ 297.9808 & 313.4927 & 359.0000 & 301.1697 \\ 192.9045 & 335.1206 & 301.1697 & 359.0000 \end{bmatrix}$$

利用 Matlab 2018 求出矩阵 $\mathbf{H}$ 的最大特征值 λ_{max} 为 1214.4115，最大特征值对应的特征向量 $\boldsymbol{\alpha}_3$ 为：

$$\boldsymbol{\alpha}_3 = (0.4549, 0.5248, 0.5243, 0.4928)^{\mathrm{T}}$$

由于得到的特征向量中各元素大于 0，因此得到的特征向量 $\boldsymbol{\alpha}_3$ 即指标的权重向量，将权重系数进行归一化处理，得到的指标权重系数向量 $\mathbf{w}_3$ 为：

$$\mathbf{w}_3 = (0.2278, 0.2628, 0.2626, 0.2468)^{\mathrm{T}}$$

因此，创新成果评价模型为：

$$s_3 = 0.2278x_{11} + 0.2628x_{12} + 0.2626x_{13} + 0.2468x_{14}$$

其中 x_i 为标准化处理后的数据。根据此模型得到我国各省份创新成果的评价得分及其排名（如表 6 和表 7 所示）。

根据表 6 中的数据绘制 2011~2022 年东部、中部、西部、东北四大经济区域创新成果平均得分发展趋势图（见图 3）。

依据表 6、表 7 和图 3 可知，从整体看，我国各省份及东部、中部、西部、东北四大经济区域的创新成果持续增长，创新知识不断积累、创新技术不断突破。

从各省份看，北京的创新成果平均得分高达 3.57，明显高于其他省份，居全国首位。在每万人发明专利授权数和每万人国外主要检索工具收录科技论文数上，北京拥有绝对领先优势。其次为上海、江苏、广东、浙江，这些省份的创新成果平均得分均在 0.5 以上，表现优秀。其中广东省在 2016 年

表 6 我国各省份创新成果得分情况

省份	2011 年	2012 年	2013 年	2014 年	2015 年	2016 年	2017 年	2018 年	2019 年	2020 年	2021 年	2022 年
北京	1.4103	1.6527	1.9273	2.2198	2.9787	3.3725	3.6397	3.9494	4.4378	5.0542	5.7437	6.4282
天津	-0.2580	-0.1692	-0.1380	-0.1014	0.0380	0.1205	0.2059	0.2944	0.3114	0.4645	0.6249	0.9803
河北	-0.5648	-0.5404	-0.5335	-0.4999	-0.4749	-0.4415	-0.4298	-0.4219	-0.3976	-0.3507	-0.3011	-0.2029
山西	-0.5824	-0.5737	-0.5573	-0.5424	-0.4976	-0.4864	-0.4791	-0.4624	-0.4322	-0.3884	-0.3524	-0.2774
内蒙古	-0.6351	-0.6215	-0.6162	-0.6134	-0.5967	-0.5906	-0.5898	-0.5838	-0.5670	-0.5396	-0.5187	-0.5006
辽宁	-0.3400	-0.3015	-0.2643	-0.2371	-0.1255	-0.0930	-0.0460	-0.0134	0.0421	0.1328	0.2341	0.2694
吉林	-0.4469	-0.4138	-0.3832	-0.3474	-0.3010	-0.2786	-0.2431	-0.2120	-0.1572	-0.0644	-0.0087	0.0664
黑龙江	-0.4070	-0.3844	-0.3590	-0.3410	-0.2519	-0.2102	-0.1805	-0.1570	-0.1041	-0.0490	0.0286	0.1350
上海	0.3153	0.4140	0.4979	0.5958	0.9575	1.1491	1.2116	1.3478	1.5176	1.6790	2.1305	2.3542
江苏	-0.0261	0.1227	0.2443	0.3833	0.8446	1.0660	1.1215	1.2630	1.3240	1.5738	2.1212	2.6515
浙江	-0.1826	-0.1018	-0.0750	0.0154	0.2903	0.4044	0.4774	0.6205	0.6997	1.1646	1.3879	1.4835
安徽	-0.4997	-0.4612	-0.4002	-0.3515	-0.1909	-0.0627	-0.1224	-0.0298	0.0144	0.2055	0.3055	0.3728
福建	-0.5162	-0.4748	-0.4533	-0.4181	-0.3304	-0.2708	-0.2029	-0.1448	-0.1453	-0.0478	0.0380	0.1508
江西	-0.5989	-0.5829	-0.5752	-0.5518	-0.5264	-0.5064	-0.4961	-0.4733	-0.4323	-0.3571	-0.2827	-0.2251
山东	-0.3619	-0.3129	-0.2440	-0.1977	-0.0220	0.0958	0.1195	0.2068	0.2654	0.5144	0.7410	1.0084
河南	-0.5261	-0.4979	-0.4884	-0.4633	-0.4010	-0.3499	-0.3202	-0.2882	-0.2774	-0.1895	-0.0686	-0.0450
湖北	-0.3513	-0.3048	-0.2551	-0.1813	-0.0598	0.0237	0.1176	0.1956	0.3325	0.5054	0.6366	0.8653
湖南	-0.4297	-0.3979	-0.3584	-0.3295	-0.2414	-0.2002	-0.1695	-0.1057	-0.0460	0.0825	0.2344	0.3345
广东	-0.1134	-0.0151	-0.0129	0.0949	0.3316	0.5077	0.6969	0.9383	1.1179	1.4544	2.1274	2.3822
广西	-0.6157	-0.6042	-0.5854	-0.5642	-0.5017	-0.4631	-0.4734	-0.4689	-0.4738	-0.4453	-0.3923	-0.3777
海南	-0.6293	-0.6154	-0.6076	-0.6097	-0.5987	-0.5936	-0.5930	-0.5763	-0.5581	-0.5360	-0.4945	-0.4554

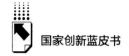
续表

省份	2011 年	2012 年	2013 年	2014 年	2015 年	2016 年	2017 年	2018 年	2019 年	2020 年	2021 年	2022 年
重庆	-0.4710	-0.4307	-0.4249	-0.3949	-0.3139	-0.2385	-0.1905	-0.1476	-0.1039	-0.0371	0.0454	0.1597
四川	-0.4225	-0.3723	-0.3292	-0.2668	-0.1637	-0.0876	-0.0475	0.0276	0.0926	0.2144	0.3732	0.5251
贵州	-0.6339	-0.6322	-0.6219	-0.6115	-0.5921	-0.5650	-0.5641	-0.5492	-0.5407	-0.5147	-0.4971	-0.4696
云南	-0.5989	-0.5803	-0.5653	-0.5526	-0.5348	-0.5245	-0.5191	-0.5072	-0.4920	-0.4647	-0.4170	-0.4061
陕西	-0.2580	-0.2112	-0.1461	-0.0754	0.0509	0.1776	0.2441	0.3513	0.4429	0.5847	0.7502	0.9123
甘肃	-0.5485	-0.5405	-0.5146	-0.4944	-0.4707	-0.4591	-0.4564	-0.4392	-0.4175	-0.3711	-0.3146	-0.3082
青海	-0.6511	-0.6437	-0.6438	-0.6397	-0.6251	-0.6091	-0.6082	-0.5969	-0.5909	-0.5581	-0.5443	-0.5372
宁夏	-0.6461	-0.6402	-0.6295	-0.6240	-0.5983	-0.5813	-0.5706	-0.5528	-0.5548	-0.5273	-0.4793	-0.4732
新疆	-0.6329	-0.6228	-0.6115	-0.6009	-0.5799	-0.5744	-0.5708	-0.5678	-0.5622	-0.5478	-0.5186	-0.4960

表 7 我国各省份创新成果得分排名情况

省份	2011年	2012年	2013年	2014年	2015年	2016年	2017年	2018年	2019年	2020年	2021年	2022年
北京	1	1	1	1	1	1	1	1	1	1	1	1
天津	6	6	6	7	7	7	7	7	8	9	9	7
河北	20	19	20	20	20	19	19	19	19	19	20	19
山西	21	21	21	21	21	22	22	21	21	22	22	21
内蒙古	28	26	27	28	27	28	28	29	29	28	29	29
辽宁	8	8	10	10	10	12	10	11	11	12	13	13
吉林	14	14	14	14	15	17	17	17	17	17	17	17
黑龙江	11	12	13	13	14	14	14	16	15	16	16	16
上海	2	2	2	2	2	2	2	2	2	2	2	4
江苏	3	3	3	3	3	3	3	3	3	3	4	2
浙江	5	5	5	5	5	5	5	5	5	5	5	5
安徽	16	16	15	15	12	10	12	12	12	11	11	11
福建	17	17	17	17	17	16	16	14	16	15	15	15
江西	22	23	23	22	23	23	23	23	22	20	19	20
山东	10	10	8	9	8	8	8	8	9	7	7	6
河南	18	18	18	18	18	18	18	18	18	18	18	18
湖北	9	9	9	8	9	9	9	9	7	8	8	9
湖南	13	13	12	12	13	13	13	13	13	13	12	12
广东	4	4	4	4	4	4	4	4	4	4	3	3
广西	24	24	24	24	22	21	21	22	23	23	23	23
海南	25	25	25	26	29	29	29	28	27	27	26	25

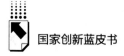
续表

省份	2011年	2012年	2013年	2014年	2015年	2016年	2017年	2018年	2019年	2020年	2021年	2022年
重庆	15	15	16	16	16	15	15	15	14	14	14	14
四川	12	11	11	11	11	11	11	10	10	10	10	10
贵州	27	28	28	27	26	25	25	25	25	25	27	26
云南	23	22	22	23	24	24	24	24	24	24	24	24
陕西	7	7	7	6	6	6	6	6	6	6	6	8
甘肃	19	20	19	19	19	20	20	20	20	21	21	22
青海	30	30	30	30	30	30	30	30	30	30	30	30
宁夏	29	29	29	29	28	27	26	26	26	26	25	27
新疆	26	27	26	25	25	26	27	27	28	29	28	28

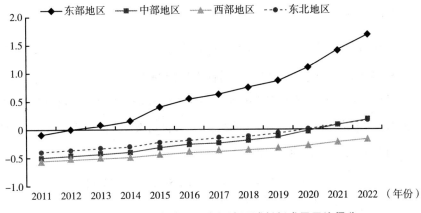

图3　2011～2022年我国四大经济区域创新成果平均得分

之后奋起直追，其创新成果得分在2021～2022年位居全国第三，发明专利授权数更是达到全国第一的位置，但每万人发明专利授权数仅为全国第五。陕西、天津、山东、湖北的创新成果平均得分均大于0，其创新成果的产出水平位于全国中游，其中天津的每万人发明专利授权数和每万人国外主要检索工具收录科技论文数在全国位居前列。其余省份的创新成果平均得分均小于0，需要提高创新数量，注重创新质量，促使创新成果涌现。

　　从四大经济区域看，创新成果发展可分为三个层次。首先是东部地区遥遥领先，在该维度四个指标中均拥有绝对优势，尤其是在2014年后东部地区的创新成果平均得分快速提升，且一直处于高速增长态势，显著高于其他三个经济区。其次是中部和东北地区，两者创新成果平均得分较为靠近，中部地区发明专利授权数较东北地区多，但两地的每万人发明专利授权数相差不大；而在两地区国外主要检索工具收录科技论文数接近的情况下，东北地区每万人国外主要检索工具收录科技论文数平均得分高于中部地区。由图3可知，中部地区的创新成果平均得分在2021年实现由负转正，东北地区的创新成果平均得分在2020年实现由负转正。最后是西部地区，其创新成果平均得分一直位于0以下，四个指标的排名均位于四大区域末位，且2011～2022年的平均得分增长幅度较小，创新发展步伐缓慢。

（四）创新绩效分析

在对创新绩效进行比较分析时，选择变量 $X_{15} \sim X_{18}$，使用逐层拉开档次法，了解各省份高技术产品出口占货物出口额的比重、高技术产业主营业务收入占 GDP 的比重、新产品销售收入、单位能源创造的 GDP 四个指标的情况。对反映创新绩效的四个指标的数据进行标准化处理，利用 Matlab 2018 使用纵横向拉开档次法求出矩阵 **H** 为：

$$\mathbf{H} = \begin{bmatrix} 359.0000 & 156.5023 & 82.8870 & 101.8698 \\ 156.5023 & 359.0000 & 205.3264 & 208.6487 \\ 82.8870 & 205.3264 & 359.0000 & 248.8163 \\ 101.8698 & 208.6487 & 248.8163 & 359.0000 \end{bmatrix}$$

利用 Matlab 2018 求出矩阵 **H** 的最大特征值 λ_{max} 为 844.1608，最大特征值对应的特征向量 $\boldsymbol{\alpha}_4$ 为：

$$\boldsymbol{\alpha}_4 = (0.3474, 0.5848, 0.5150, 0.5216)^T$$

由于得到的特征向量中各元素大于 0，因此得到的特征向量 $\boldsymbol{\alpha}_4$ 即指标的权重向量，将权重系数进行归一化处理，得到的指标权重系数向量 $\mathbf{w}_4$ 为：

$$\mathbf{w}_4 = (0.1765, 0.2970, 0.2616, 0.2649)^T$$

因此，创新绩效评价模型为：

$$s_4 = 0.1765x_{15} + 0.2970x_{16} + 0.2616x_{17} + 0.2649x_{18}$$

其中 x_i 为标准化处理后的数据。根据此模型得到我国各省份创新绩效的评价得分及其排名（如表 8 和表 9 所示）。

根据表 8 中的数据绘制 2011 ~ 2022 年东部、中部、西部、东北四大经济区域创新绩效平均得分发展趋势图（见图 4）。

依据表 8、表 9 和图 4 可知，从整体看，我国各省份及东部、中部、西部、东北四大经济区域的创新绩效发展趋势良好，绝大部分省份得分呈现增长态势，创新活动为经济发展提供了新鲜活力。

表 8　我国各省份创新绩效得分情况

省份	2011年	2012年	2013年	2014年	2015年	2016年	2017年	2018年	2019年	2020年	2021年	2022年
北京	0.3073	0.4136	0.5477	0.6055	0.5628	0.6309	0.6991	0.7211	0.9758	0.9780	1.5676	1.3839
天津	0.2895	0.4353	0.6068	0.5663	0.5482	0.4348	0.3794	0.3900	0.2004	0.5010	0.3346	0.2818
河北	-0.7357	-0.7213	-0.6854	-0.6627	-0.6425	-0.6181	-0.5974	-0.5514	-0.5673	-0.4854	-0.4129	-0.4063
山西	-0.8991	-0.6909	-0.5668	-0.5375	-0.4798	-0.3130	-0.3141	-0.2498	-0.1942	-0.1173	0.0274	0.1195
内蒙古	-0.8966	-0.9468	-0.8843	-0.8618	-0.8569	-0.8344	-0.8325	-0.8260	-0.8409	-0.7681	-0.7676	-0.7046
辽宁	-0.5533	-0.5332	-0.4563	-0.4504	-0.5196	-0.5754	-0.5561	-0.4671	-0.4862	-0.4421	-0.4268	-0.4906
吉林	-0.5590	-0.5174	-0.4313	-0.3366	-0.2621	-0.1755	-0.2690	-0.4272	-0.4825	-0.3239	-0.3881	-0.3789
黑龙江	-0.8259	-0.8053	-0.7488	-0.7383	-0.7391	-0.7556	-0.7707	-0.7184	-0.7619	-0.7141	-0.6937	-0.7092
上海	0.8842	0.8379	0.7829	0.8205	0.7904	0.7836	0.7469	0.7846	0.9212	0.8671	1.0639	1.1168
江苏	1.1684	1.3514	1.4292	1.5300	1.6229	1.7351	1.6401	1.5486	1.5208	1.8949	2.0685	2.3500
浙江	-0.0504	0.0217	0.1543	0.2450	0.3435	0.4669	0.5135	0.6072	0.7728	0.8935	1.2145	1.3296
安徽	-0.4973	-0.4091	-0.2909	-0.0859	0.0079	0.1167	0.2191	0.2306	0.3994	0.4562	0.7499	0.8774
福建	-0.0747	-0.0544	0.0061	-0.0250	0.0231	0.0990	0.1873	0.2088	0.3891	0.2912	0.5396	0.5881
江西	-0.2346	-0.1724	-0.0894	-0.0173	0.0860	0.1905	0.2361	0.2981	0.4172	0.5038	0.7613	0.9246
山东	-0.0912	0.0261	0.1860	0.2524	0.2835	0.3395	0.3203	0.1481	-0.0475	0.2275	0.4193	0.7354
河南	-0.3880	-0.0620	0.1560	0.2267	0.4117	0.4925	0.5237	0.4278	0.5323	0.5627	0.8068	0.8724
湖北	-0.4190	-0.3267	-0.1910	-0.1097	0.0159	0.1726	0.2214	0.2091	0.4101	0.4017	0.6686	0.8086
湖南	-0.5093	-0.4002	-0.2148	-0.1540	-0.0134	0.0231	0.0368	-0.0029	0.1362	0.1680	0.3604	0.4783
广东	1.2723	1.3407	1.5232	1.5868	1.7248	1.9761	2.2057	2.3768	2.4636	2.5354	2.7159	2.6645
广西	-0.6336	-0.5431	-0.4356	-0.3811	-0.2881	-0.2102	-0.2337	-0.2866	-0.2693	-0.2139	-0.2313	-0.1860
海南	-0.5854	-0.4689	-0.4715	-0.5129	-0.5023	-0.4614	-0.5188	-0.4255	-0.3777	-0.3969	-0.3134	-0.2636

续表

省份	2011年	2012年	2013年	2014年	2015年	2016年	2017年	2018年	2019年	2020年	2021年	2022年
重庆	-0.2825	-0.0446	0.3035	0.4216	0.5391	0.7514	0.8026	0.7333	0.9661	1.0299	1.4734	1.5014
四川	-0.1387	-0.0193	0.1452	0.1706	0.1318	0.2913	0.3930	0.3900	0.5748	0.6621	0.8707	0.8915
贵州	-0.8988	-0.8886	-0.8484	-0.7661	-0.6100	-0.4934	-0.2819	-0.2990	-0.1891	-0.1780	-0.0976	0.0191
云南	-0.9009	-0.8493	-0.7291	-0.7534	-0.7287	-0.6399	-0.5849	-0.5448	-0.4216	-0.4163	-0.3012	-0.1861
陕西	-0.3899	-0.3434	-0.1641	-0.0309	0.0651	0.1961	0.2657	0.3228	0.4014	0.4518	0.5564	0.5489
甘肃	-0.9265	-0.9239	-0.8863	-0.8708	-0.8548	-0.7890	-0.7447	-0.7426	-0.6776	-0.6676	-0.5749	-0.5494
青海	-1.0731	-1.0357	-1.0112	-1.0178	-0.9556	-0.9235	-0.9407	-0.9554	-0.9217	-0.9316	-0.8224	-0.2735
宁夏	-1.0398	-1.0327	-1.0270	-0.9839	-0.9290	-0.8947	-0.9067	-0.9087	-0.9310	-0.8851	-0.7911	-0.6488
新疆	-1.0438	-1.0584	-1.0570	-1.0477	-1.0423	-1.0390	-1.0203	-0.9970	-0.9860	-1.0070	-1.0016	-0.9848

表 9　我国各省份创新绩效得分排名情况

省份	2011 年	2012 年	2013 年	2014 年	2015 年	2016 年	2017 年	2018 年	2019 年	2020 年	2021 年	2022 年
北京	4	5	5	4	4	5	5	5	3	4	3	4
天津	5	4	4	5	5	8	9	9	14	10	16	16
河北	21	22	22	22	23	23	24	24	24	24	23	24
山西	25	21	21	21	19	19	20	17	18	17	17	17
内蒙古	23	27	26	26	27	27	27	27	27	27	27	28
辽宁	17	19	19	19	21	22	22	22	23	23	24	25
吉林	18	18	17	17	17	17	18	21	22	20	22	23
黑龙江	22	23	24	23	25	25	26	25	26	26	26	29
上海	3	3	3	3	3	3	4	3	5	6	6	6
江苏	2	1	2	2	2	2	2	2	2	2	2	2
浙江	6	7	9	8	8	7	7	6	6	5	5	5
安徽	15	16	16	14	15	14	14	12	12	11	10	9
福建	7	10	11	12	13	15	15	14	13	14	13	13
江西	10	12	12	11	11	12	12	11	9	9	9	7
山东	8	6	7	7	9	9	10	15	16	15	14	12
河南	12	11	8	9	7	6	6	7	8	8	8	10
湖北	14	13	14	15	14	13	13	13	10	13	11	11
湖南	16	15	15	16	16	16	16	16	15	16	15	15
广东	1	2	1	1	1	1	1	1	1	1	1	1
广西	20	20	18	18	18	18	17	18	19	19	19	19
海南	19	17	20	20	20	20	21	20	20	21	21	21

续表

省份	2011年	2012年	2013年	2014年	2015年	2016年	2017年	2018年	2019年	2020年	2021年	2022年
重庆	11	9	6	6	6	4	3	4	4	3	4	3
四川	9	8	10	10	10	10	8	8	7	7	7	8
贵州	24	25	25	25	22	21	19	19	17	18	18	18
云南	26	24	23	24	24	24	23	23	21	22	20	20
陕西	13	14	13	13	12	11	11	10	11	12	12	14
甘肃	27	26	27	27	26	26	25	26	25	25	25	26
青海	30	29	28	29	29	29	29	29	28	29	29	22
宁夏	28	28	29	28	28	28	28	28	29	28	28	27
新疆	29	30	30	30	30	30	30	30	30	30	30	30

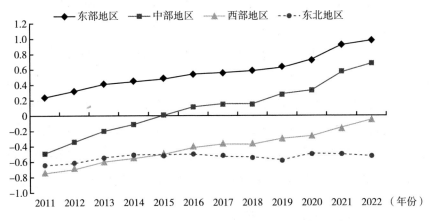

图4 2011~2022年我国四大经济区域创新绩效平均得分

　　按省份分析，广东、江苏、上海的创新绩效平均得分位列全国前三，特别是广东和江苏，其创新绩效平均得分均超过1.6。广东省高技术产业主营业务收入占GDP的比重、新产品销售收入与单位能源创造的GDP在全国均名列前茅，江苏的新产品销售收入位居第一，上海四个指标都在全国前十的行列。这三个省市高技术产业规模大，发展势头强劲，创新成果转化为经济效益的成效显著。北京、重庆、浙江、天津的创新绩效水平位于全国中上游，平均得分均高于0.4。其中，北京的单位能源创造的GDP在全国遥遥领先，重庆的高技术产品出口占货物出口额的比重位于全国前列，浙江的新产品销售收入名列前茅，天津高技术产业主营业务收入占GDP的比重表现较为优异。河南、四川、江西、山东、福建等8个省份创新绩效平均得分处于0.1~0.4，位于中下游水平。这些省份大部分指标排名处于中后段，但存在得分较高的指标，如山东的新产品销售收入在全国排名靠前，江西高技术产业主营业务收入占GDP的比重位居前列。其余15个省份的创新绩效平均得分均处于0以下，四项指标表现都较落后，可见这些省份的创新成果对经济发展的推进效果较弱，创新驱动发展的格局尚未成熟。

　　按四大经济区分析，2011~2022年，东部地区创新绩效平均得分显著高于其他三个经济区域，但相比于其他指标，东部地区的高技术产品出口占货物

出口额的比重表现较差，在四大区域中没有明显优势。中部地区的高技术产品出口占货物出口额的比重表现优异，且其余三个指标仅次于东部地区，创新绩效平均得分增长势头迅猛、增幅可观，不断缩小与东部地区之间的差距。西部地区与东北地区的创新绩效平均得分较为相近，在高技术产品出口占货物出口额的比重、高技术产业主营业务收入占 GDP 的比重上，西部地区优于东北地区，单位能源创造的 GDP 也略优于东北地区。由图 4 可知，2015 年，西部地区赶超东北地区，且之后逐渐拉大差距。可见，西部地区与中部地区的创新绩效存在较大的发展潜力与发展空间，亟须对东北地区创新绩效发展滞后加以重视。

（五）区域创新能力综合评价

区域创新能力测度指标体系由创新环境、创新资源、创新成果及创新绩效四个方面构成，根据得到的创新环境、创新资源、创新成果及创新绩效的得分进行区域创新能力的综合评价。对创新环境、创新资源、创新成果及创新绩效的得分值进行标准化处理，利用 Matlab 2018 使用纵横向拉开档次法求出矩阵 **H** 为：

$$\mathbf{H} = \begin{bmatrix} 359.0000 & 302.1633 & 283.1030 & 264.2551 \\ 302.1633 & 359.0000 & 336.5124 & 287.1324 \\ 283.1030 & 336.5124 & 359.0000 & 228.0145 \\ 264.2551 & 287.1324 & 228.0145 & 359.0000 \end{bmatrix}$$

利用 Matlab 2018 求出矩阵 **H** 的最大特征值 λ_{max} 为 1211.9414，最大特征值对应的特征向量 **α** 为：

$$\boldsymbol{\alpha} = (0.4991, 0.5314, 0.5002, 0.4672)^{\mathrm{T}}$$

由于拉开档次法的基本思想是最大限度地从横向和纵向的角度体现评价对象的整体差异性，因此确定出的权重能够从整体上体现各个省份 2011~2022 年区域创新能力的最大差别。拉开档次法是基于差异驱动原理的，在评价对象中，如果某个指标的波动幅度非常小，那么对于评价对象来说，该指标对评价结果的影响是比较小的。由计算结果得出区域创新能力四个子系统的权重大致相同，说明各省份在创新环境、创新资源、创新成果、创新绩效四个方面的差异均比较大。由于特征向量中各元素全部大于 0，因此得到的特征向量即指标的权重向量，将权重系数归一化处理得到的权重系数向量 **w** 为：

$$\mathbf{w} = (0.2498, 0.2660, 0.2504, 0.2339)^{\mathrm{T}}$$

因此，区域创新能力综合评价模型为：

$$s = 0.2498s_1 + 0.2660s_2 + 0.2504s_3 + 0.2339s_4$$

根据此模型得到我国各省份区域创新能力的综合得分及其排名（如表 10 和表 11 所示）。

根据表 10 中的数据绘制 2020 年 30 个省份区域创新能力综合得分条形图（见图 5），以及 2011~2022 年东部、中部、西部、东北四大经济区域创新能力平均综合得分发展趋势图（见图 6）。

依据表 10、表 11 和图 5、图 6 可知，从整体看，我国各省份及东部、中部、西部、东北四大经济区域的创新能力发展趋势良好，绝大部分省份综合得分持续增长，创新能力提升明显。

从各省份看，北京、广东、上海、江苏和浙江这 5 个省市的创新能力在全国处于领先地位，在四个维度上都表现优异，是我国创新发展的标杆省域。天津、山东、湖北、安徽和陕西这 5 个省市的创新能力位于全国中上游，其创新能力平均得分均大于 0，四个维度得分排名靠前，其中天津、安徽在创新环境中表现较为优异，山东、湖北在创新资源中得分较高，天津、山东、湖北、陕西在创新成果中排名位列前十。受地理位置、区域战略的影响，这些省份不断获得领先省份的创新溢出，创新能力提升速度快，增长幅度较大。海南、甘肃、内蒙古、青海和新疆这 5 个省份，创新能力平均得分一直低于 -0.35，四个维度的得分也一直位于全国末尾，创新能力较弱。

按四大经济区分析，东部地区创新能力平均综合得分始终位于 0.15 以上，在四个维度平均得分也始终位居第一，且保持较快的增长速度，与其他三个地区的差异逐渐拉大。中部地区的创新能力一直保持追赶势头，2011~2022 年，在四个维度均实现了平均得分由负转正的成就，其增长速率与东部地区不相上下，考察期间创新能力增幅显著。东北地区和西部地区的创新

表10 我国各省份区域创新能力综合得分情况

省份	2011 年	2012 年	2013 年	2014 年	2015 年	2016 年	2017 年	2018 年	2019 年	2020 年	2021 年	2022 年
北京	1.4706	1.6456	1.7954	1.9997	2.1450	2.3139	2.5518	2.7152	3.1781	3.4587	3.9290	4.2512
天津	0.1768	0.3151	0.5072	0.5543	0.6640	0.6377	0.6488	0.6994	0.5959	0.7950	0.8203	0.8449
河北	-0.7695	-0.7229	-0.6957	-0.6483	-0.6130	-0.5450	-0.5084	-0.4951	-0.4205	-0.3288	-0.2573	-0.1616
山西	-0.8133	-0.7282	-0.5855	-0.6136	-0.5881	-0.5194	-0.4760	-0.4504	-0.4187	-0.3292	-0.2396	-0.2091
内蒙古	-0.9585	-0.9548	-0.9096	-0.8916	-0.8607	-0.8286	-0.8070	-0.8357	-0.8029	-0.7478	-0.7147	-0.6386
辽宁	-0.4888	-0.4638	-0.3962	-0.3734	-0.3895	-0.3520	-0.2706	-0.2079	-0.1611	-0.0841	-0.0246	-0.0129
吉林	-0.6976	-0.6523	-0.5891	-0.5375	-0.4931	-0.4730	-0.4760	-0.4960	-0.4450	-0.3575	-0.3205	-0.3267
黑龙江	-0.7588	-0.7448	-0.7048	-0.6952	-0.6275	-0.6085	-0.6083	-0.6101	-0.5675	-0.5105	-0.4294	-0.3732
上海	1.0393	1.1175	1.0620	1.2928	1.3878	1.5604	1.6229	1.5946	1.7471	1.9285	2.1557	2.2740
江苏	0.5415	0.7652	0.8907	1.0568	1.3266	1.5043	1.5897	1.6171	1.8498	2.0229	2.3371	2.6849
浙江	0.0559	0.1912	0.2843	0.3955	0.5701	0.6848	0.7970	0.9579	1.1771	1.4061	1.6410	1.8176
安徽	-0.5385	-0.4336	-0.3308	-0.2003	-0.0954	0.0983	0.1648	0.2012	0.4315	0.5646	0.7906	0.9469
福建	-0.3979	-0.3406	-0.2828	-0.2521	-0.1857	-0.1094	-0.0031	0.0854	0.2074	0.2630	0.4481	0.5170
江西	-0.7095	-0.6813	-0.5892	-0.5398	-0.4566	-0.3659	-0.2657	-0.1331	-0.0062	0.1043	0.2409	0.2609
山东	-0.2147	-0.1174	0.0041	0.0810	0.1575	0.2670	0.3534	0.3207	0.3279	0.6013	0.8716	1.1312
河南	-0.6232	-0.4971	-0.3916	-0.3376	-0.2461	-0.1908	-0.0979	-0.0938	0.0725	0.1624	0.3791	0.5060
湖北	-0.4641	-0.4002	-0.3080	-0.1759	-0.0776	0.0371	0.1622	0.2285	0.4471	0.5181	0.7702	0.9249
湖南	-0.5625	-0.4966	-0.4178	-0.3653	-0.2466	-0.1906	-0.0820	0.0158	0.1990	0.3145	0.5031	0.6676
广东	0.4636	0.6382	0.7789	0.8213	1.1145	1.3750	1.6315	1.9530	2.1530	2.3495	2.7106	2.8065
广西	-0.7804	-0.7275	-0.6711	-0.6442	-0.6056	-0.5745	-0.5573	-0.5806	-0.5413	-0.5115	-0.4345	-0.3454
海南	-0.8162	-0.7430	-0.7323	-0.7149	-0.7295	-0.6777	-0.6993	-0.7091	-0.6029	-0.5846	-0.4785	-0.3599

续表

省份	2011 年	2012 年	2013 年	2014 年	2015 年	2016 年	2017 年	2018 年	2019 年	2020 年	2021 年	2022 年
重庆	-0.6346	-0.5224	-0.3856	-0.3091	-0.1832	-0.0580	0.0544	0.1025	0.2628	0.3450	0.5788	0.6468
四川	-0.5293	-0.4395	-0.3474	-0.2729	-0.2386	-0.1375	-0.0244	0.0232	0.2907	0.4183	0.6256	0.5745
贵州	-0.9004	-0.8937	-0.8660	-0.8167	-0.7451	-0.6437	-0.5164	-0.4994	-0.4075	-0.3499	-0.3159	-0.3019
云南	-0.8937	-0.8770	-0.8066	-0.7920	-0.7125	-0.6684	-0.6197	-0.6076	-0.4993	-0.4640	-0.4124	-0.3668
陕西	-0.4732	-0.4213	-0.3009	-0.1985	-0.1195	-0.0078	0.0693	0.1294	0.2146	0.3043	0.4331	0.5723
甘肃	-0.9074	-0.8816	-0.8209	-0.7859	-0.7274	-0.7098	-0.6977	-0.7077	-0.6213	-0.6131	-0.5430	-0.4984
青海	-1.0344	-1.0062	-0.9903	-0.9787	-0.9639	-0.9175	-0.8998	-0.8901	-0.8337	-0.8511	-0.7870	-0.6311
宁夏	-0.8639	-0.8578	-0.8606	-0.8194	-0.7424	-0.6696	-0.6248	-0.5509	-0.5186	-0.4794	-0.3891	-0.3552
新疆	-1.0167	-0.9950	-0.9702	-0.9790	-0.9037	-0.8930	-0.9066	-0.9086	-0.9197	-0.9212	-0.8509	-0.8242

表 11 我国各省份区域创新能力综合得分排名情况

省份	2011年	2012年	2013年	2014年	2015年	2016年	2017年	2018年	2019年	2020年	2021年	2022年
北京	1	1	1	1	1	1	1	1	1	1	1	1
天津	5	5	5	5	5	6	6	6	6	6	7	9
河北	20	19	21	21	21	20	20	19	20	18	19	18
山西	22	21	17	19	19	19	19	18	19	19	18	19
内蒙古	28	28	28	28	28	28	28	28	28	28	28	29
吉林	11	13	15	16	16	16	17	17	17	17	17	17
辽宁	17	17	18	17	18	18	18	20	21	21	21	21
黑龙江	19	23	22	22	22	22	23	25	25	24	24	26
上海	2	2	2	2	2	2	3	4	4	4	4	4
江苏	3	3	3	3	3	3	4	3	3	3	3	3
浙江	6	6	6	6	6	5	5	5	5	5	5	5
安徽	13	11	11	10	9	8	8	9	8	8	8	7
福建	8	8	8	11	12	12	12	12	13	14	13	14
江西	18	18	19	18	17	17	16	16	16	16	16	16
山东	7	7	7	7	7	7	7	7	9	7	6	6
河南	15	15	14	14	14	15	15	15	15	15	15	15
湖北	9	9	10	8	8	9	9	8	7	9	9	8
湖南	14	14	16	15	15	14	14	14	14	12	12	10
广东	4	4	4	4	4	4	2	2	2	2	2	2
广西	21	20	20	20	20	21	22	23	24	25	25	22
海南	23	22	23	23	25	26	27	27	26	26	26	24

续表

省份	2011年	2012年	2013年	2014年	2015年	2016年	2017年	2018年	2019年	2020年	2021年	2022年
重庆	16	16	13	13	11	11	11	11	11	11	11	11
四川	12	12	12	12	13	13	13	13	10	10	10	12
贵州	26	27	27	26	27	23	21	21	18	20	20	20
云南	25	25	24	25	23	24	24	24	22	22	23	25
陕西	10	10	9	9	10	10	10	10	12	13	14	13
甘肃	27	26	25	24	24	27	26	26	27	27	27	27
青海	30	30	30	29	30	30	29	29	29	29	29	28
宁夏	24	24	26	27	26	25	25	22	23	23	22	23
新疆	29	29	29	30	29	29	30	30	30	30	30	30

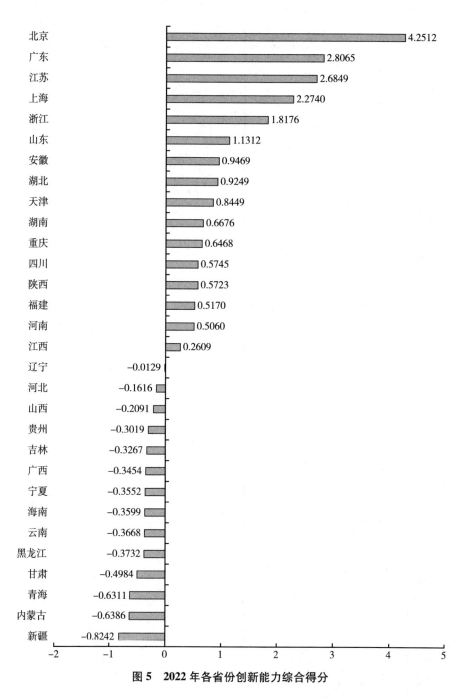

图5　2022年各省份创新能力综合得分

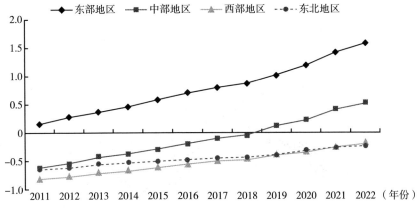

图6 2011~2022年我国四大经济区域创新能力平均综合得分

能力平均综合得分始终为负，且增速低于东部和中部。其中西部地区的四个维度平均得分到2022年仍均未能实现转正，东北地区的创新成果维度平均得分则在2020年由负转正，其余三个维度平均得分仍为负值。这两个地区创新能力薄弱，区域创新系统建设不完善，高端创新要素不集聚，高层次人才和技能性人才缺口大，高技术产业培育不足，创新能力亟待提升。

四 区域创新能力的动态演进分析

为了更加直观地反映考察期间我国区域创新能力的动态演变趋势，本文借助Kernel密度函数，绘制三维核密度估计图，以反映我国整体、东部、中部以及西部地区的创新能力动态演变趋势。由于东北地区仅包括辽宁、吉林、黑龙江三个省份，因此不绘制表现东北地区创新能力演变趋势的三维核密度估计图。

如图7所示，全国整体的核密度估计图存在一个主峰，位于-0.5~0.5，随着时间发展主峰高度不断下降，同时不断向右偏移，且整个核密度估计图呈现舒展的状态。可见，考察期初我国创新能力总体偏低，2016年之后，创新能力有较大提升，部分省份如北京、上海、江苏等从主峰不断向右偏移，逐渐与其他省份拉开差距，创新能力位于我国前列，然而我国各省份之间的创新能力差距不断加大。

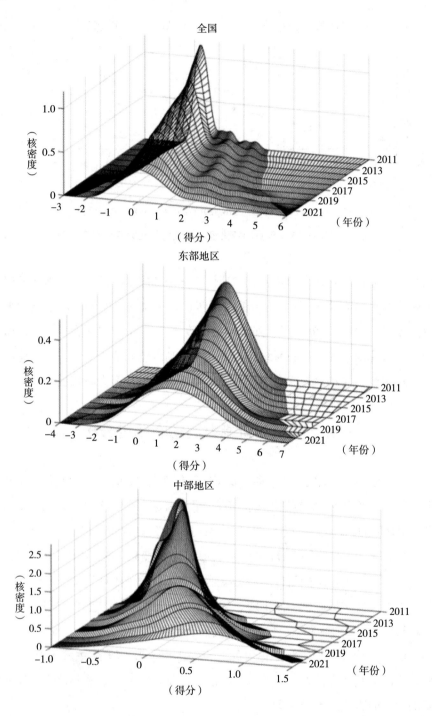

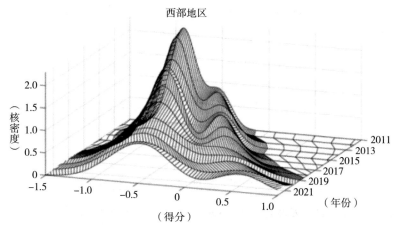

图 7 2011~2022 年我国整体、东部、中部以及西部地区创新能力三维核密度估计

东部地区的核密度估计图仅存在一个主峰，主要位于 0~2，主峰高度不断下降且主峰向右偏移，同时右翼不断变平。可见，东部地区内的各省份创新能力较强，省份间的创新能力差异不断扩大，如北京、上海、广东等省市创新能力已经远远赶超其他省份。

中部地区的核密度估计图仅存在一个主峰，主峰位置随着时间不断向右偏移，相较于其他核密度估计图，其主峰向右偏移程度最为明显，创新能力得分从-1~0.5 转向 0~1。可见，中部地区的创新能力提升最为显著，部分省份如安徽、湖北 2022 年创新能力综合得分排名分别位居全国第 7、第 8，成功挤进全国前十，是中部地区的创新发展高地。

西部地区的核密度估计图存在一个主峰和一个小侧峰，主峰位于-1 和-0.5 之间，侧峰位于-0.5 和 0.5 之间，主峰和侧峰高度逐年降低，整个核密度估计图也逐渐平缓。可见，西部地区的各省份创新能力大致分为两个梯队，第一梯队包括陕西、四川和重庆这 3 个省市，第二梯队包括贵州、宁夏、云南、广西、甘肃、内蒙古、青海和新疆这 8 个省份。第一梯队的创新能力明显强于第二梯队，且两个梯队的创新能力差距逐年增大。

综上，我国各省份间的创新能力差距逐渐增大，发达地区如北京、上海始终保持领先地位，且发展速度快于其余地区，进一步拉大差距；东部、中

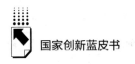

部、西部各地区存在内部差距日益扩大的现象,创新能力强的省份不断扩大自身优势,使得与创新能力较弱省份的差距扩大。

五 结论和启示

(一)结论

本文从创新环境、创新资源、创新成果以及创新绩效四个方面选择指标,建立区域创新能力测度指标体系,收集 2011~2022 年数据,通过逐层拉开档次法、Kernel 密度估计法等分析方法,对我国 30 个省份的区域创新能力各子系统和整体发展情况进行综合分析,得到以下结论。

1.区域创新能力整体发展向好

分析结果表明,我国整体创新能力得到了全面提升,各个地区更加重视优化创新环境,不断扩大创新人才、创新资金的投入规模,加大基础研究和应用研究投入力度,创新成果质量持续提升,创新绩效不断提高,创新驱动经济发展的成效显著。

2.区域创新能力差距显著且持续扩大

根据分析结果可知,我国 30 个省份创新能力之间差异显著,东部、中部、西部和东北四大经济区域之间亦存在明显差距,且区域创新能力差异有所扩大。

分省份而言,北京、广东、江苏、上海和浙江这 5 个省市在创新环境、创新资源、创新成果和创新绩效以及综合创新能力方面均处于全国领先水平,是我国科技创新的策源地,它们抢占国际竞争制高点,并且辐射带动其他地区创新发展。山东、天津、安徽、湖北、陕西等创新能力处于中等水平的省域,不断接受吸收创新发展较快省市的辐射带动,充分发挥自身的地理区位优势、环境优势,努力实现创新追赶。甘肃、青海、新疆和内蒙古这 4 个省区,因受到经济水平、地理环境、体制机制等因素的制约,各个维度的创新发展以及综合创新能力方面均位于全国低位圈,应当重视创新,加大创新投入力度，提高创新效率，优化产业结构，选择适合自身资源禀赋与创新积累的创新模式，逐渐增强创新能力，实现创新追赶。

分四大区域而言，东部地区在四个维度的创新发展以及综合创新能力方面均处于领先水平，其次为中部地区，西部地区和东北地区相对落后。东部地区包含一些科技创新发达的省市，如北京、上海、江苏、浙江等，这些省市不仅自身具备强劲的创新竞争力，而且辐射带动周边地区，形成良好的创新生态，协同创新能力强，使得东部地区的创新发展形成良性循环。中部地区的创新能力提升显著，安徽、湖北、湖南等省份创新发展迅速，它们瞄准科技前沿加大创新投入力度，同时不断完善创新体制机制，开创大众创业万众创新的新局面。西部地区与东北地区的创新能力虽然也在提升，但提升速度缓慢，整体创新能力仍处于落后水平。西部地区与东北地区的大部分省份创新人力、创新资本等资源相对匮乏，企业创新活跃度仍然不足，仅四川、陕西、重庆等部分省市创新能力较为突出，它们是西部地区的创新高地。

虽然区域创新能力整体发展向好，但区域间差异仍在扩大。从各省份来看，排名第一和末尾的省份创新能力综合得分的绝对差距扩大。从四大区域看，区域间的差距也在扩大，创新能力综合得分最高的东部地区与得分最低的西部地区的绝对差距逐渐扩大。

（二）启示

我国各省份以及四大经济区域之间的创新能力发展存在显著差异，在创新资源禀赋、创新积累等方面，不同地区之间存在巨大差异，在实现科技自立自强中承担的使命也不尽相同。因此，各地政府在制定政策时，要优化创新要素整体布局，有针对性地调整研发投入结构，提升国家创新体系效能，以更好地推动创新驱动发展战略。

分省份而言，创新能力突出且创新环境全国领先的省份如北京、上海等地区，应当瞄准"高精尖"领域，持续加大基础研究投入力度，积聚力量进行引领性科技攻关，辐射带动全域乃至全国的科技创新。创新能力优异但

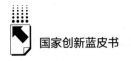

基础优势略显不足的省份如广东、江苏和浙江等地区，应同时注重各活动类型研发投入，强化企业主导的科技创新模式，推动创新链、产业链与资金链、人才链深度融合。创新能力较为落后的中西部地区，应以试验发展投入为主，充分发挥自身优势，实施技术追赶的创新战略。各地要选择合适的创新模式，实现创新驱动经济高质量发展。

B.8
长三角区域协同创新能力综合分析

何雪莹　张宓之　朱学彦*

摘　要：　区域协同创新通过对资源的高效配置，提升创新效率、降低创新风险，是促进区域高质量一体化发展的必由之路。本文基于协同创新的理论与实践，构建了包括资源共享、创新合作、成果共用、产业联动和环境支撑五个方面的长三角区域协同创新指标体系，对长三角区域协同创新能力进行总体分析，并从中选择 10 个核心指标对长三角区域协同创新能力进行综合分析，旨在全面刻画长三角在资金、人才、平台、技术等方面的协同创新特征、趋势与薄弱环节。研究发现，各省市科技创新数据统计分割严重，统计口径存在差异；G60 科创走廊与江苏的联动作用仍然有限；长三角各地优势力量的合力贡献仍然不够凸显。因此，为了战略性支撑长三角高质量一体化发展，应当完善长三角科技统计制度，构建区域数据敏捷治理机制；探索"G42""沪苏""沪通"同城科技战略，打造长三角"多极点"创新辐射枢纽；聚焦长三角重大技术联合攻关，建立"主体、能力、项目"一体的基础资源库。

关键词：　长三角　区域协同创新　创新能力评估

---

* 何雪莹，上海市科学学研究所助理研究员，研究方向为科技统计；张宓之，上海市科学学研究所副研究员，研究方向为科技统计、科技战略；朱学彦，上海市科学学研究所研究员，研究方向为区域创新战略。

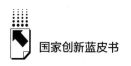

一 区域协同创新能力评价体系

（一）区域协同创新能力评价体系设计

在《长江三角洲区域一体化发展规划纲要》《长三角科技创新共同体建设发展规划》的统领下，为了更好地监测长三角区域协同创新发展情况，基于区域协同创新相关理论及相关研究成果，结合长三角科技创新发展实践，笔者所在课题组构建了一套包含资源共享、创新合作、成果共用、产业联动和环境支撑5项一级指标，20项二级指标的评价体系（如表1所示）。

表1 长三角区域协同创新指标体系

一级指标	二级指标
资源共享	每万人研发人员占比
	研发经费支出占 GDP 比重
	财政科技拨款占政府支出比重
	长三角大型仪器共享数量
创新合作	高校科研院所科研经费投入地区差异
	长三角区域科技论文合作网络密度
	长三角区域科技论文合作数量
成果共用	长三角区域技术合同成交额
	长三角区域专利转移数量
	长三角区域合作国内发明专利申请
	长三角区域合作 PCT 专利申请
	长三角区域国外技术合同引进
产业联动	制造业产业结构差异度
	高技术产业利润
	国家高新区企业工业总产值
	规模以上工业企业新产品销售收入
环境支撑	长三角区域高速公路和铁路密度
	长三角孵化器在孵企业数量
	长三角创业投资数量
	外商投资规模以上工业企业办科技机构数量

长三角区域协同创新能力评价的核心目的在于发挥三省一市创新资源禀赋和产业技术优势，实现创新资源的优化配置，提升长三角的创新策源能力，推动长三角科技、经济、社会的高质量发展，使之代表中国参与全球创新格局中的竞争。因此，指标体系紧扣创新策源，从协同创新的角度，反映人才流动、科学合作、技术转移、产业投资、平台共享等情况，表征长三角协同创新的最新动态与发展趋势。

（二）数据及方法说明

指标数据主要来自《中国统计年鉴》《中国科技统计年鉴》、三省一市统计年鉴，部分指标数据来自专业数据库的大数据挖掘；长三角区域协同创新指数的计算采用标杆分析法。

1. 二级指标计算方法

为消除各指标之间的量纲差别，对 2010~2022 年各二级指标数据进行标准化处理，处理方式利用最大最小标准化方法：

$$Z_{ij} = \frac{X_{ij} - \mathrm{Min}X_{ij}}{\mathrm{Max}X_{ij} - \mathrm{Min}X_{ij}}$$

式中，Z 代表标准化后的数值；X 为原始数据，i 代表 1~20 个二级指标；j 代表年份，取 1~13。

2. 一级指标计算方法

采用等权重计算出各一级指标得分 Y_{kj}：

$$Y_{1j} = \sum_{j=1}^{13} \beta_i Z_{ij}，其中 i 取 1 \sim 4$$

$$Y_{2j} = \sum_{j=1}^{13} \beta_i Z_{ij}，其中 i 取 5 \sim 7$$

$$Y_{3j} = \sum_{j=1}^{13} \beta_i Z_{ij}，其中 i 取 8 \sim 12$$

$$Y_{4j} = \sum_{j=1}^{13} \beta_i Z_{ij}，其中 i 取 13 \sim 16$$

$$Y_{5j} = \sum_{j=1}^{13} \beta_i Z_{ij}，其中 i 取 17 \sim 20$$

式中β_i为每个二级指标所对应的权重。

3.区域协同创新指数

采用等权重将各年五个一级指标得分合成：

$$\bar{Y}_j = \sum\nolimits_{j=1}^{13} \omega_k \, Y_{kj}$$

式中k取1~5；ω_k为各一级指标所对应的权重。

二 区域协同创新能力总体分析

（一）区域协同创新发展情况分析

2010~2022年，长三角区域协同创新指数从2010年的100.00（基期）提高到2022年的267.57，年均增速达到8.55%（如图1所示），体现了长三角创新活动不断活跃，创新网络不断密集，科技与产业不断融合，特别是2018年上升为国家战略的标志性节点后，长三角城市群凝心聚力，示范引领作用不断加强，支撑现代化、国际化的科创共同体建设。

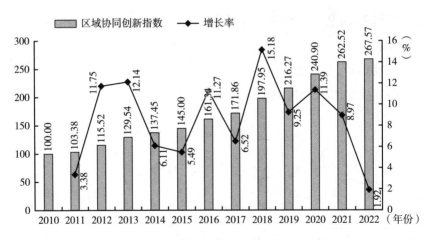

图1 2010~2022年长三角区域协同创新指数及其增长率

（二）一级指标发展情况分析

从 5 个一级指标来分析（如图 2 所示），13 年间，5 个指标均取得了卓越的发展。第一，成果共用指标增幅最大，从 2010 年的 100 提高到 2022 年的 409.89，年均增速达到 12.47%，体现了技术合同、专利的转移与转化效果显著，支撑长三角技术创新的能级提升。第二，资源共享指标从 2010 年的 100 增长到 2022 年的 299.08，年均增速达到 9.56%，汇聚科技人才、创新资金与创新平台，长三角不断筑起科创高地。第三，产业联动指标从 2010 年的 100 增长到 2022 年的 215.41，年均增速达到 6.60%，长三角在技术产业布局与产业链协同发展方面不断发力，共同推进产业集群的发展。第四，环境支撑指标从 2010 年的 100 增长到 2022 年的 209.58，年均增幅达到 6.36%，长三角的基础配套、孵化平台、资本等创新环境不断优化，吸引更多创新人才、创新主体落户长三角。第五，创新合作指标从 2010 年的 100 增长到 2022 年的 203.87，年均增幅达到 6.12%，长三角基础研究的区域合作范围不断拓展，合作密度不断提高，提升科研成果的产出质量。

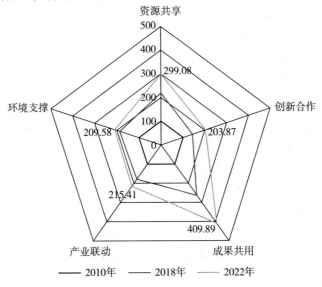

图 2　长三角区域协同创新一级指标发展情况

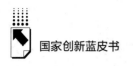

（三）二级指标发展情况分析

从 20 个二级指标来分析（如表 2 所示），其中 17 个指标呈现正增长，且 20 个指标 2020~2022 年的累计增长率平均超过 35%，体现了长三角各个维度与指标不断积累成效，协同促进长三角科技与产业的深度融合。

表 2　长三角区域协同创新二级指标发展情况

一级指标	二级指标	2020~2022 年累计增长率(%)	排名
资源共享	每万人研发人员占比	23.1	9
	研发经费支出占 GDP 比重	14.0	12
	财政科技拨款占政府支出比重	4.2	17
	长三角大型仪器共享数量	25.7	8
创新合作	高校科研院所科研经费投入地区差异	28.6	7
	长三角区域科技论文合作网络密度	9.6	15
	长三角区域科技论文合作数量	13.5	13
成果共用	长三角区域技术合同成交额	332.2	1
	长三角区域专利转移数量	−20.8	19
	长三角区域合作国内发明专利申请	39.4	6
	长三角区域合作 PCT 专利申请	59.5	3
	长三角区域国外技术合同引进	−4.0	18
产业联动	制造业产业结构差异度	−24.8	20
	高技术产业利润	69.7	2
	国家高新区企业工业总产值	43.0	5
	规模以上工业企业新产品销售收入	58.8	4
环境支撑	长三角区域高速公路和铁路密度	11.2	14
	长三角孵化器在孵企业数量	20.5	10
	长三角创业投资数量	8.4	16
	外商投资规模以上工业企业办科技机构数量	18.7	11

第一，2020~2022 年增长最快的二级指标在成果共用和产业联动维度，长三角区域技术合同成交额增长率位居第 1，达到 332.2%；长三角区域合作 PCT 专利申请、长三角区域合作国内发明专利申请增长率较高，体现了

长三角技术合作的持续活跃；高技术产业利润、规模以上工业企业新产品销售收入、国家高新区企业工业总产值增长率位居前列，反映了区域内科技与产业协同发展，推动产业经济效益的增长。第二，2020~2022年资源共享、创新合作与环境支撑维度的指标增长率相对平稳，增长率多数在10%~30%，体现了资金、人才、平台等创新资源对长三角区域协同创新的持续支撑与保障，营造了良好的科技创新与产业发展氛围。第三，2020~2022年长三角区域国外技术合同引进、长三角区域专利转移数量、制造业产业结构差异度指标呈负增长趋势，随着创新环境不断开放，创新主体进一步提升核心创新硬实力，凝聚长三角科技创新的合力，未来长三角的区域协同创新将会更好地发挥引领和示范作用。

三 区域协同创新能力综合分析

本节从20个二级指标中选取10个核心指标，聚焦研发人员、研发经费、共享平台、科技合作、技术交易、产业利润、风险投资等视角，基于长三角数据，研判长三角的科技创新与产业发展动态。

（一）每万人研发人员占比

2022年，长三角每万人拥有研发人员83.71人年，同比增长9.85%，相比2010年的34.23人年增长1.45倍，年均增速为7.74%，远高于全国45.00人年的平均水平（如图3所示），体现了长三角R&D人员结构不断优化，全社会的人才层次与水平不断提高。从总量情况看，长三角R&D人员全时当量从2010年的73.84万人年增长到2022年的198.35万人年，年均增速为8.58%，体现了长三角吸引的R&D人员总量稳步增长，正在加速打造人才集聚高地。近年来，沪苏浙皖高能级创新平台的建立，搭配一系列的引才、留才政策，不断增强长三角在全国乃至全球范围内的人才吸引力。2010~2022年安徽地区R&D人员全时当量以年均增速12.09%位列三省一市首位；浙江地区R&D人员全时当量增长势头强劲，年均增速为9.20%；江苏 R&D 人员全时当量在 2014~2018 年低速增长后，2019 年达到 13.39% 的增速高峰；上海 R&D 人员全时当量的增长率 2011~2019 年相对稳定，2020 年达到峰值，同比增速高达 15.09%。一方面，长三角创新人才集聚效应显著，长三角 R&D 人员全时当量占全国 R&D 人员全时当量的 31.22%，成为具有人才吸引力的"活力之城"；另一方面，长三角不断优化科研环境、营商环境，从而吸引更多高端人才集聚，加速人才在区域内及区域外的"双循环"，协同推动人才高质量一体化发展。

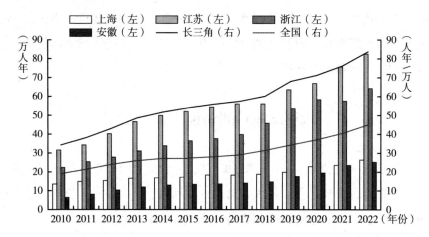

图3 2010~2022 年长三角 R&D 人员全时当量及长三角每万人研发人员占比

数据来源：《中国科技统计年鉴》《中国统计年鉴》。

从长三角城市创新人才分布格局来看，空间分布呈现"东多西少""核心引领"的特征。第一，长三角 41 个城市的 R&D 人员全时当量呈现"东边多、西边少"的特征，在长三角中西部的城市不断发力集聚人才的基础上，西部边缘城市相比之下还存在一定差距。第二，核心城市的带动作用显著且近沪城市人才吸引力不断加强。核心的交通干线如南京—苏州、杭州—宁波、南京—合肥等上的城市带动周边地区，实现区域性创新人才的集聚；同时，苏州、无锡、常州、嘉兴、湖州等近沪城市人才吸引力不断提升，形成"苏锡常"与"沪嘉杭"两条近沪城市的线路，G60 沿线城市的空间集聚效应得以体现。

（二）研发经费支出占 GDP 比重

2010~2022 年，长三角 R&D 经费投入强度（研发经费支出占 GDP 比重）一直保持高速稳定增长，13 年间从 2.02% 提升到 3.23%，领先于全国平均水平（如图 4 所示）。选取国际重点创新型国家进行比较，可以发现长三角 R&D 经费投入强度高于欧盟 27 国的平均水平（2.16%），但与美国（3.46%）、日本（3.30%）、韩国（4.93%）、以色列（5.56%）[①] 相比，仍然存在一定的差距。从三省一市来看，2022 年上海 R&D 经费投入强度为 4.44%，居于领先地位，江苏和浙江分别为 3.12%、3.11%，安徽 R&D 经费投入强度为 2.56%。在全国范围内，长三角 R&D 经费投入处于较高水平。从增长结构来看，2010~2022 年长三角 R&D 经费增速（3.70 倍）高于 GDP 增速（1.94 倍）。其中，安徽的 R&D 经费增速是 GDP 增速的 2.28 倍，增长迅猛，浙江达到 2.16 倍，增长趋势强劲；上海和江苏分别为 1.94 倍和 1.77 倍。这些表明，长期以来，长三角地区持续加强研发投入，不断提升区域的创新实力与水平。

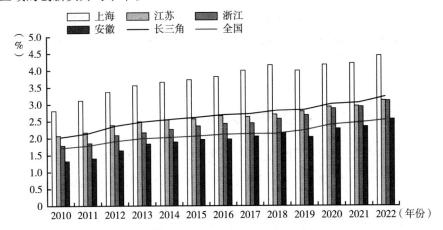

图 4　2010~2022 年长三角 R&D 经费投入强度

数据来源：《中国科技统计年鉴》。

---

① OECD, "Research and development statistics 2021," https://stats.oecd.org/, 2023-08-19.

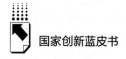

从 41 个城市的 R&D 经费投入和 R&D 经费投入强度来看（如图 5 所示），上海处于核心引领地位，为第一梯队，R&D 经费投入和 R&D 经费投入强度均处于高位。第二梯队以省会城市以及苏南地区、浙北地区和近沪城市为主，如南京、杭州、合肥，苏州、无锡、常州、嘉兴、湖州、宁波等城市，其创新能级与水平不断提升。第三梯队主要分布在长三角西部地区，主要发展传统产业，未来发展潜力较大。

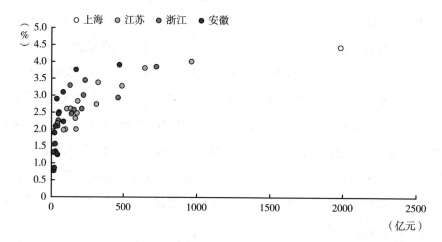

图 5 2022 年长三角各城市 R&D 经费投入和 R&D 经费投入强度情况

数据来源：《中国科技统计年鉴》《上海统计年鉴》《江苏统计年鉴》《浙江统计年鉴》《安徽统计年鉴》。

（三）长三角大型仪器共享数量

2022 年，长三角科技资源共享服务平台集聚了区域内大型科学仪器 44671 台/套，同比增长 11.26%，相比 2010 年累计增长 3.85 倍，年均增长率达 14.07%（如图 6 所示）。从三省一市的数据来看，2022 年上海市拥有 18056 台/套、江苏省拥有 7257 台/套、浙江省拥有 9447 台/套、安徽省拥有 9911 台/套，共享仪器总价值超过 522 亿元。大型仪器资源共享，协同高校、院所、企业的创新平台，发挥共享共用的平台价值，为长三角科技创新项目、初创企业等提供试验条件，赋能创新主体开展科学技术突破、技术联合攻关、产品测试落地等。

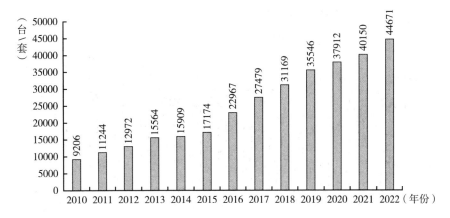

图6 2010~2022年长三角大型仪器共享数量

数据来源：长三角科技资源共享服务平台。

（四）长三角区域科技论文合作数量

2010~2022年，长三角区域科技论文合作数量持续增长（如图7所示），合作网络不断密集。2022年长三角区域科技论文合作数量达到27916篇，同比增长5.42%，相比2010年累计增长7.57倍，年均增长率达到19.60%。从年度趋势看，2010~2019年长三角区域科技论文合作数量增长飞速，2019年同比增速达31.35%，2020年数量出现略微下降，并在2021~2022年反弹至稳定增长趋势，体现了长三角科研合作愈加活跃，知识、信息、人才的交互流动更加频繁。

从区域科技论文合作数量的结构来看，上海与江苏在长三角区域内的科研互动与知识溢出更加凸显。在两省市的合作中，上海与江苏2022年的区域科技论文合作数量达到9029篇，同比增长0.36%，占长三角区域科技论文合作数量的32.34%。同时，上海与浙江的区域科技论文合作数量达到7495篇，同比增长22.55%，占到长三角区域科技论文合作数量的26.85%；上海与安徽的区域科技论文合作数量（3564篇）增长最快，同比增长50.95%。沪苏之间区域科技论文合作数量最多，体现了依托沪苏实力强劲

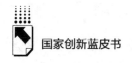

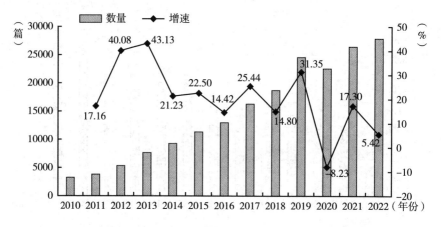

图7 2010～2022年长三角区域科技论文合作数量及其增速

数据来源：Web of Science（WOS）数据库。

的高校和科研机构，以及重大科技基础设施、创新平台等资源，沪苏创新交流合作顺畅，创新主体、创新人才之间联系紧密，构建了协同共生的科研共同体。

从长三角城市科研合作网络的发展趋势来看，上海、南京、杭州、合肥和苏州处于城市科研合作网络的核心圈层，随后是以宁波、无锡、镇江、徐州、温州、扬州为代表的次核心圈层，它们构建了长三角科研合作的多圈层结构。2010年，围绕上海、南京、杭州三个核心城市开展合作，上海的辐射带动作用明显，沪宁的G42沿线、沪杭的G60沿线，构建空间上的三角形科研合作网络。2018年，在沪宁杭核心城市的基础上，增加了合肥、苏州、宁波、无锡等城市，长三角科研合作网络的范围不断拓展、合作的密度不断提高，同时近沪城市积极加深与上海的合作，长三角构建了围绕"核心-次核心"节点组建的科研合作格局。2022年，上海、南京、杭州、合肥、苏州、镇江、徐州、无锡、宁波和温州之间的科研合作网络不断拓展，同时沿着地理交通干线，凸显出若干条科研合作的主干道，如上海—苏锡常、南京—苏州、杭州—宁波、合肥—芜湖等，逐步形成了跨区域"高密度、强关联"的科研协同态势。

（五）长三角区域技术合同成交额

2010~2022 年长三角三省一市间技术合同成交额增长迅速，2022 年达到 1863.45 亿元（如图 8 所示），同比增长 1.12 倍，相比 2010 年累计增长 33.60 倍，年均增长率为 34.35%。从年度趋势看，技术合同成交额呈现显著的周期性增长特点，2010~2017 年，这一指标基本上保持低速稳步增长，年均增长率为 18.34%，2018 年是一个分水岭，自此技术合同成交额呈现阶段性高速增长，并在 2022 年实现新阶段的高速提升，2018~2022 年，年均增长率达到 50.92%，体现了以 2018 年长三角一体化上升为国家战略为节点，三省一市间技术合同交易的活跃程度不断提高，科技成果转化的成效更加显著。

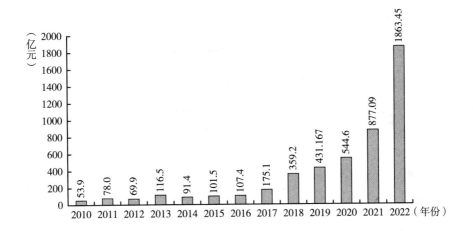

图 8　2010~2022 年长三角区域技术合同成交额

数据来源：《上海科技统计年鉴》以及三省一市内部数据。

其中，上海流向苏浙皖的技术合同成交额从 2010 年的 33.78 亿元缓慢增长到 2017 年的 47.54 亿元，年均增长率为 5.00%，2018 年飞速增长为 172.79 亿元，同比增长 2.63 倍，并持续增长至 2022 年的 976.80 亿元，2018~2022 年的年均增长率为 54.20%（如图 9 所示）。上海流向苏浙皖的技术合同成交额占长三角三省一市间技术合同成交额的半壁江山，2010～2022年多数年份在40%～60%区间呈现波动起伏趋势，体现了上海作为龙头引领长三角的技术交易与转化合作。江苏流向沪浙皖的技术合同成交额从2010年的13.45亿元增长到2017年的47.72亿元，年均增长率为19.83%，接着从2018年的85.38亿元增长至2022年的307.96亿元，年均增长率为37.81%，占长三角三省一市间技术合同成交额的比重多数年份在30%左右波动，体现了江苏具备技术与产业基础优势，成为科技产业融合促进的活跃增长极。浙江流向沪苏皖的技术合同成交额从2010年的3.03亿元稳步增长至2022年的258.08亿元，年均增长率达44.83%，占长三角三省一市间技术合同成交额的比重呈现波动增长的趋势，多数年份在10%左右。安徽流向沪苏浙的技术合同成交额增长较快，从2010年的3.60亿元稳步增长至2020年的52.92亿元，年均增长率达到30.84%，从2021年的108.18亿元飞速增长至2022年的320.61亿元，同比增长1.96倍，占长三角三省一市间技术合同成交额的比重波动，多数年份保持在10%左右。

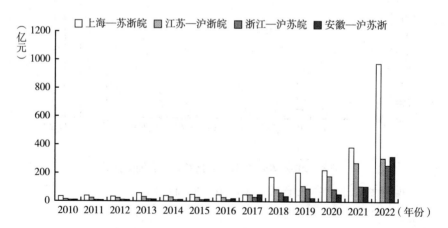

图9　2010～2022年长三角三省一市间技术合同成交额

数据来源：《上海科技统计年鉴》以及三省一市内部数据。

（六）长三角区域专利转移数量

2010~2022 年长三角三省一市专利转移数量呈现先快速增长后在 2022 年大幅回落的趋势，从 2010 年的 358 件，飞速增长至 2021 年的 35504 件，年均增长率达 51.88%，2022 年专利转移数量同比下降 58.82%，回落至 14620 件，与 2018 年相比仍然高出 20.10%（如图 10 所示），体现了长三角三省一市专利转移活动持续密集，加速知识、技术、信息等创新资源高效流动，加速新技术、新产品的研发与产生。

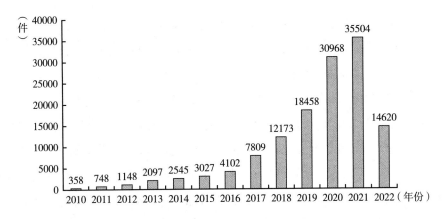

图 10　2010~2022 年长三角区域专利转移数量

数据来源：国家知识产权局的专利数据库。

从长三角三省一市专利转移方向来看，2010 年长三角专利转移以上海输出三省为主，2022 年，转移的方向更加丰富多元（如表 3 所示）。2010 年长三角三省一市专利转移数量较少，上海是主要的技术供应方，上海输出专利数占长三角输出专利总量的 55.37%，江苏、浙江和安徽是主要的技术承接方。2022 年，长三角专利转移的网络不断密集，三省一市均深度参与到技术对接与协作的过程中，三省一市的输入与输出数量均相对均衡，体现了各地发挥技术积累优势与产业链上布局特点，在长三角协同与合作中不断寻求机遇、破解难题，释放创新发展新动能。

表3　2010年和2022年长三角三省一市专利输入、输出数量

省市	专利输入（件）		专利输出（件）	
	2010年	2022年	2010年	2022年
上海	49	1910	134	1590
江苏	104	6260	57	5823
浙江	63	4446	44	5547
安徽	26	2440	7	2096

数据来源：国家知识产权局的专利数据库。

2010~2022年，长三角城市间的专利转移网络呈现"多中心"和"分布式"的特征，上海、苏州、杭州、南京成为技术转移网络的核心，围绕核心城市存在多元的专利转移子网络。2010年，专利转移网络相对稀疏，转移活动发生的城市与频数有限，上海是长三角遥遥领先的专利输出方，输出专利数是第二名南京的2.19倍，之后为杭州和苏州，专利输入方主要为上海与苏州、杭州、无锡、嘉兴等近沪城市，技术转移活动主要集中在长三角东部地区，以及核心城市周边，体现了早期技术转移大多发生在具备技术、产业、市场等基础，创新活动活跃的地区。2022年，专利转移网络明显稠密与多元，呈现许多子网络的分布特征，专利输出方主要是上海、杭州、南京和苏州等核心城市，以及温州、合肥、嘉兴、宁波、无锡等地，专利输入方主要是上海、苏州、杭州等核心城市，以及合肥、南通、南京、无锡、嘉兴等地，越来越多的城市进入技术转移网络中，"多核带动"的格局更加显著。从技术转移的空间流动来看，2010年主要是上海、杭州和苏州向（其他）近沪城市扩散，合作的城市范围较小且网络相对松散，之后逐渐开始在核心城市周边形成"抱团式"转移网络，以及在G60沿线、G42沿线开始形成显著的转移路径。随着技术转移活动持续活跃，长三角边缘的城市开始进入专利转移转化的圈层中，与技术前沿的引领者、产业链上下游的创新主体建立协同关系，致力于提升长三角科技创新产业集群的综合竞争力。

从网络极化①程度来看，长三角城市专利转移数量的平均值2010~2022年从14件增长到367件，从"单中心"向"多中心""多元化"发展，41个城市全部进入技术转移网络中。为了进一步探索长三角城市技术转移情况，在此构建了技术转移热点图（如图11所示）。

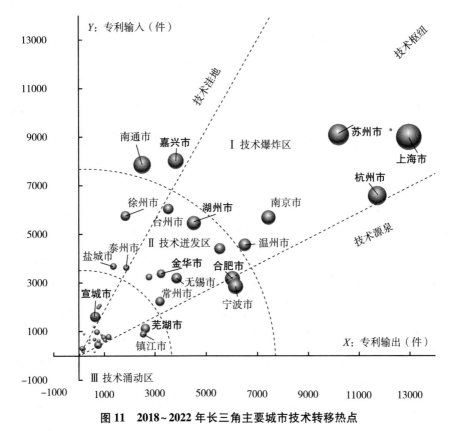

图11 2018~2022年长三角主要城市技术转移热点

注：球形面积大小代表了城市内部专利转移数量，粗体为G60科创走廊城市。

数据来源：国家知识产权局的专利数据库。

第一，从技术转移的梯队来看，依据专利输出与专利输入，将技术转移热点图分为技术爆炸区、技术迸发区和技术涌动区。第一梯队城市处于技术爆炸区，这些城市专利输出、输入以及城市内部专利转移规模庞大。2018~

---

① 网络极化用专利转移数量与城市间联系数量的比值表示。

2022 年专利转移最活跃的城市为上海、苏州和杭州，三个城市的专利转移数量分别为（包含输出与输入）21935 件、19298 件和 18280 件，第一梯队城市占长三角城市间专利转移总量的 45.37%，同时第一梯队也包含南京、温州等核心引领城市。第二梯队城市处于技术进发区，其技术转移活动较活跃，主要包含合肥、宁波、湖州、无锡、金华等 12 个城市，它们主要集聚在江苏和浙江，两个省份城市占据了第二梯队超过 80% 的份额，第二梯队城市的专利转移数量（包含输出与输入）占长三角城市间专利转移总量的 38.91%，它们是长三角技术转移的重要力量。第三梯队城市的技术转移相对较少，它共包含 22 个城市，主要集中在安徽、苏北和浙江，第三梯队城市的专利转移数量（包含输出与输入）占长三角城市间专利转移总量的 15.71%。未来，随着技术创新与产业迭代升级的不断发展，第三梯队城市的发展潜力较大。

第二，从专利转移的结构来看，分为技术源泉、技术枢纽和技术洼地三种类型。2018~2022 年，技术枢纽型城市相对较多，专利输出与专利输入相对均衡，包括上海、苏州和杭州等核心城市，以及南京、温州、湖州等技术转移实力较强的城市，它们是科技与产业发展的重要高地。技术洼地型城市特点突出，专利输入远远大于专利输出，如南通和嘉兴等城市，通过大量引进技术，来赋能本地企业的创新发展，促进产业转型升级。技术源泉型城市相对较少，专利输出远远大于专利输入，杭州、宁波与合肥等城市具有这些特征，是长三角重要的技术提供方。

第三，从国家重点战略区域来看，《长三角科技创新共同体建设发展规划》《长三角 G60 科创走廊建设方案》相继提出要以科技创新来协同推动长三角与 G60 科创走廊国家战略。2018~2022 年，G60 一廊九城的技术转移数量（包含输出与输入）为 84361 件，占据长三角城市间专利转移总量的 36.16%，体现了 G60 沿线城市不断积蓄创新优势，大力发展产业协同创新中心，成为支撑长三角产业协同发展的重要载体。

（七）长三角区域合作 PCT 专利申请

2010~2022 年，长三角三省一市合作申请 PCT 专利的数量呈现波动增长的趋势，2022 年为 472 件，同比增长 39.64%，与 2010 年相比累计增长 5.13 倍，年均增长率为 16.31%。2010~2017 年，合作申请 PCT 专利的数量呈现稳定增长的趋势，从 2010 年的 77 件增长到 2017 年的 150 件，年均增长率达到 10%，2018 年增长至 369 件，同比增长 1.46 倍，之后呈现波动增长的态势，直到 2022 年的 472 件（如图 12 所示）。从区域间的合作数量来看，上海与江苏的合作次数最多，其次为上海与浙江，其他省市的合作次数相对较少。

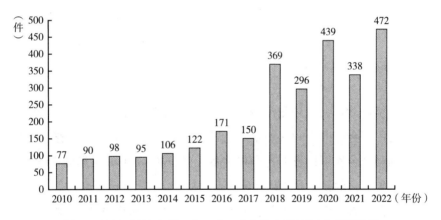

图 12　2010~2022 年长三角三省一市合作申请 PCT 专利的数量

数据来源：Incopat 数据库。

具体来看，2010~2022 年上海与江苏共合作申请 PCT 专利 1157 件，位居两省份合作数量的首位，占三省一市合作申请 PCT 专利数量的 40% 左右，其中 2020 年达到峰值 214 件，占当年三省一市合作申请 PCT 专利数量的 48.75%，体现了沪苏在技术创新方面的深度合作与协同。2010~2022 年上海和浙江合作申请 PCT 专利数量为 389 件，占三省一市合作申请 PCT 专利数量的 13.78%。江苏与浙江合作申请 PCT 专利的数量为 129 件，占三省一

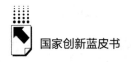

市合作申请 PCT 专利数量的 4.57%。安徽参与的合作申请 PCT 专利数量整体偏少（如图 13 所示）。

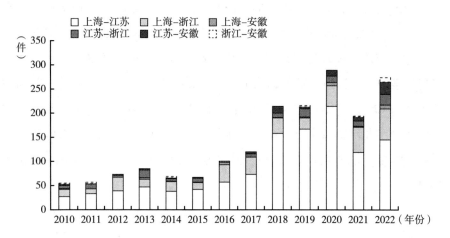

图 13　2010~2022 年长三角三省一市间合作申请 PCT 专利的数量

数据来源：Incopat 数据库。

合作申请 PCT 专利数量是测度长三角区域技术前沿协同的重要参考指标，但是由于合作申请 PCT 专利数量较少且波动性较大，因此进一步开展对长三角区域合作国内发明专利申请指标的分析（如图 14 和图 15 所示），系统刻画长三角的技术合作趋势与动态。

长三角三省一市的合作申请国内发明专利数量从 2010 年的 992 件增长到 2022 年的 10438 件，13 年间增长超过 9 倍，年均增长率达到 21.67%。从两省份的合作来看，2010~2022 年，上海与江苏两地合作申请国内发明专利达到 12233 件，占三省一市合作申请国内发明专利数量的 19.98%。江苏和浙江两地合作申请国内发明专利达到 10788 件，占三省一市合作申请国内发明专利数量的 17.62%，仅次于沪苏合作数量。上海与浙江两地合作申请国内发明专利达到 6655 件，占三省一市合作申请国内发明专利数量的 10.87%。安徽的对外合作中，与江苏的合作申请国内发明专利数量最多，达到 4778 件，这体现了两地深厚的合作积累与坚实的合作基础。随着长三角专利合作的不断加深，专利网络实现了 41 个城市全覆盖，促进了长三角

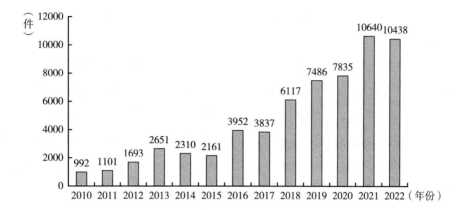

图 14 2010~2022 年长三角三省一市合作申请国内发明专利数量

数据来源：国家知识产权局的专利数据库。

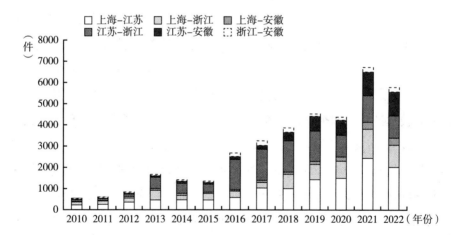

图 15 2010~2022 年长三角三省一市间合作申请国内发明专利数量

数据来源：国家知识产权局的专利数据库。

重点产业链联合攻关以及具有竞争力的产业集群打造。

从长三角城市间的国内发明专利合作来看，合作网络覆盖面不断扩大，在东南部重点区域及省内合作密度提高。从空间特征来看，一是空间布局上主要集聚在东南部城市，2010 年长三角专利合作围绕上海、南京、杭州等

城市进行，随着合作范围的不断拓展，在长三角东南部形成了重点集聚，如上海、杭州、宁波、苏州、南京、无锡、嘉兴，这些城市 2022 年参与的合作申请国内发明专利数量占长三角合作申请国内发明专利数量的 63.88%。二是围绕核心城市联通布局，上海、杭州和南京作为核心城市，参与的合作申请国内发明专利数量占据了国内合作申请发明专利数量的 42.74%，成为技术与产业活力爆发的区域。三是省内合作的频次高，浙江的内部合作申请国内发明网络最为显著，2022 年浙江省内跨城市之间的合作数量占浙江参与长三角合作申请国内发明专利数量的 71.04%，江苏和安徽的这一比重分别为 54.29% 和 42.02%。

（八）高技术产业利润

高技术产业是促进经济与社会发展的重要载体，其利润体现产业转型升级和高质量发展的成效。长三角高技术产业利润从 2010 年的 1559.2 亿元稳定增长到 2016 年的 3249.7 亿元，之后呈现回落趋势，2019 年为2885.6 亿元，2019 年之后呈现飞速增长态势，增长到 2022 年的 4895.5 亿元（如图 16 所示），占全国高技术产业利润的三成（30.67%）。从三省一市的高技术产业利润来看，江苏排名第一，呈现先增长后回落再增长的趋势，2022 年高技术产业利润为 2541.4 亿元，相比 2010 年累计增长 1.7倍，年均增长率为 8.62%，13 年来江苏高技术产业利润占长三角高技术产业利润的比重在多数年份高达 60% 左右，彰显了江苏雄厚的产业基础与扎实的工业实力。上海的高技术产业利润呈现稳定增长态势，从 2010 年的251.2 亿元增长到 2022 年的 599.3 亿元，累计增幅达到 138.57%；浙江的高技术产业利润呈现稳定增长态势，从 2010 年的 296.3 亿元增长到 2022年的 1474.7 亿元，累计增幅达 397.71%，其中 2019～2022 年增速较快，累计增幅达到 78.82%；安徽的高技术产业利润呈现高速增长态势，从2010 年的 69.6 亿元增长到 2022 年的 280.1 亿元，累计增幅达 302.44%，其中 2021 年为峰值，达到 429.84 亿元。长三角高技术产业利润占全国的比重为 30% 左右，是全国重要的高技术产业高地，随着我国科技创新产业发展的不断升级，长三角依据自身的产业基础优势，将会迎来高技术产业新的发展机遇。

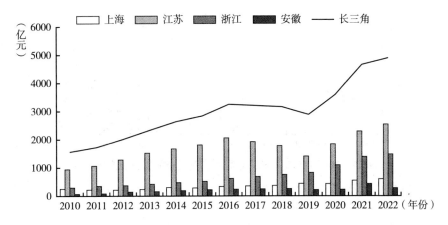

图 16   2010~2022 年长三角高技术产业利润情况

数据来源：《中国科技统计年鉴》。

（九）国家高新区企业工业总产值

国家高新区是一个地区发展高新技术产业的基地，是促进科技成果转移转化的重要示范，代表了一个地区的产业创新环境与新兴技术发展水平，国家高新区企业工业总产值间接表征地方高新技术产业发展情况。长三角国家高新区企业工业总产值从 2010 年的 16868.52 亿元稳定增长至 2022 年的92853.35 亿元，累计增幅达到 450.45%（如图 17 所示），占全国的比重从20% 左右增长到 30% 左右。从三省一市的国家高新区企业工业总产值来看，江苏排名第一，从 2010 年的 9763.68 亿元增长到 2022 年的 43374.82 亿元，累计增长率达到 344.25%；浙江增长速度最快，从 2010 年的 1829.87 亿元增长 2022 年的 20723.17 亿元，累计增长率达 1032.49%；上海与安徽呈现超过 3 倍和 7 倍的稳定增长态势。

截至 2022 年底，长三角国家高新区数量共 36 家（如表 4 所示）。从拥有国家高新区数量和工商注册企业数量来看，江苏和浙江两地占据绝对优势，

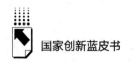

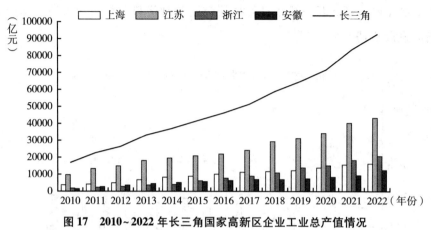

图 17　2010~2022 年长三角国家高新区企业工业总产值情况

数据来源：《中国火炬统计年鉴》。

两地拥有国家高新区数量占长三角拥有国家高新区数量的 72.22%，两地拥有工商注册企业数量占长三角拥有工商注册企业数量的 80.41%。从高新技术企业数量来看，上海和江苏优势明显，两地拥有高新技术企业数量占长三角拥有高新技术企业数量的 72.18%。国家高新区为长三角各类主体协同创新发展提供了巨大的承载平台，促进了区域创新链与产业链的协同。

表 4　2022 年长三角国家高新区情况

单位：家

省市	国家高新区数量	工商注册企业数量	高新技术企业数量
上海	2	145050	13188
江苏	18	845092	17793
浙江	8	345931	7916
安徽	8	145041	4022

数据来源：《中国火炬统计年鉴》。

（十）长三角创业投资数量

长三角地区获得天使投资的项目数量体现了长三角地区企业创业活力和

金融资本活力，以及地区创新环境的吸引能力。2010～2022 年，长三角地区获得天使投资的项目数量从 130 笔急速上升至 2015 年的 2169 笔，后下降至 2020 年的 330 笔，2021 年之后出现小幅反弹，2022 年达到 662 笔（如图 18 所示）。2013～2015 年获得天使投资的项目数量增长了 5 倍以上，体现了"双创"带来的巨大活力。上海获天使投资项目数基本处于长三角首位，呈现先增长后回落的趋势，2015 年达到 1153 笔的高峰，上海获天使投资项目数占长三角获天使投资项目数的比重多数年份在 40%左右，并在 2014 年达到 56.40%。

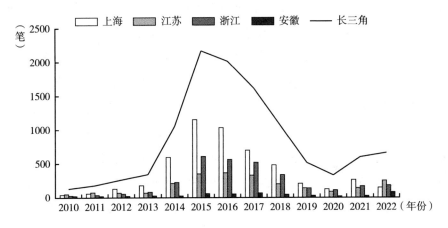

图 18　2010～2022 年长三角获得天使投资的项目数量

数据来源：企查查数据库。

天使投资主要是项目开展的初期投资，体现双创市场吸引力和创新生态。在此，补充长三角获融资的所有企业数据，完善整个投资链条，更详尽地反映长三角区域双创活力与资本热度。

基于企查查数据库，从获得融资企业数量、投资机构情况角度对长三角地区获融资企业情况进行分析。截至 2023 年 9 月，长三角地区获融资企业数达 7838 家，上海投资机构向江苏、浙江、安徽共 4053 家企业进行了投资，占长三角区域内异地投资企业数的 51.71%；江苏投资机构向上海、浙江、安徽共 1484 家企业进行了投资，占长三角区域内异地投资企业数的

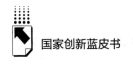

18.93%；浙江投资机构向上海、江苏、安徽共 2100 家企业进行了投资，占长三角区域内异地投资企业数的 26.79%；安徽投资机构向上海、江苏、浙江共 201 家企业进行了投资，占长三角区域内异地投资企业数的 2.56%。

四 结论与启示

本文通过对区域协同创新能力和反映区域协同创新能力的 10 个核心指标的分析，研判长三角三省一市的创新特点与发展趋势。近年来，随着长三角一体化国家战略的推进，区域协同创新发展水平有了大幅提升，但从数据分析和实践工作的角度来看，仍有一些问题制约着长三角区域协同创新的进一步发展。从数据统计角度来看，各省市科技创新数据统计分割严重，统计口径存在差异，一体化的统计制度仍未完善，不利于对长三角区域协同创新开展高效的跟踪和监测。从总体战略布局来看，以 G60 科创走廊为标志的战略枢纽地带已串联起沪浙皖条线，但与江苏的联动作用仍然有限，数据分析结果亦是如此。从重点任务来看，目前由市场自下而上推动的协同创新合作机制相对完善，自上而下的重大科技任务协同机制还在探索中，长三角各地优势力量的合力贡献仍然不够凸显，亟待提升。基于此，本文提出以下建议。

完善长三角科技统计制度，构建区域数据敏捷治理机制。推动三省一市科技主管部门积极对接地方统计主管部门，加快完善并落地执行《长三角一体化协同创新能力监测评价指标体系》，充分体现国家战略性、系统全面性、区域特色性、动态实时性，加大力度对跨省域的人才要素、技术要素、主体要素、资本要素开展全面统计监测，以长三角为重要试点，率先构建科技创新数据的敏捷治理机制，以科技创新活动为基础，对经济发展活力进行研判，建立多维度的科技创新发展预警、反馈机制，有效支撑各类科技创新规划和科技创新政策的制定及执行。

探索"G42""沪苏""沪通"同城科技战略，打造长三角"多极点"创新辐射枢纽。在《长三角 G60 科创走廊建设方案》发布的背景下，进一步加强巩固长三角创新向苏中、苏北地区的辐射，推动"数字化+创新"赋能江苏制造业转型升级，积极推动沪苏同城科技战略和沪通多领域科技合作向具体任务落实，全面探索 G42 融入长三角科技创新的建设方案和重大举措，在长三角协同创新发展中构建更多中间枢纽，形成"策源、应用、产业"垂直化、圈层化的有序发展格局。推动长三角高质量一体化创新格局向纵深发展。

聚焦长三角重大技术联合攻关，建立"主体、能力、项目"一体的基础资源库。明确三省一市协同创新发展过程中政府有所为、有所不为的边界，在关键核心技术攻关、"卡脖子"技术攻关、前沿技术开发等领域，积极发挥政府"有形之手"的引导作用，探索重大科技任务新型举国体制的"长三角模式"，加快破除三省一市重大技术联合攻关的机制体制障碍，推动三省一市重大技术联合攻关纳入国家重点研发计划体系，超前规划布局集"主体、能力、项目"于一体的重大技术联合攻关基础资源库，组建一支高水平、专业化的联合攻关支撑团队和管理团队，为三省一市围绕地方产业链布局开展的重大技术联合攻关提供更为高效、精准的服务。

B.9
上海强化国家战略科技力量的路径与对策

朱学彦　蒋娇燕　高继卿　胡曙虹 *

摘　要：　国家战略科技力量是体现国家意志和国家利益，服务国家战略需求，以实现国家目标、完成国家战略任务为目的的主体、组织和相关设施。本文围绕新时期科技自立自强成为国家发展战略支撑的要求，分析在沪国家实验室、高能级科研机构、高水平研究型大学、创新型领军企业等国家战略科技力量建设和发展情况，明确新时期上海强化国家战略科技力量的使命与战略任务，并提出路径和对策。具体而言，路径包括加强培育，新创上海国家战略科技力量的增量；加强组织，盘活上海国家战略科技力量的存量；加强协同，优化上海国家战略科技力量的体系。对策包括加强情报信息支援，提高战略判断和快速反应能力；确保创新资源倾斜式供给，加强资金支持和用地保障；强化政策突破和立法保护，优化战略任务管理机制。

关键词：　上海　国家战略科技力量　科技自立自强

一　国家战略科技力量的内涵及特征

国家战略科技力量是由国家实验室、国家科研机构、高水平研究型大学、科技领军企业等组成，体现国家意志和国家利益，服务国家战略需求，

---

* 朱学彦，上海市科学学研究所研究员，研究方向为区域创新战略；蒋娇燕，上海市科学学研究所博士后，研究方向为区域创新战略；高继卿，上海市科学学研究所博士后，研究方向为区域创新发展；胡曙虹，上海市科学学研究所副研究员，研究方向为科技创新与区域发展。

以实现国家目标和战略任务为目的，在国家安全、经济和社会发展、国际竞争等关键领域起决定性作用的科技主体、组织和相关设施。

国家战略科技力量的演化具有明显的阶段性特征。自二战时期形成最早期的国家战略科技力量以来，世界主要国家的战略科技力量随着各国战略目标与国际竞争态势变化而逐步演进，国家战略科技力量的外延不断拓展。

第一阶段为主要服务于军事需要的二战时期。在第二次世界大战期间，以青霉素、原子弹、雷达为代表的一系列科学技术成为影响战争胜负的决定性力量，参与这些关键科技领域探索、研发、应用的科学家、工程师群体以及相关组织和机构成为早期的国家战略科技力量。

第二阶段为重心转向基础研究的冷战时期。二战结束后，科学技术成为维护国家安全与社会发展，影响国际力量制衡的重要因素。各国政府通过开展大型科技项目（如美国阿波罗计划、中国"两弹一星"工程），建立军用和民用大型科研设施和科研机构，如美国的航空航天局（NASA）和国防部高级研究计划局（DARPA）。科技项目以任务导向型的组织模式为主，这些关系国家安全、社会发展、国际竞争的决定性科技力量构成当时国际情境下各国的战略科技力量，并得到进一步扩展。

第三阶段为聚焦经济发展的时期。冷战结束后，各国战略科技力量在战略目标上逐渐转移，与经济社会发展的联系逐渐紧密，并在项目组织方式和机构架构上进行了相应调整。在以日本超大规模集成电路项目（VLSI）为代表的公私合作的组织模式下，行业领军型企业逐步加入国家战略科技力量的队伍。当前，国际科技竞争格局深刻演化，新一轮科技革命和产业变革机遇与挑战相随，国家战略科技力量对国家经济社会发展起到了更强的战略支撑作用。

国家战略科技力量既具有一定的稳定性，又具备动态演化特征。[1] 国家战略科技力量的稳定性主要表现为它们一贯以服务国家战略需求为目的，但

---

① 肖小溪、李晓轩：《关于国家战略科技力量概念及特征的研究》，《中国科技论坛》2021 年第 3 期，第 1~7 页。

随着经济社会发展和科技力量建设，其具体的使命目标、力量构成和运行管理模式发生了演变。

在使命目标上，国家战略科技力量是由国家战略目标主导的，其建设和发展与国家的发展战略、发展阶段、国际竞争态势密切相关。随着国家经济社会发展和国际态势变化，国家战略科技力量的战略任务从国防建设向国民经济建设领域扩展。

在力量构成上，我国的国家战略科技力量从以中国科学院、中国工程院为代表的核心科研机构组成逐步发展到向高校和业界吸纳有生力量。随着科研活动领域的扩展，高水平研究型大学成为基础研究领域的重要力量构成，企业等创新主体参与重点行业领域的关键共性技术研发。

在运行管理模式上，根据科研活动的不同类型国家战略科技力量存在明显的差异化特征。[①] 针对国防和航空航天等军工领域，一般采用政府投资、政府拥有并直接管理的运行管理模式；针对长周期投入、依赖大型科研设施和大团队的基础研究领域，主要采用政府资助、政府拥有，但委托科技界或民办机构自行运行和管理模式；针对以推动经济社会发展为目标的技术研究领域，相关国家战略科技力量的运行管理模式庞杂多样，处在探索阶段。

二　在沪国家战略科技力量的综合分析

（一）国家实验室和全国重点实验室的建设发展情况

国家实验室是国家战略科技力量的核心主体。截至 2023 年底，张江、临港、浦江三家国家实验室均已挂牌运行，两家国家实验室上海基地揭牌成立，另有两家国家实验室上海基地正在积极筹建，上海正在加快推进重大创

---

① 肖小溪、李晓轩：《关于国家战略科技力量概念及特征的研究》，《中国科技论坛》2021 年第 3 期，第 1~7 页。

新任务布局和新型管理运行机制探索。同时，作为国家实验室的重要支撑，光子大科学设施群建设取得积极进展，硬 X 射线自由电子激光装置完成关键部件及装备研制重大节点任务并顺利通过中期评估，软 X 射线自由电子激光试验装置通过国家技术验收，光源二期线站加快建设。

国家重点实验室是国家组织开展基础研究和应用基础研究、聚集和培养优秀科技人才、开展高水平学术交流、部署先进科研装备的重要科技创新基地，是服务支撑国家科技创新的战略性力量。自 1984 年启动建设以来，全国重点实验室（原国家重点实验室）经过近 40 年建设发展，依托各类高校、科研院所、企业共建成 528 家。根据全国重点实验室重组安排，上海聚焦前沿突破，牵头完成重组 26 家，新建 9 家，参与外省市重组 17 家。上海全国重点实验室分布领域广泛，覆盖 12 个领域，建设成效突出，未来在沪全国重点实验室将进一步提升协同创新能力。

（二）高能级科研机构的建设发展情况

以中国科学院、中国工程院、军事科学院为代表的国家科研机构是国家战略科技力量的重要组成。中国科学院在沪院所技术储备优势显著。中国科学院在上海地区展现出显著的技术储备优势。截至 2024 年 1 月，中国科学院分院系统共设有 20 家机构，其中 16 家为法人单位，并包含 13 个国家级重点实验室、39 个中国科学院重点实验室，以及中国科学院上海国家技术转移中心和中国科学院上海交叉学科研究中心等重要机构。各研究机构涉及的学科领域广泛，在物质科学、信息科学和生命科学等优势研究领域（如图 1 所示），均拥有深厚的长期积累与卓越的科研实力。

中国科学院在沪院所凝聚和培养了一大批优秀的科技创新人才。现有一支 13718 人的科研、管理和支撑队伍，其中专业技术人员 9761 人，所占比例为 71.15%，其中高级研究人员 4087 人。拥有的高端人才队伍中，有中国科学院院士 57 人，中国工程院院士 12 人，国家杰出青年科学基金获得者 153 人，国家自然科学基金委创新群体 20 个，共 55 人次担任国家"973"项目首席科学家。

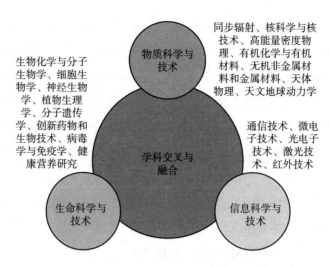

生物化学与分子
生物学、细胞生
物学、神经生物
学、植物生理
学、分子遗传
学、创新药物和
生物技术、病毒
学与免疫学、健
康营养研究

同步辐射、核科学与核
技术、高能量密度物
理、有机化学与有机
材料、无机非金属材
料和金属材料、天体
物理、天文地球动力学

通信技术、微电
子技术、光电子
技术、激光技
术、红外技术

图 1　中国科学院在沪院所研究重点领域分布

中国科学院在沪院所的科研服务平台积极参与上海经济社会发展。挂牌成立张江实验室，推进量子信息科学国家实验室上海基地筹建，促动上海光源、国家蛋白质设施（上海）、硬 X 射线自由电子激光装置等一批重大科技基础设施建设，并主动参与长三角城市群协同创新网络构建，推进和部署一批研发与转化功能型平台，是上海创新策源地建设的核心骨干力量。

近年来，高水平研究机构在上海加快集聚。上海量子科学研究中心面向量子科技重点领域开展重大创新任务布局，为承接量子信息科学国家实验室上海基地建设和量子国家 2030 重大专项部分任务奠定基础。上海清华国际创新中心完成 8 个专业实验室建设；上海脑科学与类脑研究中心紧密对接脑科学国家 2030 重大专项，启动"求索杰出青年"计划；上海期智研究院围绕人工智能、密码学、高性能计算等前沿交叉领域布局了一批原创项目；上海树图区块链研究院在重大研究任务凝练等方面取得积极进展；上海人工智能创新中心加快组建，并积极承担相关国家实验室前期建设工作；上海应用数学中心被列为首批国家应用数学中心。

（三）高水平研究型大学的学科建设与科研发展现状

高水平研究型大学是国家战略科技力量组成中推进基础研究的重要主体。上海拥有"一流大学"建设高校 4 所，"一流学科"建设高校 10 所。相关数据显示①，全国排名前 10 的高校中上海入围 2 个，其中上海交通大学第 4 名，复旦大学第 6 名，仅次于北京。上海高校数量在全国占据领先地位，依托高校建立的国家重点实验室数量也在全国位居前列，共有 33 家依托院校的国家重点实验室。

上海高校的学科在国内优势明显，从 2021 年 10 月发布的"2021 软科中国最好学科排名"来看，全国共有 486 所高校的 4992 个学科点上榜，其中上海有 358 个，位列全国第三；上海拥有 31 个前 2%或前两名学科，数量占全国顶尖学科总数的 13%。但从全球层面来看，以美国为中心、欧洲和日本并强的世界科学研究格局没有改变，上海基础研究领域整体处于从跟跑到并行的过程中，上海高校的学科优势需进一步加强。

从科研人员投入情况来看，上海高等院校研究与发展人员参与人数时间长度复合计算低于北京，北京遥遥领先于其他地区，但就科学家与工程师占比而言，上海低于全国平均水平（78%），仅为 71%，并且低于江苏（75%）、广东（76%）、浙江（77%）、安徽（75%）地区。上海高等院校的 R&D 人员全时当量与江苏省持平，但远低于北京市，相差近一倍。北京市全时当量全国占比为 12%，而上海只占比 8%，尚存较大提升空间。②

从高质量论文发表情况来看，经笔者统计，2020 年中国内地高校发表 *Nature*、*Science* 论文数量排名前 10 高校中，上海高校占有 3 位（第 4 名为复旦大学、第 6 名为上海科技大学、第 8 名为上海交通大学），而中国科学院大学以 28 篇稳居榜首，紧随其后的是清华大学与北京大学，前三所北京高校发文数量共计 70 篇，远超上海地区总量。

---

① 数据来源：2021 年度软科中国大学排名。
② 数据来源：《2021 年高等学校科技统计资料汇编》。

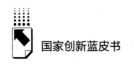

（四）创新型领军企业研发投入情况

《2020 年度欧盟产业研发投入记分牌》对 2019 年全球研发投入最多的前 2500 家企业进行了全面考察。报告数据显示，2015～2019 年，中国入选《欧盟产业研发投入记分牌》的企业数量总体存在 10% 以上的年度增长率，由 327 家增长到 536 家，位列世界第二，2019 年在入选数量上仅次于美国的 775 家。

上海在入选企业数量方面展现出稳健的增长态势，从 2018 年的 38 家增长至 2019 年的 49 家，增长率高达 28.95%。这些入选企业主要集中在 ICT 和健康产业两大领域，同时，也覆盖旅行与休闲、工业金属与采矿、汽车与零部件、建筑与材料以及一般工业制造等多个行业。在排名前 10 的企业中，有 5 家属于生物医药、互联网等新兴产业，另外 5 家属于汽车、基础设施建设、冶金化工等传统工业领域（如表 1 所示）。这体现了上海在产业多元化和转型升级方面的成果。

表1　《2020 年度欧盟产业研发投入记分牌》中上海入选企业前 10 名

世界排名	上海排名	名称	行业	研发投入（百万欧元）	研发强度（%）
81	1	上汽集团	汽车与零部件	1881.5	1.9
120	2	携程旅行	旅行与服务	1359.4	29.9
174	3	宝钢股份	冶金与化工	966.4	2.6
207	4	上海建工	建筑与地产	788.6	3.1
262	5	中芯集团	技术硬件与设备	598.2	21.6
282	6	蔚来汽车	汽车与零部件	540.4	54.2
290	7	上海电气	机械与电气工程	522.6	3.2
301	8	拼多多	媒体与互联网电商	491.8	12.8
309	9	复星国际	医药与生物技术	479.4	2.6
338	10	复星药业	医药与生物技术	423.5	11.7

2019 年，上海入选企业研发投入全球排名的中位数为第 1563 名，略高于中国入选企业整体平均排名。其中，上汽集团入选全球研发投入前 100 名

榜单，上汽集团、携程旅行、宝钢股份、上海建工、中芯集团、蔚来汽车、上海电气、拼多多、复星国际、复星药业 10 家企业入选全球研发投入前 500 名榜单。但上海企业在第 2001~2500 名这一靠后的排名区段分布较多，它们占据了上海企业入选总数的近 35%。

在行业分布上，上海入选企业呈现"整体分布广泛，部分领域集中"的特点。其中，以计算机和通信技术为代表的信息行业企业达到 18 家，超过 1/3；生物医药行业企业达到 11 家，超过 1/5；传统的基建、地产、冶金、机械、化工等领域企业达到 15 家，超过 1/4。

研发投入标杆型企业相对较少。2019 年上海 49 家企业入选全球 2500 强，虽然较 2018 年在数量上有所增长，但总体呈现数量少、强度低、排名靠后的特点，尤其是缺少标杆型企业。企业数量相对较少且排名较为靠后，同时入选企业的研发投入强度普遍偏低，特别是在新兴领域的产业研发投入上存在不足，上海在 ICT、健康产业领域由于企业数量较多，行业平均投入强度远远低于旅行与休闲、工业金属与采矿、汽车与零部件、建筑与材料、一般工业制造等领域。总体研发投入持续增加，但缺少创新型领军企业树立行业标杆。

三　上海强化国家战略科技力量的使命与战略任务

（一）上海强化国家战略科技力量的使命

新时期强化国家战略科技力量的上海使命是要以支撑科技自立自强为根本，维护国家发展的重要战略机遇期，贯彻国家意志、在战略必争的领域完成重大战略任务，保障国家安全、满足重大战略需求、解决经济发展中的根本性问题，为建设世界科技强国，全面建设社会主义现代化国家提供坚强保障。

首先，上海使命应由国家战略引导。国家战略是为了维护和增进国家利益、实现国家目标而综合发展、合理配置和有效运用国家力量的总体方略，包含国家利益、国家目标、国家实力和国家政策四个要素。① 一般认为，一个国家的核心利益包括安全和发展两个方面②，而受制于国内外客观环境，国家目标是特定时期内对国家利益实现程度的预期③。科技战略是"战略"在科技领域的延伸和推广，指对科技活动全局性和长期性的规划和行动方针。④ 伴随着世界经济和创新发展时代特征的变化，以及不同发展阶段中国经济社会发展要求的转变，中国的科技发展战略经历了从产业引进战略、科教兴国战略到创新型国家战略的体系化演进。与此同时，科技发展战略的目标模式经历了从服务于国防建设、经济建设、科教建设到提升国家核心竞争力的发展变迁。⑤《中华人民共和国国民经济和社会发展第十四个五年规划和2035年远景目标纲要》提出"深入实施科教兴国战略、人才强国战略、创新驱动发展战略"，它们是新时期新形势下完善国家创新体系，加快建设科技强国，实现高水平科技自立自强所坚持的国家科技战略。

其次，不同发展阶段中国家战略引导下的阶段性目标和任务会动态调整。国家发展的不同阶段会有不同的阶段性目标和任务⑥，各个子战略以及子战略内部的相对重要性也会得到相应的动态调整。党的十八大明确提出："科技创新是提高社会生产力和综合国力的战略支撑，必须摆在国家发展全局的核心位置。"强调要坚持走中国特色自主创新道路、实施创新驱动发展战略。新时期新形势下，国际经济科技竞争格局深刻演化，世界贸易格局发生重大变化，国际体系和国际秩序深度调整，国际力量对比呈现趋势性变迁，新一轮科技革命和产业变革将全面重塑全球发展版图和国家及地区间的竞争格局。党的十九大确立了到2035年跻身创新型国家前列的战略目标，

---

① 薄贵利：《论国家战略的科学内涵》，《中国行政管理》2015年第7期，第70~75页；薄贵利：《十九大报告国家战略解读》，《领导科学论坛》2018年第14期，第32~45页。

② 楚树龙：《中国的国家利益、国家力量和国家战略》，《战略与管理》1999年第4期，第13~18页。

③ 孙新彭：《时代条件与国家战略》，《发展研究》2016年第8期，第4~6页。

④ 樊春良：《国家科技发展战略初论》，《科学学研究》1998年第3期，第35~43页。

⑤ 汪继年：《国家科技发展战略体系化演进述评》，《中国集体经济》2012年第3期，第75~77页。

⑥ 孙新彭：《时代条件与国家战略》，《发展研究》2016年第8期，第4~6页。

强调"加强国家创新体系建设，强化战略科技力量"，标志着国家战略科技力量强化上升为党和国家意志。党的十九届四中全会提出，要"强化国家战略科技力量，健全国家实验室体系，构建社会主义市场经济条件下关键核心技术攻关新型举国体制"，并特别指出新型举国体制与强化国家战略科技力量的重要联系。党的十九届五中全会提出"坚持创新在我国现代化建设全局中的核心地位，把科技自立自强作为国家发展的战略支撑"。《中华人民共和国国民经济和社会发展第十四个五年规划和 2035 年远景目标纲要》提出："坚持创新在我国现代化建设全局中的核心地位，把科技自立自强作为国家发展的战略支撑，面向世界科技前沿、面向经济主战场、面向国家重大需求、面向人民生命健康，深入实施科教兴国战略、人才强国战略、创新驱动发展战略，完善国家创新体系，加快建设科技强国。"并部署"支持北京、上海、粤港澳大湾区形成国际科技创新中心，建设北京怀柔、上海张江、大湾区、安徽合肥综合性国家科学中心，支持有条件的地方建设区域科技创新中心"的工作任务。习近平总书记在两院院士大会、中国科协第十次全国代表大会上强调"要支持有条件的地方建设综合性国家科学中心或区域科技创新中心，使之成为世界科学前沿领域和新兴产业技术创新、全球科技创新要素的汇聚地"。

综上所述，在科技自立自强作为国家发展的战略支撑的新时期，上海使命由创新驱动发展战略、人才强国战略以及长三角一体化发展战略和科创中心建设派生，面向世界科技前沿、面向经济主战场、面向国家重大需求、面向人民生命健康。上海要立足自身优势，结合产业发展需求，优化科技创新布局，依托上海张江综合性国家科学中心和上海全球科创中心建设强化国家战略科技力量，提升国家创新体系的整体效能。

（二）上海强化国家战略科技力量的战略任务

新时期上海强化国家战略力量的战略任务是重点围绕国家战略有需要、上海有条件、国际协同要求高的关键领域，在国防建设、重大科技任务、重大工程建设、突发事件应急处理等方面，尤其是在"卡脖子""新赛道"

"急难险重"等重要环节，聚焦补短板、增优势、强能力，承担探索世界科技前沿的重大命题，突破关键核心技术和颠覆性技术、攻关系统性产品或重大工程，全面提升行业系统的创新能力。

强化国家战略科技力量，就是要以国家实验室、国家重点实验室等为核心载体，以使命为导向、责任为基础、项目为纽带，将各类科研机构、高等院校、企业和相关社会组织等紧密结合起来，构建高效互动的创新网络，在实现重大原创性科技突破和集成化战略产品的过程中发挥战略引领作用。新时期上海强化国家战略科技力量的战略任务需在国家战略引导下，以使命为导向，面向世界科技前沿、面向经济主战场、面向国家重大需求、面向人民生命健康，组织联结张江实验室、浦江实验室、临港实验室，以及中科院在沪院所、高水平研究型大学和创新型领军企业等各类在沪国家战略科技力量（如图2所示），充分发挥大科学计划与工程和大科研基础设施的作用，以任务为牵引，以具体项目为纽带，提高上海全球科创中心能级，提升国家创新体系的整体效能。

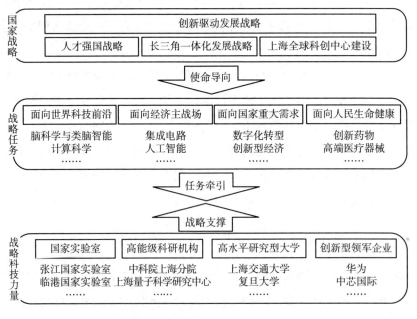

图2　使命、战略任务与战略科技力量的关系

四 上海强化国家战略科技力量的路径与对策

本文基于在沪国家实验室、高能级科研机构、高水平研究型大学、创新型领军企业等国家战略科技力量建设和发展情况，明确新时期上海强化国家战略科技力量的使命与战略任务。上海强化国家战略科技力量应紧密结合国家总体布局与上海本地发展需求，精准把握双重定位。坚持科技创新与体制创新双轮驱动，加快内生发展与对外开放的双向联动。激发各类创新主体的内生动力与多类型创新要素的循环活力，推动国家战略科技力量与区域战略科技力量共同构建新发展格局，积极融入全球创新体系，为国家的科技进步和城市发展注入强大动力。

一是加强培育，新创上海国家战略科技力量的增量。提高国家科技水平与创新能力的一个重要切入点是增量改革。未来，强化上海国家战略科技力量需要新建一批使命定位高、战略责任强、组织模式新、技术领域准、创新成效实并具有前瞻性、能够改变赛道和规制的力量。

二是加强组织，盘活上海国家战略科技力量的存量。推进科技体制改革，强化上海国家战略科技力量，既需要用好增量，也需要盘活存量。当前上海所拥有的国家实验室、中科院在沪科研机构及"双一流"高校是上海强化国家战略科技力量的最大存量。强化国家战略科技力量的重组，合理布局国家实验室、高水平研究型大学等重要国家战略科技力量，成为整合资源，形成大兵团作战新体制的关键。

三是加强协同，优化上海国家战略科技力量的体系。应探索打破国家实验室体系、高能级科研机构相对封闭独立的运行体系，在聚焦战略目标的前提下，广泛吸收各方面科技优势力量，形成体系化的科技创新能力，进一步强化创新主体之间的资源开放、协同联动，探索以战略科技任务为引导，组织凝聚乃至创造更多创新主体，提升上海国家战略科技力量体系的整体效能。

以"贯彻国家意志，主动担当作为，凸显上海优势，强化特殊支持"

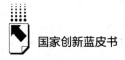

为发展思路，提出以下几点对策建议。一是加强情报信息支援，提高战略判断和快速反应能力。发挥信息技术在情报搜集分析中的支撑保障作用，依靠科技情报的超前储备、跟踪分析和敏锐判断，及时识别战略风险、形成战略预见，科学合理布局国家战略科技力量的主攻方向，充分发挥国家战略科技力量的攻坚核心作用。二是确保创新资源倾斜式供给，加强资金支持和用地保障。充分发挥财政科技投入对国家战略科技力量建设发展的支持和引导作用，合理设计科研经费的使用结构，优先战略科技任务的创新资源供给，有效保障国家战略科技力量顺利攻关重大科学问题。三是强化政策突破和立法保护，优化战略任务管理机制。发挥集中力量办大事和新型举国体制在全局性、战略性的科技创新领域的任务组织实施中的积极作用，加强立法保护，优化管理机制，强化政策突破，为国家战略科技力量顺利完成使命任务保驾护航。

产业篇

B.10
中国制造业产业创新能力综合分析

陈钰芬 杜雨晴*

摘 要： 制造业产业创新是实现高水平科技自立自强、推进中国式现代化建设的重要途径和工作重点，也是企业获得突破性发展、破解"卡脖子"难题的关键所在。本文从创新环境、创新投入、创新过程、创新绩效四个维度构建制造业产业创新能力测度指标体系，收集 2012～2022 年数据，利用逐层拉开档次法和聚类分析方法对 27 个制造业产业（剔除垄断行业）的创新能力进行综合评价和分类比较。在此基础上，按技术密集程度将 27 个制造业产业分为高中低技术三大类，计算得到三大类产业四个维度及创新能力综合得分，并绘制趋势图分析产业创新发展的时空差异。分析发现，中国制造业各产业创新能力提升明显，发展迅速，但四个维度发展差异较大，不同产业创新能力差距显著。因此，对于高技术产业，持续加大创新投入力度，优化创新资源配置；对于中技术产业，推动合作创新，促进科技成果转移转

---

* 陈钰芬，浙江工商大学统计与数学学院党委书记、副院长，二级教授，研究方向为科技创新评价和测度、企业创新管理与战略决策等；杜雨晴，浙江工商大学统计与数学学院硕士研究生，，研究方向为科技统计。

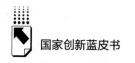

化；对于低技术产业，利用数字经济带动传统制造业转型升级。

关键词： 产业创新能力　产业竞争力　制造业

一　制造业产业创新能力的概念和内涵

党的二十大报告提出，必须坚持科技是第一生产力、人才是第一资源、创新是第一动力，深入实施科教兴国战略、人才强国战略、创新驱动发展战略，开辟发展新领域新赛道，不断塑造发展新动能新优势。坚持面向世界科技前沿、面向经济主战场、面向国家重大需求、面向人民生命健康，加快实现高水平科技自立自强。以国家战略需求为导向，集聚力量进行原创性引领性科技攻关，坚决打赢关键核心技术攻坚战。加快实施一批具有战略性全局性前瞻性的国家重大科技项目，增强自主创新能力。加强基础研究，突出原创，鼓励自由探索。提升科技投入效能，深化财政科技经费分配使用机制改革，激发创新活力。同时，党的二十大报告对强化企业科技创新主体地位做出全面部署，提出要加强企业主导的产学研深度融合，强化目标导向，提高科技成果转化和产业化水平。要强化企业科技创新主体地位，发挥科技型骨干企业引领支撑作用，营造有利于科技型中小微企业成长的良好环境，推动创新链产业链资金链人才链深度融合。

从狭义上讲，制造业产业创新指的是以技术创新为核心，创新主体之间通过协同作用，实现技术的创造发明和产业化应用，进而实现制造业产业突破性进步，促使制造业企业竞争力大幅提升。从广义上讲，制造业产业创新指的是产业创新主体（政府、企业等）通过制度创新、技术创新、组织创新、环境创新，充分利用社会资源和能力，培育新兴产业，使得原有产业在一定区域内处于领先地位，或使之获得突破性的发展，从而促使制造业产业发展实现质的飞跃。制造业产业创新是实现国家创新的基石，对制造业产业创新进行研究有助于在新格局新经济形势下探求经济高质量发展的有效路径。

二　制造业产业创新能力测度指标体系

（一）制造业产业创新能力测度指标体系的设计

基于制造业产业创新的理论、概念和内涵，结合数据的可获取性，本文从创新环境、创新投入、创新过程以及创新绩效四个维度构建制造业产业创新能力测度指标体系。为了更加科学合理地反映制造业产业创新能力，在《中国创新发展报告（2020~2021）》中产业创新能力测度指标体系的基础上，对部分指标进行了调整。创新过程方面，为了更好地体现产业对新产品开发的重视程度和投入情况，更全面地衡量产业创新能力，将"每万人R&D 项目数"改成"新产品开发经费支出占主营业务收入的比重"。创新绩效方面，为了能够反映产业自主品牌的拥有情况和自主品牌的经营能力，加入"每百家企业商标拥有量"。具体指标如表 1 所示。

表 1　制造业产业创新能力测度指标体系

一级指标	二级指标	观测指标	变量标识	单位
创新环境	创新基础	有 R&D 活动的企业占比	X_1	%
		有研发机构的企业占比	X_2	%
	创新支持	技术人员占从业人员的比重	X_3	%
		人均来自政府的 R&D 经费	X_4	元/人
创新投入	R&D 经费	R&D 经费支出占主营业务收入的比重	X_5	%
	R&D 人员	R&D 人员占从业人数的比重	X_6	%
	技术获取经费	技术获取经费占主营业务收入的比重	X_7	%
	技术改造经费	技术改造经费占主营业务收入的比重	X_8	%
创新过程	产品开发	新产品开发经费支出占主营业务收入的比重	X_9	%
		每万人新产品开发项目数	X_{10}	项/万人
	开放合作	其他外部 R&D 经费占主营业务收入的比重	X_{11}	%
		产学研合作经费占主营业务收入的比重	X_{12}	%
创新绩效	创新成果	每万名从业人员有效发明专利数	X_{13}	件/万人
		每万名从业人员发明专利申请数	X_{14}	件/万人
	经济效益	每百家企业商标拥有量	X_{15}	件/百家
		新产品销售收入占主营业务收入的比重	X_{16}	%

（二）数据说明

国家统计局在 2011 年对制造业产业分类进行了大幅度调整，所以本文选择 2012 年作为起始年份，考察 2012～2022 年制造业各行业的创新能力。表 1 中所有指标数据来源于 2013～2023 年《中国科技统计年鉴》《中国统计年鉴》《工业企业科技活动统计年鉴》《中国企业创新能力统计监测报告》，部分指标数据经计算而得。为避免垄断行业中的离群数据对分析结果造成干扰，将属于制造业的烟草制品业等垄断行业予以剔除，保留制造业 27 个行业进行分析。

三 制造业产业创新能力综合分析

（一）制造业产业创新能力综合评价

为了深入分析我国各制造业产业创新能力的具体发展情况，本节运用纵横向拉开档次法，依据表 1 的指标体系，收集 2012～2022 年制造业产业创新能力各项相关指标数据，从创新环境、创新投入、创新过程和创新绩效四个维度对 27 个制造业产业创新能力进行测算，并结合各维度测算结果对各制造业产业综合创新能力进行评价及比较。由于篇幅有限，故本节只展示偶数年结果。

1. 创新环境

依据设计的制造业产业创新能力测度指标体系，创新环境包含 4 个指标，分别为有 R&D 活动的企业占比（X_1）、有研发机构的企业占比（X_2）、技术人员占从业人员的比重（X_3）、人均来自政府的 R&D 经费（X_4）。

通过纵横向拉开档次法对以上四个指标进行分析，得到的指标权重系数向量 ω_1 为：

$$\omega_1 = (0.2766, 0.2695, 0.2753, 0.1786)^T$$

因此，创新环境评价模型为：

$$s_1 = 0.2766\,x_1 + 0.2659\,x_2 + 0.2753\,x_3 + 0.1786\,x_4$$

其中 x_i 为标准化处理后的数据。根据此模型得到各制造业产业创新环境的评价得分及其排名（如表 2 和表 3 所示）。

表 2　各制造业产业创新环境得分情况

产业	2012 年	2014 年	2016 年	2018 年	2020 年	2022 年
农副食品加工业	−1.05	−0.95	−0.81	−0.70	−0.38	−0.34
食品制造业	−0.84	−0.73	−0.56	−0.35	0.07	0.14
酒、饮料和精制茶制造业	−0.79	−0.76	−0.70	−0.57	−0.19	−0.35
纺织业	−0.93	−0.84	−0.67	−0.51	−0.03	0.04
纺织服装、服饰业	−1.05	−1.03	−0.89	−0.79	−0.63	−0.54
皮革、毛皮、羽毛及其制品和制鞋业	−1.15	−1.08	−0.92	−0.73	−0.31	−0.21
木材加工和木、竹、藤、棕、草制品业	−1.12	−1.01	−0.85	−0.80	−0.68	−0.52
家具制造业	−1.12	−1.06	−0.83	−0.60	−0.09	−0.04
造纸和纸制品业	−1.03	−0.92	−0.68	−0.49	−0.09	−0.10
印刷和记录媒介复制业	−0.99	−0.88	−0.71	−0.47	0.00	0.14
文教、工美、体育和娱乐用品制造业	−0.91	−0.83	−0.59	−0.39	−0.02	−0.03
石油加工、炼焦和核燃料加工业	−0.77	−0.62	−0.47	−0.45	−0.08	−0.03
化学原料和化学制品制造业	−0.35	−0.20	0.08	0.34	0.88	0.89
医药制造业	0.62	0.72	1.03	1.25	1.77	1.87
化学纤维制造业	−0.39	−0.20	0.19	0.23	0.72	0.81
橡胶和塑料制品业	−0.80	−0.73	−0.45	−0.16	0.31	0.40
非金属矿物制品业	−1.01	−0.94	−0.80	−0.60	−0.26	−0.21
黑色金属冶炼和压延加工业	−0.69	−0.54	−0.44	−0.28	0.08	0.05
有色金属冶炼和压延加工业	−0.46	−0.32	−0.07	0.07	0.48	0.43
金属制品业	−0.72	−0.64	−0.37	−0.14	0.30	0.30
通用设备制造业	−0.14	0.03	0.37	0.59	1.23	1.23
专用设备制造业	0.12	0.25	0.59	0.97	1.60	1.53
汽车制造业	−0.19	−0.14	0.24	0.53	1.06	1.11
铁路、船舶、航空航天和其他运输设备制造业	0.57	0.98	1.21	1.67	2.14	2.67
电气机械和器材制造业	−0.06	0.07	0.52	0.83	1.27	1.11
计算机、通信和其他电子设备制造业	0.40	0.42	1.01	1.40	1.84	1.70
仪器仪表制造业	0.71	0.91	1.35	1.70	2.48	2.09

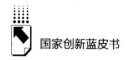

表3　各制造业产业创新环境得分排名情况

产业	2012 年	2014 年	2016 年	2018 年	2020 年	2022 年
农副食品加工业	23	23	23	24	25	24
食品制造业	17	15	16	15	15	14
酒、饮料和精制茶制造业	15	17	20	21	22	25
纺织业	19	19	18	20	18	17
纺织服装、服饰业	24	25	26	26	26	27
皮革、毛皮、羽毛及其制品和制鞋业	27	27	27	25	24	22
木材加工和木、竹、藤、棕、草制品业	25	24	25	27	27	26
家具制造业	26	26	24	22	20	20
造纸和纸制品业	22	21	19	19	21	21
印刷和记录媒介复制业	20	20	21	18	16	15
文教、工美、体育和娱乐用品制造业	18	18	17	16	17	18
石油加工、炼焦和核燃料加工业	14	13	15	17	19	19
化学原料和化学制品制造业	9	9	10	9	9	9
医药制造业	2	3	3	4	4	3
化学纤维制造业	10	10	9	10	10	10
橡胶和塑料制品业	16	16	14	13	12	12
非金属矿物制品业	21	22	22	23	23	23
黑色金属冶炼和压延加工业	12	12	13	14	14	16
有色金属冶炼和压延加工业	11	11	11	11	11	11
金属制品业	13	14	12	12	13	13
通用设备制造业	7	7	7	7	7	6
专用设备制造业	5	5	5	5	5	5
汽车制造业	8	8	8	8	8	7
铁路、船舶、航空航天和其他运输设备制造业	3	1	2	2	2	1
电气机械和器材制造业	6	6	6	6	6	8
计算机、通信和其他电子设备制造业	4	4	4	3	3	4
仪器仪表制造业	1	2	1	1	1	2

结合表2与表3可知，27个制造业产业中创新环境得分高于0的产业逐年增加，2022年高于0的产业为17个，表明制造业产业创新环境水平不断提升。

仪器仪表制造业、铁路船舶航空航天和其他运输设备制造业、计算机通信和其他电子设备制造业、医药制药业以及专用设备制造业五个产业创新环境得分排名始终保持在前五，说明这五个产业拥有坚实的创新基础和有力的创新支持。在国家战略层面，这五大产业均属于高技术制造业，得到国家创新政策的大力支持，在优良的创新氛围下，这些高技术制造业通过创新来获取产品高附加值，又将利润再次投入创新中，从而形成良性循环；在产业发展层面，高技术制造业更加重视开展 R&D 活动并设立研发机构，以提供更多的研究平台和资源支持，加大对研究人员的培养和招聘力度，吸引有才华的科学家和专家加入研究团队，打造更好的创新环境。

电气机械和器材制造业、通用设备制造业和汽车制造业的创新环境得分始终位列第六至第八名。这三个产业都属于装备制造业，在得到国家、地区的鼓励政策支持外，还积极增设研发机构，为企业创新营造了良好的创新环境以提升其竞争力。

创新环境得分排名较为靠前的还有化学纤维制造业、化学原料和化学制品制造业以及有色金属冶炼和压延加工业。这些产业主要是高载能产业，我国高载能产业的大多数企业还处于产业链中下游，国家与产业自身都意识到存在传统低端加工产能过剩与高端深加工产品短缺并存的问题，因此正合力对相关产业创新环境进行改善。

农副食品加工业、酒饮料和精制茶制造业、纺织服装服饰业、皮革毛皮羽毛及其制品和制鞋业、木材加工和木竹藤棕草制品业以及非金属矿物制品业的创新环境得分均低于 0，创新环境明显处于劣势。这些制造业产业以劳动密集型为主，产业发展对创新的需求相对较小，企业缺乏创新动力，所获得的政府研发经费资助较少，在经营过程中尚未营造良好的创新氛围，创新环境欠佳。

2. 创新投入

依据设计的制造业产业创新能力测度指标体系，创新投入包含 4 个指标，分别为 R&D 经费支出占主营业务收入的比重（X_5）、R&D 人员占从业人数的比重（X_6）、技术获取经费占主营业务收入的比重（X_7）和技术改造经费占主营业务收入的比重（X_8）。

通过纵横向拉开档次法对以上四个指标进行分析，得到的指标权重系数向量 ω_2 为

$$\omega_2 = (0.2888, 0.2670, 0.2419, 0.2023)^T$$

因此，创新投入评价模型为：

$$s_2 = 0.2888 x_5 + 0.2670 x_6 + 0.2419 x_7 + 0.2023 x_8$$

其中 x_i 为标准化处理后的数据。根据此模型得到各制造业产业创新投入的评价得分及其排名（如表4和表5所示）。

表4 各制造业产业创新投入得分情况

产业	2012 年	2014 年	2016 年	2018 年	2020 年	2022 年
农副食品加工业	-0.89	-0.92	-0.89	-0.77	-0.59	-0.66
食品制造业	-0.50	-0.60	-0.61	-0.35	-0.13	-0.30
酒、饮料和精制茶制造业	-0.10	-0.26	-0.43	-0.54	-0.67	-0.25
纺织业	-0.67	-0.75	-0.72	-0.43	-0.27	-0.24
纺织服装、服饰业	-0.91	-0.94	-0.88	-0.80	-0.64	-0.65
皮革、毛皮、羽毛及其制品和制鞋业	-1.00	-1.01	-0.96	-0.91	-0.47	-0.38
木材加工和木、竹、藤、棕、草制品业	-0.95	-0.97	-0.91	-0.79	-0.39	-0.49
家具制造业	-0.99	-0.89	-0.84	-0.53	-0.19	-0.16
造纸和纸制品业	-0.15	-0.09	-0.35	-0.22	-0.33	-0.27
印刷和记录媒介复制业	-0.27	-0.60	-0.73	-0.27	-0.03	0.19
文教、工美、体育和娱乐用品制造业	-0.88	-0.88	-0.78	-0.56	-0.32	-0.52
石油加工、炼焦和核燃料加工业	-0.32	-0.31	-0.40	-0.33	-0.29	-0.52
化学原料和化学制品制造业	0.31	0.21	-0.09	0.09	-0.03	0.19
医药制造业	0.87	0.85	0.54	1.05	0.66	2.16
化学纤维制造业	0.43	0.06	0.25	0.16	0.07	0.32
橡胶和塑料制品业	-0.45	-0.35	-0.45	-0.12	0.42	0.34
非金属矿物制品业	-0.71	-0.76	-0.73	-0.40	-0.43	-0.26
黑色金属冶炼和压延加工业	0.63	0.26	-0.04	0.44	1.18	0.83
有色金属冶炼和压延加工业	0.11	-0.19	-0.28	-0.23	-0.11	-0.21
金属制品业	-0.50	-0.54	-0.54	-0.23	0.09	0.11
通用设备制造业	0.63	0.22	0.20	0.54	2.54	0.99
专用设备制造业	0.68	0.27	0.10	0.65	0.45	1.05

续表

产业	2012 年	2014 年	2016 年	2018 年	2020 年	2022 年
汽车制造业	0.87	0.78	1.14	1.30	1.18	1.28
铁路、船舶、航空航天和其他运输设备制造业	1.16	1.44	1.03	1.96	1.08	2.21
电气机械和器材制造业	0.37	0.18	0.20	0.55	0.49	1.08
计算机、通信和其他电子设备制造业	0.15	0.11	0.52	1.16	1.27	1.10
仪器仪表制造业	1.05	0.72	0.49	0.98	0.93	1.53

表5 各制造业产业创新投入得分排名情况

产业	2012 年	2014 年	2016 年	2018 年	2020 年	2022 年
农副食品加工业	23	24	25	24	25	27
食品制造业	19	19	18	18	16	21
酒、饮料和精制茶制造业	13	14	15	22	27	18
纺织业	20	20	19	20	18	17
纺织服装、服饰业	24	25	24	26	26	26
皮革、毛皮、羽毛及其制品和制鞋业	27	27	27	27	24	22
木材加工和木、竹、藤、棕、草制品业	25	26	26	25	22	23
家具制造业	26	23	23	21	17	15
造纸和纸制品业	14	12	13	13	21	20
印刷和记录媒介复制业	15	18	21	16	13	13
文教、工美、体育和娱乐用品制造业	22	22	22	23	20	24
石油加工、炼焦和核燃料加工业	16	15	14	17	19	25
化学原料和化学制品制造业	10	8	11	11	14	12
医药制造业	3	2	3	4	7	2
化学纤维制造业	8	11	6	10	12	11
橡胶和塑料制品业	17	16	16	12	10	10
非金属矿物制品业	21	21	20	19	23	19
黑色金属冶炼和压延加工业	7	6	10	9	3	9
有色金属冶炼和压延加工业	12	13	12	15	15	16
金属制品业	18	17	17	14	11	14
通用设备制造业	6	7	7	8	1	8
专用设备制造业	5	5	9	6	9	7
汽车制造业	4	3	1	2	4	4
铁路、船舶、航空航天和其他运输设备制造业	1	1	2	1	5	1
电气机械和器材制造业	9	9	8	7	8	6
计算机、通信和其他电子设备制造业	11	10	4	3	2	5
仪器仪表制造业	2	4	5	5	6	3

结合表 4 和表 5 可知，大多数行业创新投入得分整体呈现增长趋势，27 个制造业产业中创新投入得分高于 0 的产业数量虽有一定波动，但整体上有所增长，2022 年创新投入得分高于 0 的产业有 14 个，表明制造业产业创新投入水平发展趋势良好。

铁路船舶航空航天和其他运输设备制造业的创新投入得分排名多数年份为第一，创新投入平均得分为 1.48，明显领先于其他产业。这是由于该产业所生产的铁路、船舶等运输设备多为公共基础设施，技术难度高且耗资巨大，因此国家与企业都非常重视自主研发，以减少对他国技术获取与改造的依赖，特别是在创新人才的投入上，广纳英才以增加 R&D 人员占比。同时，汽车制造业、医药制造业和仪器仪表制造业三个产业的创新投入得分排名位于前列，始终高于 0.48 且年均增速较快。上述四个产业均为技术密集型产业，产品的研发和创新需要大量的资金投入和技术支持，以更好地推动产品向着高质量发展，形成竞争优势，在市场上占据更多份额，因此这些产业的创新投入水平高。

农副食品加工业、木材加工和木竹藤棕草制品业、纺织服装服饰业和皮革毛皮羽毛及其制品和制鞋业四个产业的创新投入得分排名多数年份处于最后五位，创新投入得分始终低于 0，年均增速较慢。这四个产业的生产过程更多依靠科学技术含量较低的人工、机械，在生产上已经具有固定模式，产业附加值低，缺乏创新人才，投入创新活动的各类经费相对不足，因此这四个产业的创新投入水平低。

3. 创新过程

依据设计的制造业产业创新能力测度指标体系，创新过程包含 4 个指标，分别为新产品开发经费支出占主营业务收入的比重（X_9）、每万人新产品开发项目数（X_{10}）、其他外部 R&D 经费占主营业务收入的比重（X_{11}）和产学研合作经费占主营业务收入的比重（X_{12}）。

通过纵横向拉开档次法对以上四个指标进行分析，得到的指标权重系数向量 ω_3 为：

$$\boldsymbol{\omega}_3 = (0.2765, 0.2327, 0.2616, 0.2292)^{\mathrm{T}}$$

因此，创新过程评价模型为：

$$s_3 = 0.2765 x_9 + 0.2327 x_{10} + 0.2616 x_{11} + 0.2292 x_{12}$$

其中 x_i 为标准化处理后的数据。根据此模型得到各制造业产业创新过程的评价得分及其排名（如表6和表7所示）。

表6　各制造业产业创新过程得分情况

产业	2012 年	2014 年	2016 年	2018 年	2020 年	2022 年
农副食品加工业	-0.74	-0.72	-0.68	-0.54	-0.46	-0.34
食品制造业	-0.61	-0.54	-0.48	-0.30	-0.15	0.02
酒、饮料和精制茶制造业	-0.57	-0.65	-0.63	-0.50	-0.46	-0.35
纺织业	-0.68	-0.67	-0.66	-0.46	-0.19	0.04
纺织服装、服饰业	-0.75	-0.74	-0.73	-0.64	-0.52	-0.39
皮革、毛皮、羽毛及其制品和制鞋业	-0.80	-0.80	-0.75	-0.64	-0.48	-0.15
木材加工和木、竹、藤、棕、草制品业	-0.82	-0.80	-0.77	-0.62	-0.52	-0.28
家具制造业	-0.73	-0.71	-0.60	-0.26	-0.06	0.21
造纸和纸制品业	-0.68	-0.67	-0.56	-0.34	-0.15	0.14
印刷和记录媒介复制业	-0.63	-0.69	-0.63	-0.36	-0.12	0.17
文教、工美、体育和娱乐用品制造业	-0.71	-0.69	-0.62	-0.42	-0.23	-0.04
石油加工、炼焦和核燃料加工业	-0.74	-0.71	-0.71	-0.71	-0.64	-0.56
化学原料和化学制品制造业	-0.39	-0.37	-0.34	-0.07	0.17	0.43
医药制造业	0.93	0.99	0.97	2.25	2.22	4.08
化学纤维制造业	-0.35	-0.30	-0.31	-0.15	0.00	0.22
橡胶和塑料制品业	-0.49	-0.48	-0.42	-0.02	0.32	0.71
非金属矿物制品业	-0.74	-0.71	-0.67	-0.46	-0.29	-0.05
黑色金属冶炼和压延加工业	-0.48	-0.52	-0.54	-0.38	-0.21	-0.09
有色金属冶炼和压延加工业	-0.54	-0.46	-0.56	-0.43	-0.31	-0.10
金属制品业	-0.55	-0.54	-0.46	-0.18	0.08	0.35
通用设备制造业	0.01	-0.05	0.09	0.52	0.88	1.33
专用设备制造业	0.10	0.08	0.02	0.68	1.14	1.72
汽车制造业	0.31	0.13	0.27	0.76	0.89	1.43
铁路、船舶、航空航天和其他运输设备制造业	1.48	1.31	1.59	2.53	2.21	2.51
电气机械和器材制造业	0.00	0.04	0.08	0.54	0.66	0.84
计算机、通信和其他电子设备制造业	0.07	0.21	0.64	1.37	1.55	2.01
仪器仪表制造业	0.61	0.62	0.58	1.26	1.82	2.39

表7 各制造业产业创新过程得分排名情况

产业	2012 年	2014 年	2016 年	2018 年	2020 年	2022 年
农副食品加工业	23	24	23	23	22	24
食品制造业	16	14	13	14	16	17
酒、饮料和精制茶制造业	15	16	19	22	23	25
纺织业	18	18	21	20	17	16
纺织服装、服饰业	25	25	25	25	26	26
皮革、毛皮、羽毛及其制品和制鞋业	26	26	26	26	24	22
木材加工和木、竹、藤、棕、草制品业	27	27	27	24	25	23
家具制造业	21	21	17	13	13	13
造纸和纸制品业	19	17	16	15	15	15
印刷和记录媒介复制业	17	20	20	16	14	14
文教、工美、体育和娱乐用品制造业	20	19	18	18	19	18
石油加工、炼焦和核燃料加工业	24	22	24	27	27	27
化学原料和化学制品制造业	10	10	10	10	10	10
医药制造业	2	2	2	2	1	1
化学纤维制造业	9	9	9	11	12	12
橡胶和塑料制品业	12	12	11	9	9	9
非金属矿物制品业	22	23	22	21	20	19
黑色金属冶炼和压延加工业	11	13	14	17	18	20
有色金属冶炼和压延加工业	13	11	15	19	21	21
金属制品业	14	15	12	12	11	11
通用设备制造业	7	8	6	8	7	7
专用设备制造业	5	6	8	6	5	5
汽车制造业	4	5	5	5	6	6
铁路、船舶、航空航天和其他运输设备制造业	1	1	1	1	2	2
电气机械和器材制造业	8	7	7	7	8	8
计算机、通信和其他电子设备制造业	6	4	3	3	4	4
仪器仪表制造业	3	3	4	4	3	3

结合表6和表7可知，27个制造业产业中创新过程得分高于0的产业逐渐增加，2022年高于0的产业为17个，接近制造业产业总个数的63%，表明产业创新过程不断完善。

铁路船舶航空航天和其他运输设备制造业、医药制造业和仪器仪表制造业三个产业的创新过程得分排名总体上位于前三，历年创新过程得分均高于0.5，年均增速较快。一方面，这三个产业在生产过程中与国内研究机构及高校开放合作程度高，有利于加快科技成果的转移、转化与应用；另一方面，这三个产业重视新产品的研究与开发，加大了对新产品开发的投入力度，因此这些产业的创新过程水平较高。

木材加工和木竹藤棕草制品业、纺织服装服饰业和皮革毛皮羽毛及其制品和制鞋业三个产业的创新过程得分排名总体处于最后三名，创新过程得分均低于 0，且年均增速较慢。由于这三个产业的生产模式较为传统，对创新过程的关注不足，创新项目数量较少，开放合作程度较低，资源整合能力较弱，因此这些产业的创新过程水平较低。

4. 创新绩效

依据设计的制造业产业创新能力测度指标体系，创新绩效包含 4 个指标，分别为每万名从业人员有效发明专利数（X_{13}）、每万名从业人员发明专利申请数（X_{14}）、每百家企业商标拥有量（X_{15}）和新产品销售收入占主营业务收入的比重（X_{16}）。

通过纵横向拉开档次法对以上四个指标进行分析，得到的指标权重系数向量 $\boldsymbol{\omega}_4$ 为：

$$\boldsymbol{\omega}_4 = (0.2935, 0.2735, 0.1624, 0.2706)^T$$

因此，创新绩效评价模型为：

$$s_4 = 0.2935 x_{13} + 0.2735 x_{14} + 0.1624 x_{15} + 0.2706 x_{16}$$

其中 x_i 为标准化处理后的数据。根据此模型得到各制造业产业创新绩效的评价得分及其排名（如表 8 和表 9 所示）。

表 8　各制造业产业创新绩效得分情况

产业	2012 年	2014 年	2016 年	2018 年	2020 年	2022 年
农副食品加工业	−0.89	−0.87	−0.81	−0.69	−0.49	−0.21
食品制造业	−0.70	−0.62	−0.50	−0.25	0.12	0.59
酒、饮料和精制茶制造业	−0.57	−0.59	−0.51	−0.28	−0.10	0.29
纺织业	−0.74	−0.69	−0.62	−0.50	−0.26	0.13
纺织服装、服饰业	−0.82	−0.78	−0.71	−0.65	−0.47	−0.26

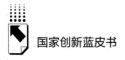

续表

产业	2012 年	2014 年	2016 年	2018 年	2020 年	2022 年
皮革、毛皮、羽毛及其制品和制鞋业	-0.87	-0.84	-0.80	-0.72	-0.45	-0.14
木材加工和木、竹、藤、棕、草制品业	-0.92	-0.91	-0.87	-0.72	-0.49	-0.24
家具制造业	-0.86	-0.76	-0.57	-0.35	-0.12	0.67
造纸和纸制品业	-0.75	-0.65	-0.50	-0.22	-0.12	0.54
印刷和记录媒介复制业	-0.76	-0.76	-0.70	-0.41	-0.12	0.53
文教、工美、体育和娱乐用品制造业	-0.77	-0.73	-0.65	-0.46	-0.09	0.28
石油加工、炼焦和核燃料加工业	-0.82	-0.74	-0.66	-0.61	-0.46	-0.21
化学原料和化学制品制造业	-0.48	-0.35	-0.14	0.25	0.50	1.50
医药制造业	0.23	0.46	0.66	1.26	1.36	2.52
化学纤维制造业	-0.33	-0.28	-0.15	0.03	0.05	0.70
橡胶和塑料制品业	-0.69	-0.65	-0.51	-0.15	0.21	0.99
非金属矿物制品业	-0.87	-0.83	-0.76	-0.52	-0.36	0.28
黑色金属冶炼和压延加工业	-0.67	-0.62	-0.53	-0.35	-0.08	0.41
有色金属冶炼和压延加工业	-0.62	-0.54	-0.40	-0.23	0.02	0.55
金属制品业	-0.70	-0.65	-0.52	-0.18	0.14	0.83
通用设备制造业	-0.33	-0.28	-0.01	0.49	0.85	2.12
专用设备制造业	-0.18	-0.05	0.23	1.03	1.24	2.95
汽车制造业	-0.04	-0.03	0.25	0.40	0.73	1.44
铁路、船舶、航空航天和其他运输设备制造业	-0.02	0.22	0.54	1.12	0.87	2.28
电气机械和器材制造业	-0.09	0.09	0.40	1.08	1.32	2.77
计算机、通信和其他电子设备制造业	0.26	0.51	1.01	1.59	2.02	3.04
仪器仪表制造业	-0.02	0.24	0.44	1.09	1.53	3.12

表 9　各制造业产业创新绩效得分排名情况

产业	2012 年	2014 年	2016 年	2018 年	2020 年	2022 年
农副食品加工业	26	26	26	25	27	25
食品制造业	15	13	13	15	12	14
酒、饮料和精制茶制造业	11	12	15	16	17	19
纺织业	17	18	19	21	21	22
纺织服装、服饰业	22	23	23	24	25	27
皮革、毛皮、羽毛及其制品和制鞋业	25	25	25	26	23	23
木材加工和木、竹、藤、棕、草制品业	27	27	27	27	26	26
家具制造业	23	21	18	18	19	13

产业	2012 年	2014 年	2016 年	2018 年	2020 年	2022 年
造纸和纸制品业	18	15	12	13	18	16
印刷和记录媒介复制业	19	22	22	19	20	17
文教、工美、体育和娱乐用品制造业	20	19	20	20	16	21
石油加工、炼焦和核燃料加工业	21	20	21	23	24	24
化学原料和化学制品制造业	10	10	9	9	9	8
医药制造业	2	2	2	2	3	5
化学纤维制造业	8	8	10	10	13	12
橡胶和塑料制品业	14	17	14	11	10	10
非金属矿物制品业	24	24	24	22	22	20
黑色金属冶炼和压延加工业	13	14	17	17	15	18
有色金属冶炼和压延加工业	12	11	11	14	14	15
金属制品业	16	16	16	12	11	11
通用设备制造业	9	9	8	7	7	7
专用设备制造业	7	7	7	6	5	3
汽车制造业	5	6	6	8	8	9
铁路、船舶、航空航天和其他运输设备制造业	3	4	3	3	6	6
电气机械和器材制造业	6	5	5	5	4	4
计算机、通信和其他电子设备制造业	1	1	1	1	1	2
仪器仪表制造业	4	3	4	4	2	1

结合表 8 和表 9 可知，27 个制造业产业中创新绩效得分高于 0 的产业逐渐增加，2022 年高于 0 的产业为 22 个，接近 82%，表明产业创新绩效不断提升。

计算机通信和其他电子设备制造业、仪器仪表制造业、医药制造业、电气机械和器材制造业、铁路船舶航空航天和其他运输设备制造业以及专用设备制造业六个产业的创新绩效得分排名始终位于前列，创新绩效平均得分均高于 0.8，且年均增速较快。这六个产业多为高技术制造业，面临激烈的国际化竞争与国内市场竞争，其竞争核心在很大程度上集中于技术创新层面，使得这些产业更重视对专利与商标的开发与保护，因此，它们在发明专利申请数和商标拥有量上有着明显的优势；同时，这些产业前期有更多的创新投

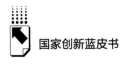

入来支持新产品的开发和升级，从而新产品销售收入占比明显高于其他产业。总体来说，在竞争与投入的双重推动下，这些制造业产业得到的经济效益更高，创新成果更为丰硕。

农副食品加工业、木材加工和木竹藤棕草制品业、纺织服装服饰业和皮革毛皮羽毛及其制品和制鞋业四个产业的创新绩效得分始终排在末尾，2012~2022 年创新绩效得分均低于 0，年均增速较慢。这些产业主要为劳动密集型产业，在生产上通常使用传统工艺和设备，生产模式相对固化，普遍缺乏创新意识，创新动力不足，导致对新产品开发及销售的重视程度低、对专利与商标的申请与保护意识弱，创新绩效不理想。

5. 制造业产业综合创新能力

按照制造业产业创新能力测度指标体系，综合创新环境、创新投入、创新过程、创新绩效四项二级指标，运用纵横向拉开档次法评价各产业综合创新能力。制造业产业综合创新能力评价模型为：

$$s = 0.2561\,s_1 + 0.2432\,s_2 + 0.2532\,s_3 + 0.2475\,s_4$$

根据此模型得到各制造业产业综合创新能力的评价得分及其排名（如表 10 和表 11 所示）。

表 10　各制造业产业综合创新能力得分情况

产业	2012 年	2014 年	2016 年	2018 年	2020 年	2022 年
农副食品加工业	-1.08	-1.05	-0.97	-0.82	-0.58	-0.48
食品制造业	-0.80	-0.75	-0.65	-0.38	-0.03	0.13
酒、饮料和精制茶制造业	-0.61	-0.68	-0.69	-0.58	-0.44	-0.20
纺织业	-0.91	-0.90	-0.81	-0.57	-0.23	-0.01
纺织服装、服饰业	-1.07	-1.06	-0.98	-0.88	-0.69	-0.56
皮革、毛皮、羽毛及其制品和制鞋业	-1.16	-1.13	-1.04	-0.91	-0.52	-0.27
木材加工和木、竹、藤、棕、草制品业	-1.16	-1.12	-1.03	-0.89	-0.63	-0.47
家具制造业	-1.12	-1.04	-0.86	-0.53	-0.14	0.20
造纸和纸制品业	-0.78	-0.70	-0.63	-0.38	-0.21	0.08
印刷和记录媒介复制业	-0.80	-0.89	-0.84	-0.46	-0.08	0.31
文教、工美、体育和娱乐用品制造业	-0.99	-0.95	-0.80	-0.56	-0.20	-0.11

产业	2012 年	2014 年	2016 年	2018 年	2020 年	2022 年
石油加工、炼焦和核燃料加工业	-0.80	-0.71	-0.67	-0.63	-0.44	-0.40
化学原料和化学制品制造业	-0.26	-0.21	-0.15	0.18	0.45	0.90
医药制造业	0.81	0.92	0.97	1.75	1.80	3.21
化学纤维制造业	-0.18	-0.21	0.00	0.08	0.25	0.62
橡胶和塑料制品业	-0.73	-0.67	-0.55	-0.14	0.38	0.73
非金属矿物制品业	-1.01	-0.98	-0.90	-0.60	-0.41	-0.08
黑色金属冶炼和压延加工业	-0.35	-0.42	-0.46	-0.16	0.32	0.37
有色金属冶炼和压延加工业	-0.45	-0.45	-0.39	-0.25	0.02	0.19
金属制品业	-0.75	-0.72	-0.57	-0.22	0.18	0.47
通用设备制造业	0.07	-0.02	0.20	0.65	1.69	1.71
专用设备制造业	0.23	0.17	0.28	1.01	1.33	2.17
汽车制造业	0.30	0.24	0.59	0.92	1.18	1.59
铁路、船舶、航空航天和其他运输设备制造业	0.98	1.21	1.32	2.21	1.90	2.93
电气机械和器材制造业	0.07	0.12	0.36	0.90	1.12	1.74
计算机、通信和其他电子设备制造业	0.27	0.37	0.96	1.67	2.02	2.35
仪器仪表制造业	0.73	0.76	0.87	1.52	2.04	2.75

表 11　各制造业产业综合创新能力得分排名情况

产业	2012 年	2014 年	2016 年	2018 年	2020 年	2022 年
农副食品加工业	24	24	24	24	25	26
食品制造业	19	18	16	15	15	17
酒、饮料和精制茶制造业	13	14	18	21	22	22
纺织业	20	20	20	20	20	19
纺织服装、服饰业	23	25	25	25	27	27
皮革、毛皮、羽毛及其制品和制鞋业	27	27	27	27	24	23
木材加工和木、竹、藤、棕、草制品业	26	26	26	26	26	25
家具制造业	25	23	22	18	17	15
造纸和纸制品业	16	15	15	16	19	18
印刷和记录媒介复制业	18	19	21	17	16	14
文教、工美、体育和娱乐用品制造业	21	21	19	19	18	21
石油加工、炼焦和核燃料加工业	17	16	17	23	23	24
化学原料和化学制品制造业	10	9	10	9	9	9
医药制造业	2	2	2	2	4	1

续表

产业	2012 年	2014 年	2016 年	2018 年	2020 年	2022 年
化学纤维制造业	9	10	9	10	12	11
橡胶和塑料制品业	14	13	13	11	10	10
非金属矿物制品业	22	22	23	22	21	20
黑色金属冶炼和压延加工业	11	11	12	12	11	13
有色金属冶炼和压延加工业	12	12	11	14	14	16
金属制品业	15	17	14	13	13	12
通用设备制造业	8	8	8	8	5	7
专用设备制造业	6	6	7	5	6	5
汽车制造业	4	5	5	6	7	8
铁路、船舶、航空航天和其他运输设备制造业	1	1	1	1	3	2
电气机械和器材制造业	7	7	6	7	8	6
计算机、通信和其他电子设备制造业	5	4	3	3	2	4
仪器仪表制造业	3	3	4	4	1	3

综合表 10 和表 11 可知，2012~2022 年综合创新能力得分排名前十的产业以铁路船舶航空航天和其他运输设备制造业、仪器仪表制造业、医药制造业、计算机通信和其他电子设备制造业、专用设备制造业、汽车制造业、电气机械和器材制造业、通用设备制造业、化学原料和化学制品制造业以及化学纤维制造业为主。这十个产业代表了我国制造业创新能力的顶尖水平，产业规模大，创新资金、人才力量雄厚，科技水平遥遥领先于其他产业，开展了广泛的创新活动及研发项目，并且得到了国家的创新政策支持，高水平的创新能力也为这些产业的高质量发展奠定了坚实的基础。

综合创新能力得分排名始终落后的四个产业分别为皮革毛皮羽毛及其制品和制鞋业、纺织服装服饰业、木材加工和木竹藤棕草制品业以及农副食品加工业。这四个产业属于劳动密集型制造业，长期以来依靠劳动投入驱动产业发展，很少通过创新来引领发展。此外，产业规模小，开放合作程度低，人力、资金和科学技术等资源不充足，导致这些制造业产业创新能力较弱。

（二）制造业产业创新能力的聚类分析

结合 2022 年制造业产业创新环境、创新投入、创新过程、创新绩效四个维度的得分（如表 12 所示），对 27 个产业的创新能力进行聚类分析，针对不同产业在创新发展过程中呈现的不同特点进行分类，总结产业创新能力发展的不同模式。采用系统聚类的 Ward 法，得聚类谱系图（如图 1 所示）。

表 12　2022 年各制造业产业创新能力一级指标得分

行业	创新环境	创新投入	创新过程	创新绩效
农副食品加工业	−0.34	−0.66	−0.34	−0.21
食品制造业	0.14	−0.30	0.02	0.59
酒、饮料和精制茶制造业	−0.35	−0.25	−0.35	0.29
纺织业	0.04	−0.24	0.04	0.13
纺织服装、服饰业	−0.54	−0.65	−0.39	−0.26
皮革、毛皮、羽毛及其制品和制鞋业	−0.21	−0.38	−0.15	−0.14
木材加工和木、竹、藤、棕、草制品业	−0.52	−0.49	−0.28	−0.24
家具制造业	−0.04	−0.16	0.21	0.67
造纸和纸制品业	−0.10	−0.27	0.14	0.54
印刷和记录媒介复制业	0.14	0.19	0.17	0.53
文教、工美、体育和娱乐用品制造业	−0.03	−0.52	−0.04	0.28
石油加工、炼焦和核燃料加工业	−0.03	−0.52	−0.56	−0.21
化学原料和化学制品制造业	0.89	0.19	0.43	1.50
医药制造业	1.87	2.16	4.08	2.52
化学纤维制造业	0.81	0.32	0.22	0.70
橡胶和塑料制品业	0.40	0.34	0.71	0.99
非金属矿物制品业	−0.21	−0.26	−0.05	0.28
黑色金属冶炼和压延加工业	0.05	0.83	−0.09	0.41
有色金属冶炼和压延加工业	0.43	−0.21	−0.10	0.55
金属制品业	0.30	0.11	0.35	0.83
通用设备制造业	1.23	0.99	1.33	2.12
专用设备制造业	1.53	1.05	1.72	2.95
汽车制造业	1.11	1.28	1.43	1.44
铁路、船舶、航空航天和其他运输设备制造业	2.67	2.21	2.51	2.28
电气机械和器材制造业	1.11	1.08	0.84	2.77
计算机、通信和其他电子设备制造业	1.70	1.10	2.01	3.04
仪器仪表制造业	2.09	1.53	2.39	3.12

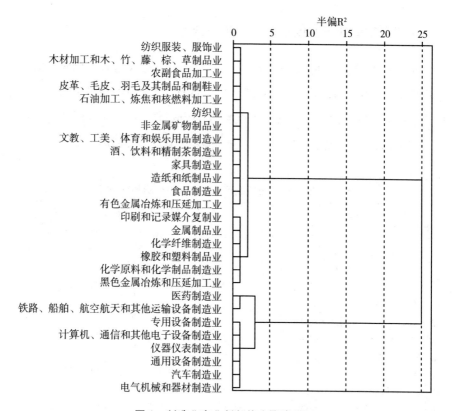

图1　制造业产业创新能力聚类谱系

由图1所示的聚类谱系可将27个制造业产业分为四类。

第一类包括：铁路船舶航空航天和其他运输设备制造业、医药制造业。这两个产业的综合创新能力得分居于领先位置，所生产产品的特性要求企业自发地通过大量创新活动提升产品的科技含量和质量，因此在投入大量资金、人力和科学技术等资源的同时重视产学研合作和新产品开发，在专利、商标和新产品销售上取得了较好的成效。此外，在此类产业的发展过程中，国家也给予了大力支持。因此，可将该类产业称为创新领先型产业。

第二类包括：专用设备制造业、计算机通信和其他电子设备制造业、仪器仪表制造业、通用设备制造业、汽车制造业以及电气机械和器材制造业。相较于创新领先型产业，这六个产业在创新环境与创新投入维度存在较小差距，而在创新过程维度存在明显差距，这些产业对产品开发和合作创新的重视不够且投入不足。但这六个产业的创新能力仍处于一定优势地位，是因为这些产业在技术积累、产业基础和市场潜力方面具有明显优势，它们通常涉及高度的技术密度和复杂的工程技术，掌握着较为核心的技术与专利，产业链相对完整，产品可复制性差。因此，可将该类产业称为创新优势型产业。

第三类包括：印刷和记录媒介复制业、金属制品业、化学纤维制造业、橡胶和塑料制品业、化学原料和化学制品制造业以及黑色金属冶炼和压延加工业。这六个产业主要为资源指向型产业，依赖增加销售额、节约成本等手段提高竞争力，且面临产能过剩、市场饱和和环境污染等问题。因此，这类产业目前创新水平较低，在四个维度都与创新优势型产业存在较大差距，特别是在创新环境层面，创新氛围较弱，研究与试验发展的投入较低，但这些产业的创新空间与潜力巨大，国家会通过税收优惠、项目资助等方式加大对该类产业创新的支持力度，推动产业转型升级与高质量发展。因此，可将该类产业称为创新追赶型产业。

第四类包括：纺织服装服饰业、木材加工和木竹藤棕草制品业、农副食品加工业、皮革毛皮羽毛及其制品和制鞋业、石油加工炼焦和核燃料加工业、纺织业、非金属矿物制品业、文教工美体育和娱乐用品制造业、酒饮料和精制茶制造业、家具制造业、造纸和纸制品业、食品制造业以及有色金属冶炼和压延加工业。这13个产业大多是低端产业，处于完全竞争市场条件下，产品的附加价值低，企业长期忽视创新对产业发展的作用。从创新环境的角度来看，这些产业缺乏良好的创新氛围和有力的政策支持，创新资源有限。在创新投入方面，这些产业往往缺乏足够的资金、人才和设施设备支持，导致创新活动受到限制。在创新过程中，这些产业缺乏系统化的创新方法和流程，创新合作机制不够完善。在创新绩效方面，由于创新投入不足和创新意识淡薄，这些产业的创新成果和效益相对落后。因此，可将该类产业称为创新后进型产业。

四　不同技术密集程度制造业产业创新能力分析

为了分析不同技术水平制造业产业创新能力发展的一般趋势和规律，并横向对比不同技术水平制造业产业创新能力发展差距，本节对 2012～2022 年我国不同技术密集程度制造业产业的创新能力进行比较分析。

（一）制造业产业分类

为了研究不同技术密集度产业的创新特点，本文将制造业产业划分为高中低技术三大类产业。对于产业的高中低技术水平划分，分类标准并未完全统一。1986 年 OECD 对产业的技术水平按照 R&D 投入密度，分成高中低三个等级；1994 年按照知识密集度以及不同的研发强度，分成高、中高、中低、低技术水平四大类。

本节借鉴 OECD 的标准，以及学者的分类方法，选用 R&D 投入强度（R&D 经费内部支出/主营业务收入）、R&D 人员占比（R&D 人员/从业人员数）两大指标，利用 2019～2022 年的平均数据，通过 Ward 系统聚类方法，得出分类树状图（如图 2 所示）。

高技术产业包括：医药制造业、铁路船舶航空航天和其他运输设备制造业、专用设备制造业、仪器仪表制造业、通用设备制造业、计算机通信和其他电子设备制造业、电气机械和器材制造业。

中技术产业包括：化学原料和化学制品制造业、黑色金属冶炼和压延加工业、有色金属冶炼和压延加工业、化学纤维制造业、汽车制造业、家具制造业、印刷和记录媒介复制业、橡胶和塑料制品业、金属制品业。

低技术产业包括：农副食品加工业、酒饮料和精制茶制造业、石油加工炼焦和核燃料加工业、皮革毛皮羽毛及其制品和制鞋业、木材加工和木竹藤棕草制品业、纺织服装服饰业、食品制造业、文教工美体育和娱乐用品制造业、纺织业、造纸和纸制品业、非金属矿物制品业。

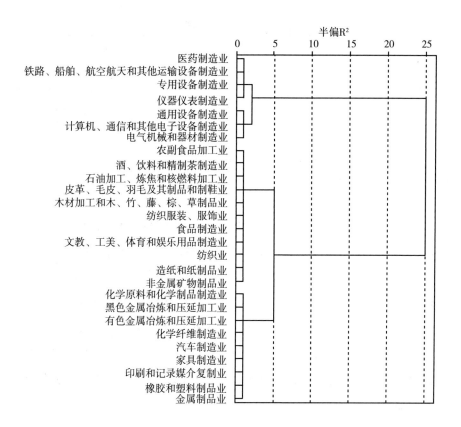

图2 高、中、低技术制造业产业分类

（二）高中低技术三大类产业创新能力分析

利用第三节所得到的结果，对 2012～2022 年各产业进行分类统计，计算产业创新能力得分，并比较高中低技术三大类产业创新能力得分在时间和空间上的差距。

1.高技术产业

利用第三节所得到的结果，计算高技术产业创新能力各子系统得分及综合得分，结果见表13。

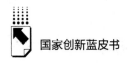

表13　高技术产业创新能力各维度及综合得分

指标	2012年	2013年	2014年	2015年	2016年	2017年	2018年	2019年	2020年	2021年	2022年
创新环境	0.319	0.394	0.483	0.667	0.868	1.053	1.201	1.423	1.761	1.894	1.743
创新投入	0.702	0.625	0.542	0.446	0.441	0.529	0.986	1.068	1.060	1.569	1.446
创新过程	0.457	0.438	0.458	0.491	0.568	0.818	1.307	1.617	1.499	2.005	2.126
创新绩效	-0.023	0.047	0.168	0.271	0.468	0.693	1.095	1.288	1.312	2.366	2.687
综合创新能力	0.449	0.462	0.504	0.569	0.708	0.933	1.387	1.629	1.701	2.364	2.408

由表13可知，2012~2022年高技术产业综合创新能力得分大幅增加，从0.449增长至2.408，增幅为1.959，年均增长速度为18.28%。就四个维度而言，创新绩效得分增长最快，年均增速达56.76%，从2013年的0.047增长至2022年的2.687。创新环境、创新过程和创新投入的得分增长速度分别为18.50%、16.62%和7.49%。另外，从2017年开始创新环境得分超过1，2019年不论是综合创新能力还是四个维度得分都超过1。这些说明相较于2012年，2022年高技术产业的创新能力提升明显。

2. 中技术产业

利用第三节所得到的结果，计算中技术产业创新能力各子系统得分及综合得分，结果见表14。

表14　中技术产业创新能力各维度及综合得分

指标	2012年	2013年	2014年	2015年	2016年	2017年	2018年	2019年	2020年	2021年	2022年
创新环境	-0.634	-0.590	-0.522	-0.427	-0.264	-0.104	-0.052	0.242	0.415	0.350	0.453
创新投入	0.016	-0.078	-0.138	-0.174	-0.178	-0.119	0.068	0.284	0.287	0.255	0.321
创新过程	-0.428	-0.435	-0.437	-0.445	-0.400	-0.281	-0.122	-0.017	0.085	0.169	0.369
创新绩效	-0.573	-0.557	-0.517	-0.476	-0.364	-0.269	-0.111	0.000	0.146	0.617	0.847
综合创新能力	-0.482	-0.496	-0.484	-0.457	-0.360	-0.232	-0.063	0.159	0.286	0.419	0.598

由表14可知，2012~2022年中技术产业的综合创新能力快速发展，综合创新能力得分从-0.482增加至0.598，增长了1.080。创新绩效发展态势最为突出，创新绩效得分从-0.573增长至0.847，增长了1.420。其余三个维度得分的整体增长速度由快到慢分别为创新环境、创新过程和创新投入，对应的增长量为1.087、0.797和0.305。另外，从2019年开始创新绩效得分超过0，2020年不论是综合创新能力还是其他四个维度的得分都超过0。这些说明相较于2012年，2022年中技术产业的创新能力提升明显。

3. 低技术产业

利用第三节所得到的结果，计算低技术产业创新能力各子系统得分及综合得分，结果见表15。

表15　低技术产业创新能力各维度及综合得分

指标	2012年	2013年	2014年	2015年	2016年	2017年	2018年	2019年	2020年	2021年	2022年
创新环境	-0.968	-0.942	-0.882	-0.818	-0.721	-0.607	-0.580	-0.372	-0.239	-0.263	-0.195
创新投入	-0.644	-0.668	-0.680	-0.707	-0.697	-0.639	-0.555	-0.538	-0.412	-0.482	-0.414
创新过程	-0.713	-0.699	-0.698	-0.699	-0.662	-0.595	-0.512	-0.457	-0.374	-0.321	-0.180
创新绩效	-0.793	-0.770	-0.751	-0.727	-0.672	-0.620	-0.510	-0.454	-0.288	-0.081	0.097
综合创新能力	-0.943	-0.932	-0.912	-0.894	-0.834	-0.747	-0.655	-0.553	-0.398	-0.353	-0.216

由表15可知，2012~2022年低技术产业综合创新能力迅速发展，综合创新能力得分从-0.943增加至-0.216。2022年，创新环境得分增加至-0.195，较2012年的-0.968提高0.773。创新过程得分增加至-0.180，较2012年提高0.533。创新绩效得分增加至0.097，较2012年提高0.890。创新投入得分增长较为缓慢，从-0.644增加至-0.414，仅提高0.230，但呈现持续增长态势。

4. 三大类产业创新能力的比较

通过对三大类产业创新能力得分进行分析，可以看出不同类型的产业内部创新能力各子系统及综合创新能力均存在明显差异。为了进一步分析各产业在

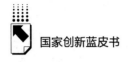

创新环境、创新投入、创新过程、创新绩效和综合创新能力这五个维度的发展水平，利用折线图绘制 2012~2022 年三大类型产业创新能力发展趋势图。

（1）创新环境。根据 2012~2022 年三大类产业创新环境得分绘制折线图，结果如图 3 所示。

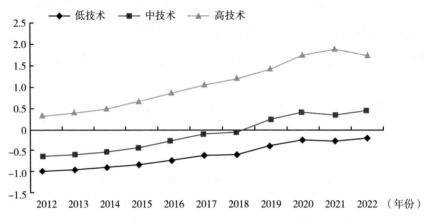

图 3　2012~2022 年三大类产业创新环境得分

由图 3 可知，2012~2022 年三大类产业创新环境得分均快速增长，增长趋势基本一致。其中，中技术产业和低技术产业的创新环境得分较为接近，高技术产业明显领先于中低技术产业。2012 年创新环境得分最高的是高技术产业，与低技术产业相差 1.287，2022 年这一差值扩大到 1.938。

（2）创新投入。根据 2012~2022 年三大类产业创新投入得分绘制折线图，结果如图 4 所示。

由图 4 可知，2012~2022 年，三类产业创新投入得分均呈波动式增长趋势，2017 年以后增速明显。高技术产业和中技术产业创新投入发展趋势较为一致，但高技术产业的创新投入得分始终领先于中技术产业和低技术产业，中技术产业的创新投入得分始终领先于低技术产业。

（3）创新过程。根据 2012~2022 年三大类产业创新过程得分绘制折线图，结果如图 5 所示。

由图 5 可知，2012~2022 年三大类产业创新过程得分整体呈上升趋势，

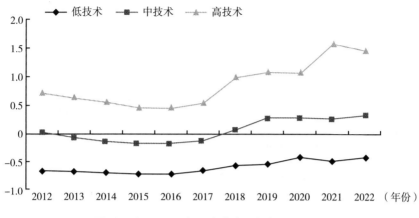

图4 2012~2022年三大类产业创新投入得分

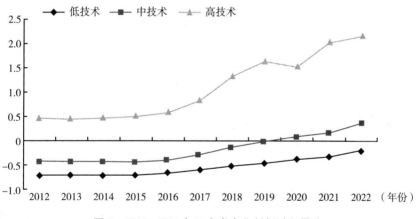

图5 2012~2022年三大类产业创新过程得分

但三大产业得分差异逐渐拉大。2016年之后，三大类产业的创新过程得分均出现了较大的增长，尤其是高技术产业创新过程得分增幅最为显著。高技术产业创新过程分明显领先于中技术产业和低技术产业，差距存在逐渐扩大趋势，与中技术产业的差值从0.885增加至1.757，与低技术产业的差值从1.170增加至2.306。

（4）创新绩效。根据2012~2022年三大类产业创新绩效得分绘制折线图，结果如图6所示。

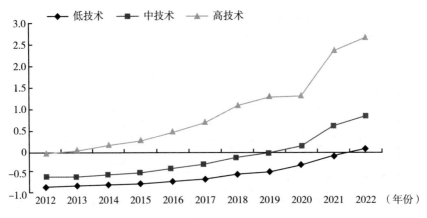

图6 2012~2022年三大类产业创新绩效得分

由图6可知，2012~2022年三大类产业创新绩效得分均呈明显的上升趋势，尤其是高技术产业创新绩效得分呈现快速上升趋势，相较于中低技术产业的领先优势越来越明显，差距日益增大；中技术产业和低技术产业的创新绩效得分发展趋势较为一致，表现为增长速度缓慢和增幅较小。2015年之后，高技术产业的创新绩效得分呈现爆发式增长，从2015年到2022年高技术产业的创新绩效得分增幅高达2.416；中技术产业创新绩效得分呈现稳定增长趋势，于2019年突破0，且增长速度明显有所增加；而低技术产业创新绩效得分增长较为缓慢，虽然从2017年起有了小幅度的增加，但是创新绩效得分直到2022年才第一次突破0。

（5）综合创新能力。根据2012~2022年三大类产业综合创新能力得分绘制折线图，结果如图7所示。

由图7可知，2012~2022年三大类产业综合创新能力均不断提升，高技术产业的综合创新能力大幅领先于中技术产业和低技术产业，且差距进一步拉大。高技术产业的综合创新能力提升最快，综合创新能力得分增加了1.959，中技术产业和低技术产业的综合创新能力得分增长幅度依次为1.080和0.727。

（三）制造业创新能力综合得分

利用上文所得到的结果，以2012年为起始年份，对27个制造业产业创

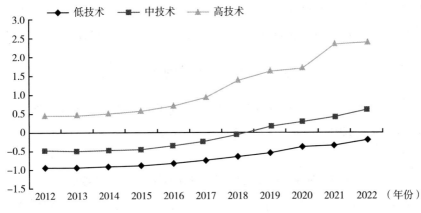

图7 2012~2022年三大类产业综合创新能力得分

新能力的各维度得分进行平均,得到制造业产业创新能力各子系统得分及制造业产业综合创新能力得分,结果如表16所示。

表16 制造业产业创新能力各维度及综合得分

指标	2012年	2013年	2014年	2015年	2016年	2017年	2018年	2019年	2020年	2021年	2022年
创新环境	-0.523	-0.478	-0.408	-0.303	-0.156	-0.009	0.058	0.298	0.498	0.500	0.523
创新投入	-0.075	-0.136	-0.183	-0.231	-0.229	-0.163	0.052	0.152	0.203	0.295	0.313
创新过程	-0.315	-0.316	-0.311	-0.306	-0.256	-0.124	0.090	0.227	0.265	0.445	0.601
创新绩效	-0.520	-0.487	-0.435	-0.385	-0.274	-0.162	0.039	0.149	0.272	0.786	1.018
综合创新能力	-0.428	-0.425	-0.402	-0.369	-0.276	-0.139	0.072	0.250	0.374	0.609	0.736

由表16可知,2012~2022年中国制造业产业创新能力及其各子系统均快速发展。综合创新能力得分从-0.428增加至0.736,增幅为1.164。创新绩效得分增幅最大,从-0.520增长至1.018,增幅为1.538。创新环境得分从-0.523增长至0.523,增幅为1.046。创新过程得分从-0.315增长至0.601,增幅为0.916。创新投入得分增长缓慢,从-0.075增长至0.313,增幅仅为0.388。

结果表明,我国制造业的综合创新能力发展主要依靠创新绩效和创新环

境的带动作用，而创新投入和创新过程所发挥的作用十分有限，需要进一步加大创新投入力度，完善创新过程，提高创新效率，引领制造业创新发展。

（四）2022年三大类产业及制造业创新能力比较

汇总2022年三大类产业及制造业的创新环境得分、创新投入得分、创新过程得分和创新绩效得分，结果如表17所示。

表17 2022年三大类产业及制造业创新能力各维度得分

产业	创新环境	创新投入	创新过程	创新绩效
高技术产业	1.743	1.446	2.126	2.687
中技术产业	0.453	0.321	0.369	0.847
低技术产业	-0.195	-0.414	-0.180	0.097
制造业	0.523	0.313	0.601	1.018

由表17可知，在创新环境方面，高技术产业的得分领先中技术产业1.290，领先低技术产业1.938；在创新投入方面，三大类产业创新投入差距较其他三个方面更小，高技术产业得分为1.446，分别高于中技术产业、低技术产业1.125和1.860；在创新过程方面，高技术产业发展水平最高，其创新过程得分为2.216，分别高于中技术产业、低技术产业1.757和2.306；在创新绩效方面，高技术产业的得分遥遥领先，高达2.687，分别领先中技术产业和低技术产业1.840和2.590。制造业整体创新环境、创新投入、创新过程和创新绩效的得分分别为0.523、0.313、0.601和1.018，均低于相应的三大类产业各维度得分平均值0.667、0.451、0.771和1.211，表明当前中国制造业产业以中低技术产业为主的局面仍然没有得到根本性扭转。

可见，2022年三大类产业在创新环境、创新过程和创新绩效这三个维度的发展差距明显，特别是在创新绩效上高技术产业遥遥领先于其他两大类产业。制造业与中技术产业的四个方面的创新能力较为接近，可以得到制造业整体创新能力发展归功于高技术产业，而中技术产业和低技术产业的创新能力薄弱，在一定程度上制约了制造业整体创新发展。

五 结论和启示

（一）结论

本文结合产业创新研究相关理论及成果，从创新环境、创新投入、创新过程、创新绩效四个维度构建制造业产业创新能力测度指标体系。收集2012~2022年数据，通过纵横向拉开档次法、聚类分析方法等，对我国制造业产业创新能力各子系统和整体的时空变动趋势进行深入分析，得到以下结论。

1. 制造业创新能力整体提升迅速，高技术产业是主要驱动力量

分析发现，2012~2022年制造业产业综合创新能力得分从-0.428增加至0.736，增幅为1.164，综合创新能力得到了较大提升。将制造业按技术密集程度不同分成高技术、中技术、低技术三大类产业后发现，2012~2022年三大类产业创新能力均显著提升。其中，高技术产业综合创新能力发展最快，综合创新能力得分增加了1.959，中技术产业和低技术产业的综合创新能力得分增长值依次为1.080和0.727。

通过对2012~2022年高中低技术三大类产业综合创新能力得分进行分类统计可知，医药制造业、专用设备制造业、通用设备制造业以及计算机通信和电子设备制造业等高技术产业的创新能力提升较快；化学原料和化学制品制造业、黑色金属冶炼和压延加工业以及化学纤维制造业等产业的创新能力稳步上升；而农副食品加工业、纺织服装服饰业、酒饮料和精制茶制造业以及木材加工和木竹藤棕草制品业等产业创新能力的发展速度较为缓慢。

2. 高技术产业与中低技术产业创新能力差距显著且逐年扩大

结果表明，铁路船舶航空航天和其他运输设备制造业、仪器仪表制造业、计算机通信和其他电子设备制造业以及医药制造业等创新能力强的产业，持续增加创新投入，研发经费和研发人力不断增加，产品开发的投入与成效也呈上升趋势，通过创新不断改善产品性能、提高产品质量，从而获得

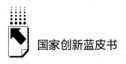

高附加值，促使自身朝着高质量发展。而酒饮料和精制茶制造业、农副食品加工业、木材加工和木竹藤棕草制品业、纺织服装服饰业以及皮革毛皮羽毛及其制品和制鞋业这些传统制造业在发展过程中创新动力不足，创新投入不足，创新成果转化率低，政策环境能力较弱。

从三大类产业来看，高技术产业各维度的创新能力遥遥领先于中技术产业和低技术产业。从三大类产业综合创新能力来看，中低技术产业与高技术产业的综合创新能力差距逐年扩大。

3. 高中低技术产业创新短板不一，各维度发展速度差异明显

就 2022 年三大类产业和制造业各维度得分而言，虽然高技术产业四个维度的得分均高于制造业整体，低技术产业四个维度的得分均低于制造业整体，但对于高技术产业来说，创新投入的优势相较于其他三个维度来说相对不足，低技术产业创新投入得分与制造业整体相差较大，中技术产业四个维度得分与制造业整体差距较为平衡，其中创新过程得分与制造业整体相差最大。这表明创新能力的各子系统中，高技术产业的创新投入仍需加强，低技术产业在四个维度都存在明显的不足，特别是在创新投入层面，而中技术产业在创新环境与创新投入方面与制造业整体接近，但创新过程与创新绩效仍未达到整体水平，尤其是在创新过程方面表现出明显差距。因此，需调动产业的创新积极性，优化创新政策环境，加强高技术产业的创新投入，改善中技术产业的创新过程并提升中技术产业的创新绩效，重视低技术产业各维度存在的不足，补齐短板，增强产业创新能力。

（二）启示

本文根据实证分析并结合实际存在的问题，得到以下几点启示。

1. 高技术产业：持续加大创新投入力度，优化创新资源配置

虽然高技术产业的创新能力总体来说较强，但是创新投入得分相对来说偏低。因此，需要进一步增加对高技术产业的创新投入并对创新经费进行合理配置。首先，国家在加大对高技术产业直接投入力度的同时，可以创新财政科技投入方式，引导社会资本积极参与科技创新，实现科技资源与金融资

源有效对接。其次，合理配置研发人员和研发经费，高技术产业作为战略性和先导性产业，要加强基础研究和应用研究，重点关注关键核心技术突破，以前沿技术研发为基础，全面提升自主创新能力，并发挥对其他产业的辐射和带动作用。此外，高技术产业应充分整合各类资源，优化创新资源的配置，通过知识、技术、人才等的集中与整合，发挥创新要素的组合优势，确保各项资源能够得到有效利用，发挥协同效应。从而不断增强创新能力，促进创新的持续发展。

2. 中技术产业：推动合作创新，促进科技成果转移转化

中技术产业与制造业整体在各维度上最为相近，但在创新过程与创新绩效维度低于平均水平，特别是在开放合作层面。因此，首先，国家应加强对科技成果转移转化的引导和扶持，通过搭建科技成果转移转化公共服务平台等方式，畅通科技成果转移转化渠道。其次，鼓励企业、高校和研究机构之间的合作，增强协同创新意识，形成创新网络，推动产学研合作，建立共享创新平台，实现资源共享和优势互补，共同推动技术进步和产业发展。同时，不断完善管理体制、利益共享机制和支持激励政策，有效激发各类主体创新创业的内生动力，促进科技成果转移转化。除此之外，通过举办技术交流会、峰会等活动，推广中技术产业的创新成果，激发社会对中技术产业的认可和支持，带动中技术产业的发展。

3. 低技术产业：利用数字经济带动传统制造业转型升级

低技术产业存在生产模式落后、产业附加值低和环境污染严重等问题，导致发展缓慢。因此，亟待转变传统发展模式。数字化时代，在新经济发展的大背景下，传统制造业可通过加快产业数字化，重构企业各项业务流程，催生产业新模式，推动制造业的创新能力提升，提高核心竞争力。首先，国家要强化对低技术产业数字化转型的政策支持，整合财税、金融、人才、土地、要素等政策力量，全力推动低技术产业数字化转型。同时，要加快低技术产业数字基础设施建设，加快产业价值链的数字化渗透，提高制造业产业的创新资源配置效率。其次，低技术产业应积极拥抱数字经济，结合产业特征与自身实际，有针对性地引进和应用数字化技术，利用数字技术探索、开

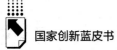

发新的技术与生产模式。最后，低技术产业应主动利用数字经济加强与其他产业的合作和融合。高、中技术产业的技术水平相对较高，相比低技术产业容易突破传统运作模式的路径依赖，通过数字化技术的连接和交互，低技术产业可以与高技术产业、中技术产业进行深度融合，形成新的产业链和价值链。

企 业 篇

B.11
京东方：场景驱动创新加速物联网
创新转型

尹西明　苏雅欣　陈泰伦　李纪珍　李晓辉*

摘　要：　行业领军企业如何立足自身积累和优势，抓住场景驱动创新这一数字时代的范式跃迁机遇，打造自身发展的动态能力，不但是自身实现创新跃迁的关键难题，而且是加快中国产业数字化转型的关键议题。经过30年的发展，京东方突破了中国显示产业"少屏"的困境，成为全球半导体显示领域的领军企业。2019年，京东方确定了"一定要向物联网转型和突围！"因此，京东方提出了"屏之物联"发展战略，确定了"1+4+N+生态链"发展框架，倡导融合共生，赋能生态伙伴。并且，形成了从技术创新到产品创新再到物联网解决方案的全价值链技术创新核心能力体系——AIoT技术创新体系，实现了技术引领。

---

* 尹西明，北京理工大学管理学院副研究员，博士研究生导师，研究方向为数字创新管理、学术创业、科技成果转化与可持续发展；苏雅欣，武汉大学经济与管理学院博士研究生，研究方向为数字创新、战略管理、创业管理；陈泰伦，浙江大学管理学院博士研究生，研究方向为数字创新、绿色创新、可持续转型与国家创新体系；李纪珍，清华大学经济管理学院教授，博士研究生导师，研究方向为创新创业管理、项目管理；李晓辉，清华大学经济管理学院中国工商管理案例中心研究员，研究方向为企业数字化转型和管理创新。

同时，京东方着力打造组织韧性与产业链韧性。未来，京东方将沿着"屏之物联"战略路径，推动企业更高阶段的高质量发展，持续进行价值升维；重点通过整合资源优势、提升协同效率和数字化能力，为业务发展提供高效支撑。

关键词： 京东方　半导体显示行业　物联网　场景驱动创新　数字化转型

　　抓住数字经济发展机遇，培育世界一流创新型领军企业，成为加快培育新质生产力的重要时代任务。成立于 1993 年的京东方科技集团股份有限公司（京东方，BOE），经过持续的自主创新，突破了中国显示产业"少屏"的困境，从后发者一跃而成为全球半导体显示领域出货量第一的领军企业，在 2019 年实现了千亿元级营收的历史性突破。在实现半导体显示业务全球领先后，准确把握产业智能化、数字化和高端化转向的战略机遇，深刻把握管理范式变革趋势，确立了"屏之物联"的全新战略定位。2019 年，参与并见证了京东方自主创新历程的陈炎顺，正式接过王东升的"接力棒"，担任京东方董事长兼执行委员会主席。在董事会上，陈炎顺表达了对物联网战略的高度重视："我们新一届董事会和经营团队将全身心投入，带领京东方加快向智慧物联网方向转型发展。"

　　京东方秉持"屏即平台，屏即系统，屏即场景"的全新战略理念，以"屏之物联"为战略引领，通过持续的技术、管理与文化创新，加速推进从半导体显示领域向物联网产业领域转型，开启了创新发展的"第二曲线"。2021 年，京东方营收达到 2193.1 亿元，历时两年便实现了第二个千亿元的突破。① 2023 年上半年数据表明，京东方在五大细分应用领域的 LCD 显示屏出货量保持全球领先地位，稳居第一。此外，2023 年柔性 AMOLED 出货量突破 1 亿片量级，同比增长近 80%。②

---

① 营收从 1993 年的 1.4 亿元增长到 2019 年的 1161 亿元，花了 27 年。
② 文中数据若无特殊说明，均来自京东方财务报告和实地调研。

一　从创立到成为全球半导体显示产业领军者

京东方的前身是老牌国企北京电子管厂。由于技术落后、产品老化和经营不善等原因，该厂到 1992 年时已经资不抵债、濒临倒闭。王东升和 2600 名员工集资 650 万元，通过股份制改造，创办了中国第一家债转股企业——京东方。在他带领下，京东方通过盘活存量、合资合作等方式，很快扭亏为盈，并于 1997 年在深圳 B 股上市。

凭借对半导体技术发展趋势的深刻洞察，2003 年王东升带领京东方进军世界前沿的液晶显示屏（TFT-LCD）。通过并购—消化吸收—再创新的方式，京东方在过去十多年里保持持续创新的活力，先后建立了中国大陆首条第 5 代、第 6 代和第 8.5 代 TFT-LCD 生产线，并成为全球首家建成第 10.5 代 TFT-LCD 生产线的企业，拥有国际领先的第 6 代柔性 AMOLED 生产线。截至 2022 年，公司的手机、平板电脑、笔记本电脑、显示器和电视出货量均位居前列，成绩斐然。

初入行业时"缺芯少屏"、技术封锁与恶意竞争等惨痛经历使京东方意识到技术才是硬实力。"技术行不一定赢，技术不行一定输！"自 2003 年收购韩国现代的 TFT-LCD 业务，打造第五代 LCD 生产线以来，京东方持续保持每年 7% 左右的高研发投入强度和 20% 以上的高研发人员比重，并鼓励专心专注、包容失败、激励创新的企业制度和文化。秉持"对技术的尊重和对创新的坚持"，京东方围绕核心技术能力和产品深耕，通过不断提升产品技术、生产效率和经营效益，持续创新发展，实现了全系列液晶屏国产化，并逐渐成为全球半导体显示领域出货量第一的领军企业。

京东方连续突破了超高清显示、柔性显示、MLED 显示等前沿技术，并于 2021 年 12 月发布中国半导体显示领域的首个技术品牌，涵盖 ADS Pro、f-OLED 和 α-MLED 等核心技术。这一举措开启了"技术+品牌"双元价值驱动的行业发展新纪元。

截至 2023 年 12 月，京东方已经建立了 17 条半导体显示生产线，还计

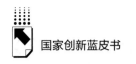

划在四川布局我国首条第 8.6 代 AMOLED 生产线，这标志着中国大陆结束了"无自主液晶显示屏时代"，突破了内地消费电子产业及平板显示产业的核心技术，真正实现了中国全系列液晶屏国产化。

其中，位于成都、绵阳、重庆的 3 条柔性 AMOLED 生产线均已达成量产及稳定出货，国内首个 AMOLED 产业集群已初具规模，占据全球近三成产能。2023 年，京东方的全球领先地位持续巩固，无论是显示屏总体出货量，还是手机、平板、笔记本、显示器等五大主流领域 LCD 出货量，均稳居全球首位；在柔性 OLED 领域，京东方柔性智能机显示屏出货量位列中国第一、全球第二，车载显示出货量及出货面积均位居全球第一，还发布了全球领先的首款车载曲面中控屏。

2013 年，京东方高层预见到物联网将有望成为工业革命和数字经济的助推器。因此，京东方加快了向多元显示场景的生态链拓展和价值链提升的步伐。2016 年，公司正式确立了物联网属性，并提出了"开放两端、芯屏气/器和"的物联网发展战略。2017~2018 年，公司进一步提出了"物联网发展阶段 1.0 论""应用场景是打开物联网价值创造之门的钥匙""赋能应用场景""智慧领航作为物联网转型的价值体现"等观点，用以指导企业物联网转型实践探索。京东方主动谋求再次转型：由一家显示器制造企业转变为"全球领先的为信息交互和人类健康提供智慧端口产品和专业服务的物联网公司"，力争成为千亿美元的"地球上最受人尊敬的伟大企业"（Best On Earth，BOE）。

二 "一定要向物联网转型和突围！"

2019 年，陈炎顺接过王东升的"接力棒"，先后提出"融合共生、赋能场景""芯屏气/器和、共建物联生态"等价值主张和观点。彼时，摆在他面前最大的难题不再是"是否要转型"，而是"一定要向物联网转型和突围！"但是，到底靠什么才能把产业链的两端拉在一起？陈炎顺提及："这个担子交给我，我也在琢磨，怎样才能将半导体显示技术和物联网技术相融合，其应用场景在什么地方，怎样才能形成一整套的企业发展理念。"在陈炎顺看来，"京东方作为行业领军企业，如何立足自身积累和核心优势，把握产业机遇，推动物联网转型，不仅关系我们自身能否在数字经济时代保持核心竞争力，还关系中国产业能否加速创新跃迁，实现数字化、智能化转型"。

2021年，京东方正式确立"屏之物联"这一发展战略，明确定位为物联网创新领域全球创新型企业，物联网转型进入全新的战略时期。

京东方的战略选择不是凭空而来的，而是源于对时代和产业的深刻认知，尤其是在半导体显示领域的技术与管理核心能力积累。以"屏"起家的京东方，拥有丰富的面板产能资源、领先的半导体显示技术、知名的市场客户资源等，在显示无处不在的物联网时代，京东方具备物联网创新变革的"天然优势基因"——显示先导力、技术引领力和平台整合力，这"三驾马车"是助力京东方转型与突围的关键抓手。

（一）屏之物联

京东方将"屏之物联"的核心理念总结为三个方面：集成更多功能、衍生更多形态、植入更多场景。

集成更多功能，对应了公司的技术创新能力。屏的技术日新月异，摄像、触控与发声等功能都逐步向屏幕集成；面部感知、图像强化等算法丰富着屏幕的功能体验；人工智能、大数据等技术让屏幕成为软硬融合的综合体并日益智能；屏幕不再仅限于显示，而是成为一个功能平台，即"屏即平台"。这些功能的有机组合构成了一个面向具体细分场景的系统，也就是"屏即系统"。

衍生更多形态，对应了公司的产品制造能力。客户需求的定制化、技术迭代的多元化及场景应用的细分化，对屏幕的形态提出了更高的要求。京东方不断坚持产品创新，强化了终端制造小批量、多样化、柔性化的应对能力，并横向拉通器件、终端、方案，持续突破屏幕尺寸、形状等限制，通过折叠屏、卷曲屏、雪花屏、透明显示等创新产品形态，增强屏幕适配能力，给屏更多想象空间。

植入更多场景，对应了公司的市场创新能力。在物联网时代，应用场景越来越多样化，标准也存在差异和不一致性。随着智能化物联网设备的快速研发

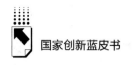

与广泛应用,传统的标准化产品或解决方案已经无法满足多样化的需求。为了应对这一挑战,京东方与行业伙伴通力合作,不断拓展场景创新能力,并深度理解客户需求,通过应用创新将产品和服务在各个细分场景中不断地植入和应用。

(二)1+4+N+生态链

京东方立足显示终端主业积累,不断开拓应用场景,以应用场景实现物联网价值创造。同时,公司致力于丰富拓展技术能力和业务领域,逐步确立了"1+4+N+生态链"发展架构(见图1),形成基于显示和传感核心能力,向半导体显示产业链和物联网各场景价值链延伸的战略布局。

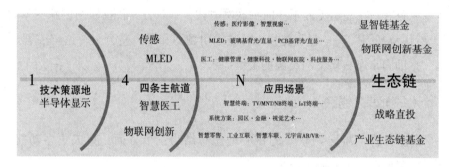

图1 京东方"1+4+N+生态链"发展架构

"1"象征着京东方在半导体显示技术领域积累的核心竞争力和宝贵资源,它不仅是"屏之物联"的战略原点,也是核心动力。陈炎顺曾明确指出核心技术对于物联网转型的优先级和重要性:"半导体显示事业是京东方行稳致远的压舱石,是实施物联网转型的基点和推进器"。

"4"代表公司基于已有的核心能力与价值链延伸所遴选的高潜赛道,也是"屏之物联"的主要发展方向。

"N"象征着不断开拓的细分物联网应用场景,也是"屏之物联"战略具体的着力领域。

"生态链"代表赋能创新生态发展的平台,也是全新战略落地的重要保障。

具体来讲,即聚焦半导体显示事业,发力物联网创新、传感、MLED、智慧医工四大赛道,面向智慧车联、智慧零售、智慧金融、工业互联网、智慧园区、数字艺术等发展前景广阔且与屏产品强相关的丰富应用场景，推出多元化、差异化、高附加值的 AIoT（人工智能物联网）整体解决方案，打造以显智链基金、物联网创新基金、战略直投、产业生态链基金等为基础的生态链；推动战略合作者、供应商、客户、企业、投资者合作共赢。

（三）融合共生，赋能生态伙伴

在物联网生态中，京东方特别关注融合共生，致力于为生态方创造价值。数字经济时代下，数实融合已成为推动企业发展、产业升级的驱动力和主旋律。一方面，5G、人工智能、大数据等新兴技术与现有技术深度融合，为产业高质量发展提供强有力的科技支撑；另一方面，不同产业间相互渗透，产业生态趋于整合，未来将催生更多市场机遇。

京东方坚信，物联网转型不能单打独斗，应当坚持"开放、协作、共赢"发展理念，和全球创新伙伴一道，拓展合作平台，构建良性发展的产业生态，共享机遇、共谋发展、共赢未来。

秉持开放多元的信念，京东方通过业务价值链界定了五类"生态伙伴"，包括构建伙伴、营销伙伴、服务与运营伙伴、能力供给伙伴等五类，比如构建伙伴主要是提升解决方案产品力、共同打造软硬融合产品；营销伙伴主要是打造市场渠道触达力，共同拓展业务机会；服务与运营伙伴主要是共同服务客户，持续迭代解决方案。通过构建"生态伙伴"体系，建立互相信任、多元开放、公平公正的生态环境，最终目标是实现能力互补、价值共创。与此同时，京东方也为合作伙伴提供技术、生产、营销、培训、销售等领域的全面赋能，围绕显示与物联网两大产业链，主动开放资源、培育产业、联结运营、促进群链产业发展，提升群链效率，实现共创共赢。

三　技术引领

京东方高级副总裁和联席首席技术官姜幸群指出："随着物联网转型，京东方的事业格局从半导体显示器件向多元化、立体化的方向发展，随之而

来的是相应的技术创新体系的演进与升级。京东方的物联网转型路线，是立足于显示器件，发力于产品，落脚于场景化应用。与之对应的技术体系，也需要支撑器件、整机、系统、平台等多模式多形态的业务需求。"

京东方的技术战略规划与集团整体战略同步制定，支撑和引领集团整体战略；技术获取采用开放式创新模式，围绕"屏之物联"战略，搭建技术合作生态体系，通过多种途径实施技术创新活动。此外，注重研发管理流程，坚持客户导向，建立系统高效的创新体系主框架，并总结行业先进实践，提炼理论，采用产品创新与技术领先并行的实施策略。

创新管理方面，京东方坚持技术领先、全球首发、价值共创，并积极强化基础科学和前沿科学研究。一方面，在集团技术中心开设前沿技术寻源组织，扫描全球的颠覆性技术与新事业机会，通过全球驻扎，围绕硅谷、波士顿、圣地亚哥等全球创新聚焦高地，并通过创新模式，建立网络、分级寻源、联合评估、规范流程；另一方面，联合产业链上下游企业，以开放的心态推进产学研深度协同和联合开发。

技术创新体系方面，京东方以创造客户价值为目标，以技术与产品开发中台、信息技术研究开发中心、中央研究院、技术战略与协创中心、技术与产品委员会由上至下为支撑，以技术与知识产权管理中心为核心，围绕智慧医工、显示器件及物联网创新、传感器与解决方案、MLED四大事业部形成各自技术子体系。进而在风险识别防范和技术信息知识产权的保障与资金、平台、人才、组织、机制、政策、文化的支撑下，通过技术洞察、技术战略、技术获取、产品实现、新产品生产与营销，构建技术创新体系，开展技术创新活动。

（一）AIoT 技术创新体系

在确立转型战略后的两年时间里，京东方专注顶层架构设计，以物联网细分领域的需求为导向，通过共性核心技术和客制化应用开发构建了"软硬融合—智能物联—场景赋能"三级矩阵式结构，逐步形成了从技术创新到产品创新再到物联网解决方案的全价值链技术创新核心能力体系——AIoT 技术创新体系（见图 2）。

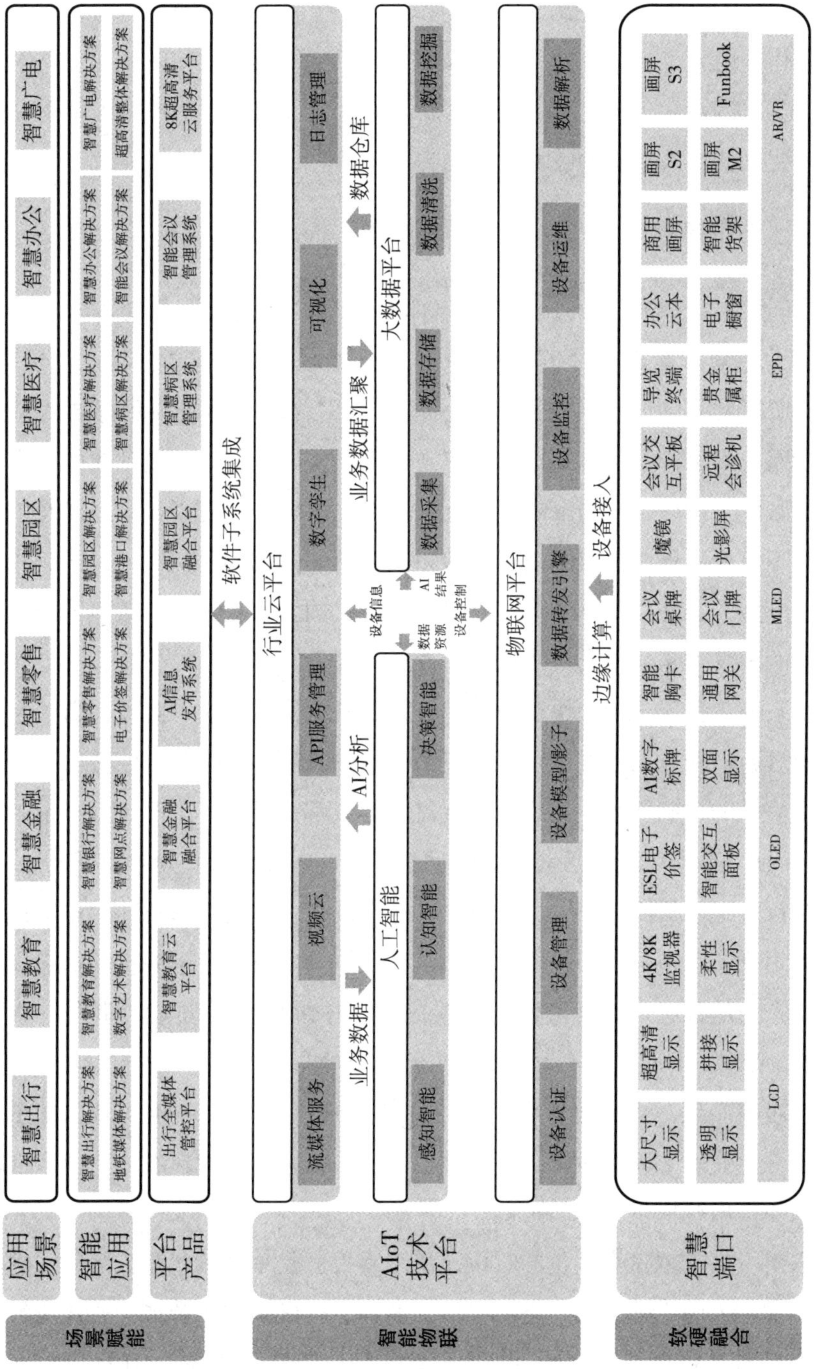

图 2 京东方 AIoT 技术创新体系

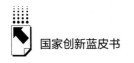

其中，"软硬融合"指的是物联网端口向智能化与传感化转型，包括屏幕、芯片、传感和通信等的系统集成，以及嵌入终端的操作系统和各类上层应用；"智能物联"指以云计算、大数据、人工智能等数字技术为牵引，打造以数智化技术为核心的技术创新能力。

（二）场景赋能

"场景赋能"既是 AIoT 技术创新体系建设的出发点也是其落脚点。在2022 年北京冬季奥运会的开幕典礼中，作为物联网系统集成的标志性成果，京东方所研发的巨型"雪花"装置在国家级重大事件中的应用标志着京东方物联网技术架构的实际落地。京东方负责了从硬件基础设施到软件程序的全方位研发与设计，成功解决了包括极小发光区域、不规则显示屏以及信号一致性等技术挑战，推出了业界最窄发光面的单像素可控制 LED 异形显示屏。该巨型"雪花"装置内嵌了550000 个独立控制的 LED 灯珠，每个灯珠的发光面积仅为 4.8 毫米。依托京东方独立开发的同步与异步兼容的终端播放控制系统，实现了 102 块双面显示屏的毫秒级快速响应。此外，高冗余控制系统对通信和电路进行多重备份，结合有线控制和 LoRa 无线控制技术，确保了信号的精确同步。北京冬奥会雪花、成都双子塔、工商银行金融街旗舰店、国庆 70 周年庆祝活动光影屏等已成为京东方创新业务的标杆项目。

在折叠屏手机刚面市时，市场对它存在疑虑，外折的形态让人难免担心屏幕的划痕或者损坏。但随着柔性显示的发展，内折、上下翻折的形态逐渐改变了人们的观念，市场认可度持续提升。在柔性显示领域，京东方联手OPPO、荣耀、vivo、华硕等伙伴，推出了折叠屏手机、折叠屏笔记本电脑等高端旗舰产品，为消费者带来不一样的柔性体验。2023 年 6 月，京东方首发了可卷曲 6.5 周的显示屏，颠覆了笔记本电脑的常规形态，为内容灵活切换和便携出行提供了更多可能。

在出行需求越发个性化的时代，汽车不再只是单纯的代步工具，已逐渐成为工作、生活之外的第三空间。用好屏幕、场景拓展、智能交互成为智能座舱中人们不断追求的目标。具体而言，仪表屏、中控屏、HUD 等多样化的屏幕形态为智能座舱设计提供了更多选择，并成为亮点之一。同时，座舱内的应用场景不断拓展，除了车辆状态提示、导航等基本需求外，还向娱乐、社交等更多场景逐步延伸。面对众多场景，多模态人机交互变得越来越突出，屏幕将集成相应功能，搭配智能感知的算法，实现多"感官"交互。京东方推出了智能座舱解决方案，其外观、显示技术、硬件板卡、软件系统均由京东方自主设计和研发。座舱搭载了 42.2 英寸贯穿屏及 6.94 英寸电子后视镜，在副驾驶区域还搭载了主动式防窥屏，配合屏下摄像自动调整屏幕的显示形态，可实现既人性又安全的智能交互。

随着自动驾驶不断成熟，人们可能不再需要时刻紧盯车道，释放的注意力需要座舱新的功能加以满足。京东方推出"HERO"计划，未来将携手全球合作伙伴，共同打造集健康检测（Healthiness）、移动电竞（Entertainment）、休闲娱乐（Relaxation）、会议办公（Office）于一体的智能座舱立体解决方案，为用户提供安全智能的驾乘选择，为大众带来舒适趣味的出行体验。

（三）技术成果及其应用

京东方专注创新，坚持技术领先，建设软硬融合的物联网技术创新体系。跨越三个十年的发展旅程，京东方不仅在技术领域取得了突破，也成为知识产权的重要持有者。公司致力于推动知识产权的保护，并成功建立了一套健全的知识产权管理体系。截至 2022 年底，京东方累计自主申请了超过 8 万件专利，其中超过 2.8 万件与柔性 OLED 相关，全球有效授权专利超过 4 万件，覆盖多个国家和地区。京东方在年度新增专利申请中，发明专利申请超过 90%，海外专利申请超过 33%，连续七年在世界知识产权组织（WIPO）全球专利排名中位列前十，连续五年在 IFI 美国专利授权排名中位列全球前二十。在人工智能算法领域，京东方有 13 项算法排名世界第一，40 余项排名世界前十。京东方还在标准制定修订上做出了突出贡献，截至 2022 年，累计主持和参与了 329 项国内外技术标准的制定修订，包括国际标准（ISO、IEC、ITU）、中国国家标准、电子行业标准及团体标准等，涵盖 LCD、柔性 OLED、MLED、超高清、健康显示、智慧视窗、指纹识别、

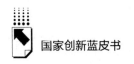

物联网、智慧金融和移动健康等多个技术领域。"Powered by BOE"高端显示技术标签已成为众所周知的技术名片。①

物联网时代背景下，显示将融入更多应用场景。京东方充分发挥其"屏"的核心优势，围绕屏向周边扩展，把握"屏"无处不在的增长机遇，让屏赋能物联网千行万业，持续创造价值。在智慧金融领域，京东方已为多家银行的超过 3500 个网点提供智慧金融解决方案；在智慧园区领域，为景德镇陶溪川文创街区、陶阳里历史街区构建了全场景、全要素、全周期的智慧园区解决方案，助力千年瓷都焕发科技活力；在视觉艺术领域，京东方打造的 8K 超高清户外大屏为北京市民带来身临其境的超高清观看体验；数字艺术领域，由京东方自研的 AI 超高清画质增强技术助力中国电影博物馆、中国国家话剧院等机构的众多历史经典影像重新焕发活力。

四 打造组织韧性与产业链韧性

陈炎顺秉承创始人王东升对全球优秀企业管理经验的提炼，即"战略清晰、专心专注、坚持不懈；技术独立、产品独特、持续创新；依靠团队建设、制度流程和优秀文化传承，实现持续发展，基业长青"。他每年至少两次为京东方全球经理人会议做主题演讲，推动物联网战略落地。他强调："物联网市场与半导体显示市场特征完全不同，我们要重塑管理理念、管理模式和流程机制，如果局限于过去的成功经验，我们将错失转型发展良机。""我们要要时刻保持危机意识，全体干部员工特别是高管，要勇于变革、敢于担当、永葆竞争进取锋芒。"

（一）打造组织韧性

在抓住机会快速成长的过程中，京东方于 2009 年进行了系统性的组织

---

① 《爆品频出，为什么"Powered by BOE"能成为高端显示技术标签?》，网易网，https：//www. 163. com/dy/article/HNGPFOU405317I47. html，2022 年 12 月 1 日。

变革，2010 年 10 月，京东方开始正式实施被称为"SOPIC"的创新变革，其主要内容是以强化基础能力（客户/市场应对能力、运营精细化）为目标，以专业化、集中化、流程化、信息化为手段，协调更大规模和更加复杂的生产系统，使之能够迅速响应市场需求及其变化。

SOPIC 创新变革模型包括战略、组织、流程、信息化赋能和内控，以市场需求为驱动力，以技术创新为核心竞争力，以产品创新为发展重点，京东方借此对其运营管理体系进行了全面升级。公司已经从局限于特定区域的产品管理，转向全球范围内的业务整合管理，并且从单一的硬件组件供应，演变为提供综合性的物联网产品和服务。京东方还实施了以创新为核心的精益管理流程，以提升技术创新和质量管理的效率，确保技术成果能够高效转化为优质产品，并进一步发展为智能化的解决方案，从而塑造了公司在物联网行业的动态竞争力。

京东方还探索出"三横三纵"的运营管理体系（见图 3），以期通过敏捷响应、高效协同的组织管理模式来保障"屏之物联"战略顺利转化为组织行动。

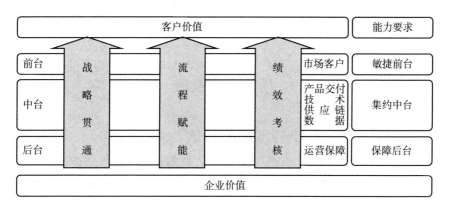

图 3 京东方"三横三纵"运营管理体系

"三横"指的是敏捷前台、集约中台和保障后台。前台的设计目的在于促使员工更积极地与客户互动，以便捕捉并迅速反馈客户的实际需求。这些信息随后传递至中台，以激发中台在技术创新、产品开发、供应链管理、生

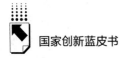

产和质量控制等方面进行能力提升，从而为前台的市场活动提供精准匹配的优质产品。后台则提供必要的支持，包括人力资源、财务、行政和监督等职能，以保障前台和中台的业务流程既规范又高效。

"三纵"指的是串联前台、中台和后台的垂直管理体系。分别针对组织的战略、流程和绩效。战略规划确保整个团队朝着既定的共同目标前进，依赖于清晰的战略方针和切实的实施步骤，防止部门间的无序和孤立运作；流程优化则通过构建一个以价值创造为核心、运作高效且风险可管理的流程系统，提高工作效能；而绩效激励机制则致力于激活企业内部动力，借助专业化团队和市场驱动的评估体系，调动员工的积极性，确保那些对企业贡献价值的员工能够分享到企业成长的成果。

京东方努力通过"三纵三横"的运行管理体系打通运营管理的关键节点，将物联网战略落到经营管理实处，增强企业内部管理的韧性。

（二）产业链韧性和生态韧性

在组织内部管理韧性的基础上，京东方围绕"1+4+N"的发展架构，高效整合产业链，打造企业生态圈管理能力，致力于实现产业链韧性和生态韧性的有机整合。

五　未来发展

在 2022 年 9 月，由凯度集团联合《财经》杂志及牛津大学共同发布的《生态品牌发展报告（2022）》中，京东方被列为首批获得生态品牌认证的十二个品牌之一。随后在 2023 年，京东方再次荣获生态品牌认证。该认证不仅为全球企业与品牌的生态转型提供了实际的参考案例，同时也为物联网产业在生态品牌构建方面提供了创新的模式。到 2023 年 6 月为止，京东方已经建立了一个包含 5000 名成员的生态合作伙伴网络，这些合作伙伴在将近一百个特定的应用场景中进行合作与实践。它们一起在园区管理、金融服务、教育技术、8K 超高清显示、视觉艺术展示和数字展览陈列等多个专业领域，开发了一系列示范性项目，这些项目为相关行业的智能化升级提供了强有力的支持。

总结而言，京东方三十年创新发展和持续转型升级的关键在于：保持战略定力；始终秉持对技术的尊重和对创新的坚持；勤于优化管理体系和发展模式，保持优秀企业文化的传承与发展，形成更具生命力、价值观和精气神的企业生命体。

京东方将在充分发挥企业内部资源与自身能力优势的同时，沿着"屏之物联"战略路径，把企业发展战略主动融入国家发展战略，加快数字化、智能化、平台化转型，通过创新引领、场景驱动、深耕物联、高质增长，从"万物皆显示"走向更加广阔的"显示联万物"时代，推动企业更高阶段的高质量发展，持续进行价值升维。

随着"屏之物联"战略不断深入，京东方的事业格局从单纯的半导体显示器件，向多层次、立体化的方向发展，这也为京东方内部的"数字化变革"提出了"更新、更快、更强"的业务响应要求。京东方将重点通过整合资源优势、提升协同效率和数字化能力，为业务发展提供高效支撑。

然而，在向物联网创新转型的过程中，一系列新挑战和新问题不断涌现：如何进一步完善数字化创新生态治理，强化技术核心能力与物联网场景融合，从显示与传感器件等硬科技创新迈向更复杂也更具竞争力的物联网解决方案与场景创新？京东方如何进一步发挥产业龙头优势，不断推进战略升维，赋能产业智能化、绿色化、高端化转型，提升产业链供应链韧性发展水平和全球价值链地位，助力现代化产业体系建设，加快培育新质生产力？这些是京东方在数字经济时代正在思考和探索的议题。

B.12
龙芯:"以市场带技术"推进国产 CPU 创新发展

郑 刚 邓宛如*

摘 要: 近年来,美国对华科技企业的种种遏制事件表明,发展关键核心技术是强国之道,关键核心技术受制于人是国家安全的最大隐患。本文以胡伟武为首的中科院龙芯 CPU 团队自主创新发展历程为主线,详细阐述了龙芯团队在"夹缝中"努力突破芯片关键核心技术的过程。不同于我国汽车等产业传统的"市场换技术"战略,龙芯在实践中摸索出"市场带技术"的创新发展战略,即充分发挥我国体制优势和市场优势,通过体制内市场引导形成技术能力带动技术进步,再参与体制外市场竞争。龙芯目前已取得阶段性成果,但仍面临残酷市场竞争和打造自主产业生态的挑战。龙芯"市场带技术"的战略和关键核心技术突破的路径对其他行业和企业探索适合自己的自主创新道路和关键核心技术突破路径有参考和探讨价值。

关键词: 龙芯 国产 CPU 技术创新

一 引言

2018 年,中兴通讯遭美国制裁;2019 年,华为被美国列入贸易管制"黑名单",导致谷歌和芯片设计商 ARM 相继中断与华为的合作;2020 年,

---

* 郑刚,浙江大学管理学院教授,博士研究生导师,研究方向为技术创新管理;邓宛如,浙江大学博士研究生,研究方向为创新与战略管理。

华为的芯片代工受阻……随着大国之间的博弈不断升级，我国部分领域关键核心技术不断遭遇"卡脖子"问题。

"短期来看，（中兴事件）对我国电子信息产业压力很大，长期来看利大于弊"，龙芯中科技术股份有限公司（以下简称"龙芯"）董事长、中国科学院计算技术研究所研究员、龙芯 CPU 首席科学家、"龙芯之父"胡伟武，再次被推到聚光灯下："要实现中华民族伟大复兴的'中国梦'总要经历一些磨难，这次事件就是我们在中华民族伟大复兴道路上的一个磨难。由于我国集成电路长期依赖于人，'禁运'如果继续发酵，我国电子信息产业的企业会面临很大的压力，甚至不少企业面临生存困境。我们必须彻底放弃幻想，坚持自主研发。"[①]

二十年来，胡伟武带领龙芯团队，做着这样的事情——探索出"市场带技术"的道路、打造属于中国人自己的芯片，即利用体制内市场引导形成技术能力带动技术进步，再参与体制外市场竞争。2021 年上半年，龙芯净利润已超 5 亿元，成为冲击科创板的第一只国产自主 CPU 股，其合作伙伴增至千家，下游基于龙芯的开发人员达到数万人，龙芯应用于网络安全、办公与信息化、工控及物联网等众多场景中。

二　潜龙初升：于科研中诞生

（一）无"芯"之痛

近年来，中国制造业升级如火如荼，全球 70%的彩电、90%的手机和电脑都在中国生产，但是相关产品中的芯片严重依赖于国外。我国 90%的芯片依靠进口，2021 年，中国芯片进口约 4400 亿美元，达到石油进口总额的 2 倍以上。芯片是中国第一大进口产品；而国内芯片自给率不足 20%，高端

[①] 宋杰：《龙芯总设计师胡伟武：2020 年前，龙芯争取成为行业型的 CPU 龙头》，《中国经济周刊》2018 年第 17 期，第 21~23 页。

芯片自给率不足 5%。

芯片是信息产业的基础设施,而通用 CPU(中央处理器)的地位更是堪比"大脑",控制着其他器件的运行,自主研发的难度很大。在很长一段时间内,只有美国掌握芯片关键核心技术,有能力进行芯片的自主研发,其他国家不得不向美国申请授权或购买产品。由于历史原因,我国计算机的研究工作从 CPU 和 OS(操作系统)两大核心器件中退出,抱以"造不如买"的想法,将 IT 产业和国家安全建立在国外开发的 Wintel 和 AA 体系平台上[①]。一直以来,信息技术产业主要被以 Intel 和 AMD 等为代表的国外芯片企业,和以 Windows 为代表的操作系统企业所垄断,它们的地位几乎无法撼动。即便是中国企业在本土市场内销售的电脑、手机,也几乎采用国外厂商供应的芯片,对于本应以高附加值为特征的电子产品,中国企业往往只能分到 2%~3%的利润,而售价的 20%~30%则需要支付给国外专利持有者,国内企业根本不具备核心技术能力及发展的话语权。[②]

(二)龙芯的诞生

胡伟武等人开始做 CPU 设计源于中科院计算技术研究所所长李国杰院士的直接推动。CPU 设计技术是核心技术,设计是"大系统",存在高度的复杂性;并且市场壁垒很高,就算流片成功的 CPU,如果没人用起来,也会走入"鉴定会就是追悼会"的怪圈。然而,李国杰院士站在如何发展整个国家的信息产业的角度来考虑问题,决定把 CPU 设计作为计算技术研究所的一个内部项目先做起来——设计出一款能用的 CPU。2000 年,胡伟武主动请缨组建 CPU 设计队伍。2001 年 5 月,在得不到任何外界经费支持的情况下,中科院计算所提供了全部的创新经费(1000 万元)支持龙芯课题组。

---

① Windows 操作系统和 Intel 的指令集体系构成了 Wintel 体系;与此类似,Android 操作系统和 ARM 的指令集体系构成了 AA 体系。

② 《〈光荣的追寻〉:"龙芯之父"胡伟武的"中国芯"》,搜狐网,https://www.sohu.com/a/241704778_309387,2018 年 7 月 17 日。

　　龙芯团队紧紧地团结在一起，彼此信任，同心协力地进行攻关。经过夜以继日的连续奋战，2002 年 8 月，随着通用 CPU 龙芯 1 号的问世，我国终于实现了 CPU "零"的突破。在很多人质疑中国要不要做芯片的时候，龙芯团队依靠极其有限的资源，在不确定的环境中终结了我国信息产业"无芯"的历史。龙芯 1 号处理器主频最高可达 266MHz，与 Intel 奔腾 Ⅱ 处理器①的主频相同。但是经国际标准测试程序检验，龙芯 1 号的实际性能仅为奔腾 Ⅱ 的一半左右。

　　然而，龙芯团队很快调整状态，进入下一阶段的攻关当中。2003 年 10 月，我国首款 64 位通用 CPU 龙芯 2B 研制成功，其性能达到龙芯 1 号的 3 倍。2004 年 9 月龙芯 2C、2006 年 3 月龙芯 2E 相继流片，每一款性能都得到了 3 倍提升。其中，龙芯 2E 是我国首款最高主频超过 1GHz 的 CPU，性能不亚于中低档的奔腾Ⅳ。在此次研发中，龙芯团队制定了一条风险与挑战并存的技术路线——除了依靠制程工艺提高性能外，还在访存带宽方面进行优化。龙芯 2 号系列处理器研制最终完成了我国自主 CPU 技术的"三级跳"，在单处理器方面达到了世界先进水平。

　　龙芯 2 号系列 CPU 的研制成功在国际上引起了很大反响。2006 年，世界著名半导体公司意法半导体购买了龙芯 2E 和 2F 的生产和销售授权，这一事件开创了我国计算机关键核心技术对外授权的先例。2009 年，龙芯团队经过深思熟虑，从 MIPS 公司获得 MIPS32 与 MIPS64 架构授权。龙芯团队做出这一选择的原因是 MIPS 架构允许被授权方更改设计，在此基础上，龙芯团队可实现完全的自主知识产权，将"自主创新"变为现实。

　　在这一阶段，龙芯团队得到了国家"863""973""NSFC"等项目的支持，在边学习边研制、积累技术能力的过程中，胡伟武等人越发意识到，中国人在信息产业的关键核心技术方面，完全可以通过自主创新取得突破。

---

　　① 奔腾 Ⅱ 处理器（Pentium Ⅱ）为 Intel 于 1997 年 5 月推出的微处理器，是 Intel 确立业界优势的经典之作。

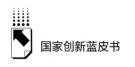

三　神龙摆尾：向市场化转型

龙芯在前十年的时间里完成了技术积累，然而胡伟武却逐渐深感研发和市场脱节的问题："CPU 必须是给人用的，否则你做得再好，拿再多的国家奖，评再多的职称都是没用的。"曾有客户有使用龙芯 CPU 的意向，但接触后发现龙芯的产品不可用或不好用。

2010 年 4 月，在包括路甬祥院士在内的众多领导和专家的支持下，由北京市政府与民营企业共同出资 2 亿元，龙芯团队全面走向市场化，成立龙芯中科技术股份有限公司，胡伟武作为总裁。此时恰逢国家推进自主信息化工作，龙芯因此获得了被应用的机会。

（一）从"作坊式"到"工业化"

组织上的转型并不意味着行动和思想上的转型。龙芯很快就遇到了挫折，龙芯 3B1000 芯片于 2010 年 11 月流片成功，但第一批芯片使用后却连操作系统都启动不了。经过一番排查，胡伟武发现问题出在芯片的逻辑设计上——由于芯片逻辑设计这一简单失误，这一批芯片出现质量问题。而在同一时期，龙芯 1A、2I 等其他芯片也出现了类似的情况。这无疑是一个重大的打击，不仅在费用上造成了损失，而且给市场造成了不好的影响。追根究底，是龙芯的管理机制出了问题。在课题组时期，龙芯主要采取"作坊式"的设计流程，胡伟武作为课题组组长，可以细致入微地把控每一颗芯片的完整设计环节和流片过程。然而现在，"工业化"的作业流程却还未建立起来。由于精力有限，身为公司总裁的胡伟武，无法同时顾及研发、市场、财务等问题，导致最终产品问题和服务问题频发。

为了建立现代企业管理制度，克服科研和市场人员的随意性，胡伟武等人根据下游厂商反馈的意见和问题，结合公司管理的实践经验，重新着手芯片研制的质量体系建设，建立了"立项、方案、签核、测试和结项"的"研制五步法"；并进行了全面预算管理，详细制定了每个阶段的研发和查核内容。经过一年多的管理改进,科研和市场人员的产品意识得到了增强,产品质量和服务意识得到了提高,严重的产品质量问题不再出现。

(二)从"浮点峰值"到"单核通用处理能力"

上述的技术错误总还是可以慢慢解决,但是龙芯 3B 芯片的研发方向却出现了巨大偏差。早在 2009 年,龙芯团队就研制出我国首个四核 CPU 龙芯 3A1000,这标志着他们掌握了多核 CPU 研发的一系列关键技术,该处理器的性能已超过 Intel 的奔腾Ⅲ,虽然还是有点儿慢,但在很多比较固定的领域已经可以进行应用。然而,由于当时团队一味追求国际学术界的热点,只关心多核以及浮点峰值性能等单一指标,所以在单核的通用处理能力上逐渐落后。

龙芯虽然在学术上取得了成功,但在"十一五"期间,我国 CPU 单核通用处理性能被国外主流产品迅速拉开差距,从相差一到两倍到相差一个数量级。①

技术上的差距体现在市场上就是不好用。在国家自主化应用试点的过程中,由于自主 CPU 应用遭遇性能瓶颈,在与国外产品的强大对比落差之下,2013 年左右,国家基本上放弃了 CPU 自主研发路线,转而支持引进国外 CPU 技术路线的课题项目,走上了"市场换技术"的道路。以 IBM、AMD、ARM 为代表的国外 CPU 企业乘虚而入,纷纷建立合资企业,这使得龙芯陷入巨大困境,在最艰苦的时候,差点连工资都发不出。

在此背景下,龙芯决心卸下科研导向的包袱,静下心来按照市场规律办事。他们结合市场需求,及时调整研发路线,为每一系列芯片规划了角色:龙芯 1 号针对产业链短、容易形成技术优势并快速销售的行业;龙芯 2 号不追求"大而全"的复杂度,而是重新结合用户需求;龙芯 3

① 喻思南、谷业凯:《龙芯团队:把"不可能"变为现实》,《中国中小企业》2019 年第 7 期,第 46~49 页。

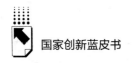

号不再过多追求单一指标，而是把通用处理能力、单核性能和芯片设计放在首位。①

信息产业也有长尾效应，除10%的企业占据90%的市场，还有90%的企业占据10%的市场。2006年开始，龙芯团队开始涉及如轨交、电力拓展等工控领域，原来这些场景根本不敢用龙芯，全是国外的，龙芯团队在慢慢做完几个项目后，逐渐取得了业界的信任。

工控领域从硬件到软件都是垂直独立的，没有被生态垄断，即便产品品质差一点，也可通过贴身服务弥补不足。从2013年到2015年，龙芯至少做了几百个"小烟囱"项目。

2015年，龙芯营收过亿元，达到盈亏平衡。

2016年后，龙芯利润逐年翻番。在向市场化转型的过程中，龙芯主要通过市场造血养活团队并支撑产品研发，摆脱了国家项目的支持，开始真正走向自主化道路。

（三）"成龙"配套：在试错中成熟

胡伟武认识到，关键核心技术的突破是不可能一蹴而就的，"就像爬楼梯一样，爬一阶梯就是一次在应用中试错，需要时间和耐心，这是核心技术自主创新不可忽视的变量。"② 实际上，国外产品也是在几十年应用中经历了多轮试错发展起来的。例如，20世纪90年代微软推出Windows 3.0、3.1，在一开始也存在很多的漏洞，但是经过不断应用，才成熟起来。

因此，龙芯也力求在应用中发展。"一轮、两轮、三轮，上三级台阶，一般就能达到国外的水平。"③

---

① 张显龙：《中国龙芯：构建自主国产软硬件产业生态体系》，《中国信息安全》2019年第7期，第44~47页。

② 《龙芯中科胡伟武：核心技术需要在试错中发展丨演讲精华》，浙江大学创新管理基地（微信公众号），https://mp.weixin.qq.com/s/RU1gJsCUjRMFCHKF0MoJWw，2019年12月23日。

③ 《龙芯中科胡伟武：核心技术需要在试错中发展丨演讲精华》，浙江大学创新管理基地（微信公众号），https://mp.weixin.qq.com/s/RU1gJsCUjRMFCHKF0MoJWw，2019年12月23日。

1. 工控领域应用（2010~2015年）

2010 年，龙芯在转型后开始第一轮试错，主要面向基于嵌入式操作系统的单一应用及基于 Linux 通用操作系统的简单应用。每个应用所采用的软件硬件都不一样，需要专门的研制定制，且需求量都比较小。

面向单一、简单市场，龙芯在试错应用的过程中发现并解决了成百上千的问题，其中包括 CPU 性能不足、部分软件功能缺乏、输入和输出设备适配不够等，在试错的过程中，龙芯逐步建立起质量体系和服务体系，并赢得了产业链合作伙伴的肯定，特别是在珠三角地区得到了不少认可。在此期间研发出的龙芯 3A1000 和 3B1500 芯片也达到"基本可用"的水平，龙芯扭亏为盈，成功地在国外大企业垄断的情况下存活了下来。

2. 电子政务领域应用（2016~2019年）

2016 年，龙芯开始第二轮试错，试点范围为包括党政办和行业业务系统在内的复杂固定应用，每个应用场景都有上千台计算机，虽然复杂，但是有边界的。在这个过程中，龙芯高性能处理器产品 3A2000 和 3A3000C 实现量产并推广应用，其单核通用处理性能较第一阶段提高了 3~5 倍，超过 Intel 的凌动系列产品[①]；龙芯处理器产品 3A3000 和 3B3000 也实现量产并推广应用，其主频达到 1.5GHz 以上，成为国产 CPU 中单核 SPEC 实测性能最高的芯片产品，访存带宽方面更是达到与国际主流处理器相当的水平。在第一轮解决问题的基础上，龙芯达到"可用（慢）"的程度，市场对自主基础软硬件的抵触态度也逐渐改变。在这一阶段，大量自主输入和输出设备生产企业自动加入龙芯自主产业链的队伍当中，各类基础软硬件企业聚集到一起，共同协作应对适配过程中出现的各种难题，形成了"场景应用、发现问题、解决问题并完善平台、在应用中检验"的良性循环。

3. 关键行业信息技术基础设施全面推广（2020年至今）

2020 年，龙芯开始第三轮试错，这一阶段面向的应用具有全业务、

[①] 凌动（Intel Atom）为 Intel 的一个处理器系列，于 2008 年在北京与台北电脑展上同步推出，开发代号众多。凌动系列使用广泛，适合嵌入式工业场合、移动互联网设备（MID），以及简便、经济的上网本等。

全地域开展的特点，自主基础软硬件将在这一时期走向成熟。龙芯将从以下三个方面完善基础软硬件：一是 CPU 通用处理性能提升 1~2 倍，逼近主流 CPU 的"天花板"；二是完善自主基础软硬件规范，实现系统架构稳定和技术平台收敛，以达到像 Wintel 体系中不同主板及 CPU 操作系统的二进制兼容，降低软硬件适配的工作量；三是以用户体验为中心，对自主基础软硬件展开系统梳理和优化，打造集约型的系统，使用户体验有实质性的增强，达到"好用（快）"水平。2019 年 12 月，龙芯新一代通用 CPU 产品 3A4000 和 3B4000 重磅发布，其单核通用处理性能较上一代产品又提高了 2~3 倍，这与 AMD 公司 28nm 工艺最后产品"挖掘机"处理器相当，另外基于龙芯 CPU 的 KVM 虚拟机正式发布，在此基础上，龙芯芯片"功能完整、架构稳定"。2020 年 12 月，龙芯 3A/3B5000 完成芯片初样验证，并正式交付流片。3A/3B5000 采用龙芯完全自主的指令集 LoongArch，相比 3A/3B4000，设计频率提高 40%，标志了龙芯芯片性能补课完成。通过多轮试错，龙芯的技术平台不断完善，产业生态体系也已初步形成（见图 1）。

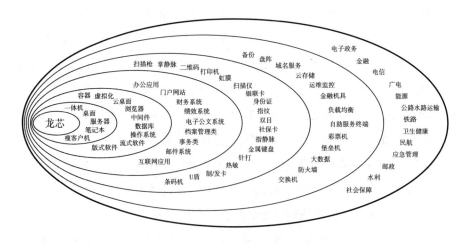

图 1　龙芯生态体系建设情况

资料来源：龙芯官网。

四 飞龙在天：在生态中腾飞

近年来，"中兴事件""华为事件"的发生让我国芯片等关键核心技术受制于人的话题再次成为议论的焦点。然而，龙芯等企业研制的CPU却无法代替使用，拯救它们于水火之中。为什么以龙芯为代表的国产CPU企业，产品性能逐年提高，应用领域也不断扩展，但还是没有扭转局面呢？

如今的信息产业，恰似一个"两极世界"：Wintel体系控制了PC端桌面和服务器市场，AA体系控制了手持终端及工控等市场。在桌面和服务器市场中，国内信息产业的大企业由于缺乏芯片核心技术，严重依赖于国外供应商的芯片原材料，由于受限于国外垄断集团，它们不敢冒险选择龙芯；在手持终端市场上，像华为这样掌握芯片技术的企业，拿到的净利润也还是不如苹果的零头。在胡伟武看来，中国信息产业的根本出路在于建立自己的生态，即独立于Wintel体系和AA体系的"第三极世界"。

其实早在2007年，胡伟武就已经认识到：如果不注重产业链的建设，即使上游的设计厂商再完善，也很难带动下游的应用企业。当时，他提出了"星火战术"，团结一切可以团结的力量参与龙芯应用和推广工作。除去被国外垄断集团限制的国内大企业，首先应该团结的是一些中小企业，在嵌入式领域，龙芯具有高性能、低功耗和低成本的优势，推广有较大优势；在桌面领域，国内各地还存在不少面向地区及行业的中小企业，希望改变现有的格局，它们也是一股不可忽视的力量。另外，在国外也有很多企业不满如今的垄断局面，对于龙芯团队来说，它们也是可以团结的力量。渐渐地，已经有部分企业开始和龙芯团队试水合作。

2010年转型之后，龙芯也一直遵循着这样的战术思路，希望搭建我国自主的信息产业体系。龙芯首先从外围做起，从大企业看不起的"烟囱"林立的控制类系统做起，获得了产业链合作伙伴的支持，改善了用户对国产芯片"不好用"的主观看法，并在试错发展的过程中逐渐向建立生态的中

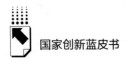
心突破。①

近年来，龙芯不断召开关于"打造产业生态"的会议。在大会上，胡伟武宣布龙芯将提供开源的基础版操作系统供下游的操作系统企业、整机设备企业、解决方案企业推出产品版操作系统，大会上龙芯更是发布了统一系统架构的标准规范体系。胡伟武解释，龙芯将采取"Intel＋Google＋Apple"的商业和技术发展模式，即像 Intel 一样卖芯片，像 Google 一样做基础版操作系统并免费开放给操作系统和整机合作伙伴，像 Apple 一样以用户体验为中心进行系统优化以实现优异的用户体验。通过建立标准化、模块化的技术平台以及清晰开放的商业模式，吸引大量的企业参与体系建设。

2021 年 4 月，龙芯发布了完全自主的指令系统架构 LoongArch，它成为继 X86、ARM64 架构之后，第三种 ACPI 规范支持的 CPU 架构。要知道，一种指令系统架构实际上承载着一个软件生态。龙芯的阶段性成果，为更好地服务产业链伙伴、推动自主生态建设奠定了坚实的基础。

随着政府相关政策的推动以及市场需求的拉动，龙芯的合作伙伴已经增至数千家，下游基于龙芯的开发人员达到数万人，龙芯在诸多领域开始得到应用。2021 年，龙芯芯片出货量已接近 200 万片，在国产化应用市场中占据 70%的份额。尽管相较于国外巨头来说这样的布局尚处基础阶段，但龙芯至少已通过行动让众多国内企业认识到如今电子信息产业的国际竞争，不能只是一个人在战斗。

五　龙芯乘云：前路何在？

转眼间，龙芯已经发展了 20 年，如果按照胡伟武"高复杂系统能力建设需要以 30 年为周期"的说法，那么龙芯已经进入长征的下半程。尽

---

① 张显龙：《中国龙芯：构建自主国产软硬件产业生态体系》，《中国信息安全》2019 年第 7 期，第 44~47 页。

管目前国产化芯片和处理器在市场上已经占有一席之地，不少产品可以代替国外进口的中低端产品，但是仍不足 5% 的市场占有率，预示着距离胡伟武口中的"第三极世界"的形成还有很长一段路要走。一方面，信息产业的产业链条长，龙芯力所能及的地方是有限的，即使有国家的支持，全领域覆盖也会造成巨大的财务负担，龙芯应该如何着手？另一方面，生态体系的建设必须有大量的相关企业，在面对国外两大体系的压力下，会有多少大企业与消费者愿意团结在龙芯周围？龙芯如何打造信息产业的"第三极世界"？在胡伟武眼中，未来 5～10 年的时间，正是最好的时机。

（一）"开拓疆域"

第一个思路是，打造工业互联网生态。[1] 中国目前已经是制造业大国，不同领域拥有不同的复杂工控系统，但是现阶段它们还是如同功能手机一般，彼此之间相互独立，无法形成制造资源互联、互通、互操作的局面，更不要说形成生态。未来几年，产业联盟等行业组织完全可能通过基于龙芯 CPU 与其他国产操作系统打造的基础设施平台，打造出新的智能工控平台，以迎接"中国制造 2025"的到来。在该平台上，每一种应用程序 App 都代表不同的控制系统，"高铁 App""发电 App"等应用控制着不同的制造系统。

如果现阶段智能手机、电脑中各类 App 实现了"软件即服务"的话，那么智能工控平台中各类 App 就会实现"软件即制造"的效果，以更好地提高制造资源的综合利用效率。以此类推，如果说目前以 Wintel 和 AA 体系为代表的"两极世界"为的是满足消费端的生活和工作需要的话，那么"第三极世界"或许可以用来提高生产端的效率和质量。

---

① 罗仙：《自主决定命运　创新成就未来——访龙芯中科技术有限公司总裁胡伟武》，《信息安全与通信保密》2016 年第 1 期，第 84 页。

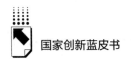

（二）"收复失地"

第二个思路是，打造集约型智能终端生态体系。① 虽然 Intel 和 ARM 的芯片基本已经达到主流芯片的"天花板"，但在胡伟武看来，我国信息产业要有立足之地，还是必须建立起自己的信息技术产业基础设施。我国至少要发展面向金融、电信、交通、电力、教育等涉及国家安全和国民经济的细分领域的自主信息技术应用平台。

目前，包括 Windows 和 Android 在内的通用操作系统冗余度较高，基于这一缺陷，龙芯完全可以适度融合 Windows 和 Android 的部分功能，消除通用操作系统的大量冗余，在 LoongArch 自主指令系统架构上研制集约型开源版操作平台。

（三）以市场带技术

虽然对于目前如何建立"第三极世界"，龙芯还需要在前进中不断结合实际进行试错和调整，但是可以肯定的是，他们必须走一条"市场带技术"的道路。改革开放以来，我国的核心技术发展有两条路：一条是"市场换技术"，一条是"市场带技术"。

与汽车产业一样，信息产业也曾经走过"市场换技术"道路，强调"自主 CPU"融入已有生态，通过开放市场换取国外企业的技术转移，从而提升国内技术水平。然而，这一道路不仅没有让我们换来技术，而且将国内富饶的市场拱手让出；更为严重的是，我们在这个过程中丧失了宝贵的技术能力和自主创新的信心。所以现在，龙芯要走"市场带技术"的路线，希望在体制优势和市场优势之中，通过体制内市场引导形成技术能力带动技术进步，通过自主研发掌握 CPU 的关键核心技术并建立自主创新的生态体系，进而参与国际化的竞争。在这种情况下，我国的信息产业体系才可能在 IT

---

① 罗仙：《自主决定命运 创新成就未来——访龙芯中科技术有限公司总裁胡伟武》，《信息安全与通信保密》2016 年第 1 期，第 84 页。

产业的多极世界中形成既开放又竞争的一极，而不是成为其他极的跟随者或参与者。

六　尾声

与 Intel 等国际巨头在技术性能、研发投入等方面仍然有巨大差距的龙芯能否以及如何弯道超车？龙芯在实践中摸索出的"市场带技术"道路，能否带领它走向真正的成功？面对即将到来的 AIoT 时代，对于龙芯的发展我们拭目以待。

B.13
美的：制造业企业创新成就韧性发展之道

张学文　翟伟峰*

摘　要： 改革开放 40 多年来，国内涌现出一大批优秀的制造业企业，其中就包括从一家乡镇企业发展成为世界知名家电企业的美的。在曲折的发展过程中，美的经历了从组织结构创新到数字化创新，再到技术创新的过程，展现出极强的组织韧性。组织结构创新造就了美的的组织韧性，事业部改革提高了运营效率，业务板块调整开拓了创新领域。数字化创新在美的增强组织韧性过程中发挥重要作用，当前数智技术正在驱动美的集团科技转型。技术创新则在美的高质量韧性发展中发挥关键性引领作用，在高强度研发投入的基础上，三级技术委员会、四级研发体系、"三个一代"研发管理模式保障了美的创新发展战略实施。

关键词： 组织韧性　制造业企业　美的

改革开放 40 多年来，中国涌现出一大批优秀的制造业企业，对这些制造业企业成功经验和发展战略的总结是管理学研究的一个重要课题。商业模式创新、技术创新、商业生态重构是这些优秀制造业企业成功的关键。美的 2022 年销售额超过 3400 亿元，从一家乡镇企业发展成为世界 500 强，是中国乃至世界家电制造业发展的标杆。但是其发展历程并非一帆风顺，其间经历数次重大变革，表现出极强的组织韧性。美的经历了从组织结构创新到数

---

* 张学文，河北师范大学商学院院长，河北省新型高端智库"现代服务与公共政策"首席专家，教授，博士研究生导师，研究方向为开放科学与创新、创新管理；翟伟峰，河北师范大学商学院副教授，研究方向为技术创新。

字化创新，再到技术创新的过程。组织结构创新在美的组织韧性形成早期扮演重要角色，数字化创新在美的增强组织韧性过程中发挥重要作用，技术创新则在美的高质量韧性发展中发挥关键性引领作用。

一　组织结构创新奠定美的韧性发展的基础

（一）事业部改革提高运营效率

美的在 1993 年上市后奉行规模致胜理念，开始大规模扩张。至 1996 年美的共有 5 大类 200 多种产品。此时，美的的组织结构采取统一生产、统一销售的集权管理模式。在产品品类不断增加的情况下，集权管理模式固有的呆板僵硬、反应缓慢的弊端导致美的业务扩张受阻。

为了扭转公司营业收入增长放缓趋势，美的于 1997 年实施了从集权管理模式向分权管理模式的转型，以产品为中心成立五个事业部，分别为空调事业部、风扇事业部、厨具事业部、电机事业部和压缩机事业部。在事业部管理体制下，公司总部负责战略规划、投资决策、资本经营、资金财务和人力资源管理等职能。各事业部成为利润中心，拥有市场、计划、服务、财务、经营管理五大职能，独立经营、独立核算。事业部管理体制激发了组织活力，美的销售额呈现逐年上升趋势，但是利润率在经历了 1997 年短暂上升之后急转直下，直至 2003 年低至 1.22%。

究其原因，随着美的产品种类不断增加，事业部数量也在增加，至 2002 年达到 10 个。更为糟糕的是个事业部各自为政、机构臃肿、急功近利、效率低下，而总部层面又缺乏全公司的资源整合能力。在此背景下，美的进行了第二次事业部管理体制改革。在公司总部与事业部之间设置二级产业集团，上市公司成立了制冷集团和日用家电集团。制冷集团下辖空调电机事业部、家用空调国内事业部、中央空调事业部、冰箱事业部、美芝合资公司。日用家电集团下设生活电器事业部、微波电器事业部、厨卫事业部和环境电器事业部。二级产业集团对下辖事业部资源进行统一调

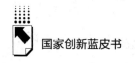

配，降低了事业部运营成本，提高了运营效率，从而使公司利润率出现了持续上升。

（二）业务板块调整开拓创新领域

2020年12月末，美的将原来的四大业务板块扩充为五大业务板块，勾勒出一幅业务更多元、产品更丰富、用户覆盖更广阔的商业版图。五大业务板块覆盖智能家居事业群、工业技术事业群、楼宇科技事业部、机器人与自动化事业部和数字化创新业务，提供多元化的产品与服务。其中，智能家居事业群，作为智慧家电、智慧家居及其周边相关产业和生态链的经营主体，承担面向终端用户的智能化场景搭建、用户运营和数据价值发掘工作，致力于为终端用户提供最佳体验的全屋智能家居及服务；工业技术事业群，具备专业化研发、生产、销售压缩机、电机、芯片、变频器、伺服系统和散热模块等高精密核心部件产品的能力，拥有美芝、威灵、美仁、东芝、合康、日业、高创和东菱等多个品牌，产品广泛应用于家用电器、3C产品、新能源汽车和工业自动化等领域。

楼宇科技事业部，作为负责楼宇产品、服务及相关产业的经营主体，以楼宇数字化服务平台为核心，打通楼宇交通流、信息流、体验流、能源流，为用户提供智能化、数字化、低碳化的楼宇建筑整体解决方案；机器人与自动化事业部，主要围绕未来工厂相关领域，提供包括工业机器人、物流自动化系统及传输系统解决方案，以及面向医疗、娱乐、新消费领域的相关解决方案等；数字化创新业务主要包括智能供应链、工业互联网等在美的集团商业模式变革中孵化出的新型业务，可为企业数字化转型提供软件服务、无人零售解决方案和生产性服务等，还包括从事影像类医疗器械产品和相关服务的万东医疗。

二 数字化创新激发美的韧性发展的潜力

事业部管理体制和二级产业集团推动了美的营业收入和利润率的持续提

高，但是公司规模的扩大致使事业部数量再次增加，各事业部独立经营、资源分散的弊端又一次出现，整合资源提高效率的任务日益迫切。数字技术的出现为美的转型提供了技术支持，美的一方面合并缩减事业部，另一方面对公司进行数字化改造。美的于 2012 年正式开始采取数字化转型策略，至今已有十多年的转型历程。在这十多年中，美的的数字化转型经历了 5 个阶段，每一个阶段都对美的的韧性发展产生了深远的影响。

（一）信息系统一致化奠定数字化转型基石

美的的数字化转型始于 2012 年。当时，美的"大而不强"，从外部环境来看，电子商务平台迅速崛起使得家电行业急需转型。与此同时，美的还面临来自格力、海尔等同行竞争对手的压力。从内部情况来看，当时美的共计含有 18 个事业部，这 18 个事业部各执己见，自成一派，整个集团是一个高度分权的组织。权力的过度分散、粗放式的经营模式都使得美的集团内部的信息系统高度离散化，缺乏一致性，信息孤岛效应严重。内忧外患严重，迫使美的开始进行数字化转型。为了推进战略转型和经营变革，摆脱信息分散孤立的困境，解决流程不一致、系统不一致、数据不一致的难题，美的从管理体系入手推进"三个一"项目改革，致力于在集团内部实现"一个美的、一个体系、一个标准"。

（二）全流程数字化夯实数字化基础

美的以实现全流程经营可视及全领域数据驱动为目标，拓展大数据技术平台，梳理完善企业级指标体系及数据运营机制。研发大数据方面，以产品、物料、工艺、项目为主体进行数据拉通，形成产品魔方及研发管家两大研发数据子产品；内外销大数据方面，围绕产品销售结构、价格体系及市场布局建立全渠道数据监控体系，实现从接单到售后服务全流程数据可视；制造大数据方面，以实现产能可视为核心目标，全面梳理完善制造现场数字化管理能力；财经大数据方面，深度量化损益、盈利、成本指标，为企业内生增长提供有效的数据支撑。

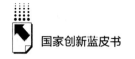

（三）新型数字化技术打造柔性生产模式

美的通过"T+3"模式基于数据实现对生产和销售的"倒逼"，从而提升企业的制造能力和价值链运营效率，按照用户下单、原料备货、工厂生产、包装发货的新型生产方式完全适应消费者需求。通过减少库存、有效分配资源、提高周转效率等方式，大大减少了价值浪费，降低了企业的运营成本，同时满足了产品的定制化和个性化需求。同时，"T+3"生产模式的实质是以销定产，通过大数据分析和决策，市场和消费者需要什么，美的集团就生产什么，形成了面向消费者和渠道的生产体系，提高了企业对外部市场变化的应变能力，这也是企业进行数字化转型想要达到的目的。

通过积极推行"数字化2.0"项目，以C2M（客户定制）为牵引，用软件、数据来驱动业务端到端的拉通，在研发、供应链、制造、物流、金融、客户服务等所有环节以订单和数据来驱动，实现柔性交付。构建数字化企划平台，对于在全流程价值链上产生的数据，通过大数据平台来收集分析，建立产品概念库，并实现产品全生命周期数据的分析透视，反向支撑产品数字化企划；在产品开发上，推进产品参数化、标准化、模块化及平台化设计，通过超级BOM（物料清单）的系统落地，用销售驱动确定平台架构、模块划分，推进模块接口固化与优化；构建数字化工艺管理系统，实现工艺过程管理数据的电子化和结构化，C2M一期已实现渠道客户定制的突破，客户通过选配平台，直接进行产品定制，标志着美的进入了客户定制时代。

（四）工业互联网实现全价值链数字化运营

美的一直倡导以"智慧家居+智能制造"为核心的"双智"战略，持续对人工智能、芯片、传感器、大数据、云计算等新兴技术领域进行了研究与投入，建立了家电行业规模最大的人工智能团队，致力于以大数据和人工智能为驱动，赋予产品、机器、流程、系统以感知、认知、理解和决策的能力，最大限度地消除人机交互的多余载体，打造以"没有交互"为目标的真正智能家电产品。

借助多年的"一个美的、一个体系、一个标准"的数字化转型实践，美的已经成功实现了以软件、数据驱动的全价值链运营，完整地覆盖研究能力、订单预定、计划能力、柔性制造、采购能力、品质跟踪、物流能力、客服安装等全价值链的各个环节，实现了端到端的协同拉通。在美的的 M. IoT 工业互联网平台之上，C2M 柔性制造，生产的平台化、模块化、数字化工艺及仿真，智慧物流、数字营销、数字客服等深度变革已成为现实，美的的云平台解决方案不仅用于全球多个基地与上万种产品，而且已对其他行业与公司输出，美的的工业互联网已具备坚实基础。M. IoT 工业互联网平台的核心能力来源于美的多年来在数字化转型过程中积累的管理与制造经验。同时，辅以自主开放的软件、平台，以及收购及自主发展的机器人、硬件及自动化能力，美的实现了用户、客户、供应商、员工、产品、机器设备、机器人、物流设备等全方位的工业互联，并通过软件驱动的全流程运营，实现全价值链数字化运营。

（五）数智技术驱动集团科技转型

M. IoT 工业互联网 1.0 的成功实施使得美的初步实现了从以产品为导向的企业向数据驱动的企业的转型。之后，利用数字技术全面改造企业，提升运营效率，实现全价值链卓越运营，进而实现从以产品驱动为主的传统家电集团向以数据驱动为核心的科技集团的转变成为美的的发展目标。

美的全面推动数字化与智能化深度转型，以工业互联网平台、美云销平台、物联网生态平台三个业务中台，来支撑用户全价值链数字化卓越运营，所有的业务、流程、模式、工作方法、运营与商业模式，都通过软件和数字化来驱动，以推动智能场景融入用户生活，成为物联网时代的领先企业。进一步推动人工智能的业务应用，全面覆盖智能制造、智慧办公、智能运营、PaaS 能力开放等业务场景；围绕"用户综合体验第一"的目标，重点升级连接技术与智能安全体系，加快推动 5G 产品落地、物联网生态场景和服务机器人平台化；进一步开放生态，围绕安全、健康、美食、便捷、个性五大主题，向生态合作伙伴全面开放智能场景和物联网技术，构建智能家居商业

价值链，为用户提供全场景服务和更多优质生态增值服务，打造智慧生活的生态圈层。

美的持续推动数智技术驱动战略，加速全面智能化落地，为用户打造更美的智慧生活。在产品智能化领域，美的致力于改善产品综合用户体验，增强全屋智能基础保障能力，打造以用户为中心的智慧生活解决方案。2023年美的美居App持续改善应用体验，设备异常离线率降低，插件白屏率降低，应用冷启动时间减少，综合性能达到行业领先水平，实现稳定流畅的用户使用体验；截至2023年底，美居App注册用户累计超过5500万人，月活跃用户数量超过820万人。基于全屋智能战略主轴，构建长期竞争能力，围绕智能中控、家庭主机、智能传感三大核心终端，建立包含智能门锁、灯光驱动、开关面板等多品类智能家居产品矩阵；整合全系列智能家电，推出四大家电系统，提供可视化、主动化、智能化的家电家居一体化功能与服务，形成"智能家电+智能家居"的全屋产品体系与能力。美的于2023年9月对外发布行业首个智能家居领域语言大模型"美言"，基于通用大模型的语义深度理解和强大的生成能力，具有领域内精准回复和快速响应等优点，可满足用户在"衣、食、住、享"等方面的交互需求；美的还发布了面向下一代基于主动服务的"美的家居大脑"，以"美言"大模型为基座，具备智能连接、智能感知、自然交互和自主决策四大核心能力，支持全屋空气、全屋用水等八大子系统和众多应用场景；美的自主研发的包括芯片、模组和人工智能算法边端部署工具链Aidget等在内的全栈解决方案，因解决了人工智能算法在算力资源受限的物联网边端设备大规模落地难题，实现了物联网边端智能技术在智能家居领域的创新突破，入选中国电子学会和中国通信学会评选的"2023年中国物联网十大科技进展"。

三 技术创新提升美的韧性发展的能力

组织结构创新和数字化创新奠定了美的韧性发展的基础，激发了美的韧性发展的潜力。但是，美的要想实现长期韧性发展，转变为全球领先的科技集团，必须从根本上提升技术创新能力。

（一）科技领先战略主轴引领创新发展

2011年，美的集团首次发布并确认"产品领先、效率驱动、全球运营"三个战略主轴，它们成为推动企业稳步发展的重要引擎。随着用户需求群体和需求模式改变，移动互联及物联技术对行业的研产供销产生丰富的解构效应，传统方法、既有模式、固有思维已经难以适应企业增长方式质量化的需求。追求内生式增长、以全球化科技集团为目标的美的需要一个更契合时代背景、更符合产业环境的战略体系。所以，美的因势利导，将原有的三大战略主轴升级为四大战略主轴，即科技领先、用户直达、数智驱动、全球突破。"一个新增，三个升华"彰显了美的在智能化、数字化、全球化布局上的决心。

加大研发投入力度，通过投入的领先实现成果的领先、趋势的引领、行业影响力的提升以及研发环境的改善。创新体系建设，以"用户驱动+差异化技术"的双驱动模式，运用数字技术改造研发全价值链，深度融合大数据分析，推动产品持续领先。不断创新产品研发模式，围绕产品领先战略，构建优化"三级技术委员会""四级研发体系"组织机制与"三个一代"技术维度相结合的新型研发模式，支撑全品类的"第一、唯一"目标。围绕用户需求，区分不同组织和技术进行创新产品开发、先行平台研究、关键零部件攻关、差异化卖点布局以及基本性能提升，通过全球产品群开发，搭建全球产品平台，以群企划、群开发模式提升产品效率，构建科技领先能力。截至2023年底，美的已有16个国家级科创平台，包括全国重点实验室、国家人工智能开放创新平台、国家双跨工业互联网平台、国家级工业设计中心和企业技术中心、博士后科研工作站等；70个省部级科创平台，包括省部级企业技术中心、工程技术研究中心、工业设计中心或重点实验室等。在科技领先战略牵引下，创新平台作为技术创新体系的核心，负责企业技术发展战略的实施，推动技术创新成果的转化应用，助力美的加速向全球

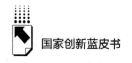

化科技集团转型。

美的始终坚持对核心技术的持续研究,在主赛道及新产业技术方向上均取得重大突破。在从事核心技术研究的同时,美的持续加大研发成果的转化力度。为了有力支撑科技领先战略目标,进一步推动实施"创新专利化、专利标准化、标准国际化、美的标准走出去"的"3+1"标准化战略,并通过"集团-事业部"两级标准化管理体系和"标准创新+产品创新"并联双驱动模式,把创新成果转化为先进技术标准。2023 年,美的首次提出"标准质量优先",并推进技术战略项目标准转化专项,新增参与制定或修订技术标准 235 项,其中国际标准 5 项、国家标准 70 项、行业标准 28 项、地方和团体标准 132 项。

(二)三级技术委员会统筹创新战略

2021 年,美的中央研究院牵头组建了技术委员会,并将之定义为"集团重大技术发展的决策组织"。技术委员会由各经营单位研发第一负责人组成,其职责是战略规划的制定及推动落地、创新性项目决策、科技体系建设以及交流分享平台搭建等。以不同的共性技术为核心,技术委员会下设 13 个技术分委会,每个分委会设一名统筹负责人,分委会成员为美的中央研究院和各事业部的相关技术负责人。

美的的创新价值链总体可分为技术战略和产品战略。其中,技术战略主要负责集团层级技术方向及项目落地规划、重点项目聚力突破,实现技术领先、专业资源协同及建设,提升专业能力等事项。而产品战略是对经营和市场的支撑,并做出对产品"三个一代"的规划以及场景、套系、卖点的协同规划。技术战略与产品战略的齐头并进,实现了技术与产品的相互牵引、相互促进,保障了科技领先战略的落地。

(三)四级研发体系提供创新组织保障

面对智能制造、供给侧改革、消费升级等社会发展趋势,创新已经成为每个企业都必须面对的时代命题,作为一家从传统家电企业向科技集团转型的企业，美的对创新有着自己独到的见解。战略决定组织，组织跟随战略。战略上的改变，首先就要体现为组织上的改变。美的在产品研发上，从"跟跑"转变为"领跑"。在产品跟随战略下，对于美的原有的研发体系，只有从事产品开发的组织，却没有进行研究的组织。而要实现产品领先，直至科技领先，就必须设立进行研究的专门组织，推动"研、发"并举，还要让"研"引领"发"。2014 年，美的正式成立中央研究院，并以之为核心，构建了从集团到事业部，从先行研究到产品开发的四级研发体系。

美的创建四级研发体系，着力构建"4+2"全球化研发网络，在 11 个国家建立 35 个研发中心，其中海外研发中心 18 个。通过整合研发资源加速技术研究，实现本土化开发，逐步建立研发规模优势。加强对外合作，深化战略项目研究，整合全球优势技术资源，实现全球融智的开放创新。四级研发体系、全球研发布局、开放式创新形成了美的独具特色的开放式三位一体的创新体系。

从短期竞争到长期规划，从产品开发到先行研究，从组织设计到体系建设，美的已经构建起四级研发体系的"科技大厦"。在这座颇具雏形的"科技大厦"里，又出现了制造技术研究院，各事业部也开始建设内部的研究院，比如楼宇科技事业群、工业技术事业群都成立了自己的研究院。美的四级研发体系的"科技大厦"，日益变得丰富充盈。"两层四级"的全新架构使得美的实现从技术上的跟随模仿到核心技术的提升与突破。四级研发体系成为美的创新转型、支撑研发体系运转的重要力量，同时研究与开发分离奠定了美的迈向科技领先企业的基石。

（四）"三个一代"研发管理模式协调创新流程

四级研发体系，弥补了中长期研究的不足，搭建起从短期产品开发到长期先行研究的整体框架。但是，从先行研究到产品开发，直至最终产品上市，就必须面对中长期研究的持续性、研发的确定性以及开发的速度这三个关键性问题。

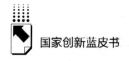
为了解决这三大问题，美的从 2018 年开始建立并推行了"三个一代"的研发管理模式，分别是"开发一代""储备一代""研究一代"。"开发一代"，指开发出来就面向市场去销售。它以市场竞争为目的，确保产品体验优于竞品，提升单品的企划命中率，逐步推高市场占有率及高端占比。"储备一代"，指面向两年之后储备技术和模块，在储备完成之后，能够迅速做出产品。它以平台创新为目的，既面向用户需求，也面向市场竞争。面向用户需求，进行全球平台研究，为下一代系列化产品提供平台保障；面向市场竞争，要具备新品快速开发上市的储备能力。"研究一代"，指提前三年到四年去攻坚非常高难度的需求、全新的技术。它以核心技术突破为目的，为再下一代平台创新提供技术保障，建立技术壁垒，推动技术领先。

（五）高强度研发投入提供创新资源保障

最近几年，即便是遭遇类似新冠疫情这样的黑天鹅事件的冲击，美的在营业收入和净利润方面依然保持着连续性的增长势头，与此同时对研发的投入也在扩大，这也是美的之所以能够实现韧性增长的关键所在。作为一家每年为全球超过 4 亿个用户，为各领域重要客户与战略合作伙伴提供产品和服务的世界 500 强企业，美的一向是业内知名的"研发大户"。从 2014 年建立中央研究院开始，美的研发投入逐年增加，到 2022 年 9 年来共投入了 700 亿元，研发资源的持续投入，促进了创新水平的提升。2022 年，美的拥有研发人员超过 16000 名，该人数同比增长 17.08%，研发人员规模占其员工总数的比例达到 10.77%。截至 2022 年年底，美的累计专利申请量达 16 万件，专利授权量达 6.26 万件，授权发明专利连续五年居家电行业第一。研发资源的持续投入，增强了研发的规模优势，也促进了创新水平的提升。

对美的创新与组织韧性的关系的研究发现，企业的组织韧性是一个逐步增强的过程。增强企业组织韧性的手段包括组织结构创新、数字化创新、技术创新。组织结构创新在企业早期组织韧性形成过程中扮演重要角色，帮助企业成功应对外部环境变化，并实现自身发展。数字化创新在激发企业韧性潜力方面发挥重要作用，提高企业应对外部环境变化的能力和盈利能力。技术创新则在企业实现高质量韧性发展过程中，发挥关键性引领作用，提高企业主动预测风险、实现长期韧性发展的能力。

B.14

用友：从 ERP 到 BIP 的数智创新
"冲浪"之路

尹西明　陈泰伦　苏雅欣　李纪珍*

摘　要： 　深耕企业服务行业的用友，作为中国企业数智化服务的领军企业，通过不断的整合式创新，实现了从 ERP 到 BIP 的转型，引领企业服务行业的生态共创模式。然而，用友的发展过程也并非一帆风顺。在于 ERP 软件市场占有一席之地后，内忧外困使得用友意识到以 ERP 为核心的商业模式亟待转型，几经探索，最终确定了以 BIP 为转型方向。从 ERP 到 BIP 的嬗变是战略引领的数智创新，成功经验包括建构价值引领优势、筑牢数字化技术核心能力、打造数字化管理核心能力以及建构数字化动态能力。当下，基于特殊的使命和独特的定位，用友主张"平台创生态"，围绕核心代表产品 YonBIP，取得了丰硕成果。未来，用友会在"平台+生态"的数智化商业创新体系下，以产业互联网驱动中国产业数字化，通过"数以智友，创新领航"成就自己在 3.0 战略阶段的光荣与梦想。

关键词： 　用友　整合式创新　数智化转型　场景驱动　产业数字化

---

* 尹西明，北京理工大学管理学院副研究员，博士研究生导师，研究方向为数字创新管理、学术创业、科技成果转化与可持续发展；陈泰伦，浙江大学管理学院博士研究生，研究方向为数字创新、绿色创新、可持续转型与国家创新体系；苏雅欣，武汉大学经济与管理学院博士研究生，研究方向为数字创新、战略管理、创业管理；李纪珍，清华大学经济管理学院教授，博士研究生导师，研究方向为创新创业管理、项目管理。

一 引言

2022 年 3 月 23 日，以"融智聚力 共赢 BIP"[①] 为主题的"2022 用友生态大会"高朋满座，各相关行业的领军企业如华为、中国移动、中软国际等齐聚一堂，作为用友 3.0 战略阶段的重要生态伙伴，共同见证用友的生态战略再次迈出关键一步。作为带领用友历经 30 余年商场风云变幻的掌舵人，王文京在众人期待的目光中，以自信而有力的语调宣告："用友将营建全球领先的聚合型企业服务生态，与各类伙伴展开紧密合作，共同服务客户，共建产业生态。我们希望，在今年的生态业务开展过程中，与大家的合作一起做到有规模、有速度、有质量、有担当！"

掌声雷动中，王文京不禁感慨，30 年沧海桑田，从会计电算化到企业信息化，再到如今的数字化，有多少国内企业因错过转型机遇而被时代大潮无情地淘汰出局。而用友却依旧保有强劲的生命力，扛起了国产企业服务软件赋能产业数字化、智能化转型的领军大旗。今日，聚光灯下用友的傲人成就广受赞誉，但曾经陷落增长泥沼时的彻夜难眠、无数次殚精竭虑的头脑风暴、数次战略制定会上的针锋相对，个中辛酸曲折，只有王文京和他的团队才能切身体会。若是走错一步，那么会上侃侃而谈的就会是某位后起之秀，而用友已经在历史之中成为他人的"负面教材"。王文京在心悸之余，对当年自己从 ERP 向 BIP 转型的抉择而感到分外庆幸。正是基于及时研判、正确执行的数智化转型，用友才得以摆脱一时的困境和可能的危机，实现创新嬗变，以独特的数字化动态能力，引领企业服务行业，持续助力中国企业数字化、智能化转型。

那么，在新一轮数字化浪潮中，创始人王文京是如何带领用友进行战略转型，实现从 ERP 到 BIP 嬗变的？用友又将如何在此基础上，依托自身领

---

① BIP 是"商业创新平台"（Business Innovation Platform）的简称，是利用新一代数字化技术，实现企业产品与业务创新、组织与管理变革的综合服务平台。

先的商业创新平台打造产业数字创新生态,加速赋能中国产业数字化、智能化转型,为数字中国建设做出更大贡献?

二 三十载筚路蓝缕,成就中国企业服务行业领军者

用友的起点,来源于为中国企业带来全球化机遇的改革开放。随着市场化改革的深入,中国企业迎来了前所未有的发展良机,也面临与国际市场接轨所带来的对现代化与信息化的迫切需求。1988 年,年仅 24 岁的王文京,在听闻国家支持创办新型体制的高科技企业的政策后,选择遵从内心的实业之梦,放弃了体制内的工作,与搭档苏启强在北京海淀区中关村的一间小屋内,开启了对企业财务软件开发与运营这一蓝海的探索,"用友"应运而生。

仅隔一年,用友便成功推出其标志性产品——"报表编制软件 UFO",该产品迅速赢得了市场的广泛认可,并荣获"中国第一表"的美誉。在王文京的引领下,用友的财务软件产品线迅速在全国范围内流行开来。在短短两年的时间里,用友不仅确立了自身在新兴市场中的领导地位,而且以显著的市场份额优势,成为行业的领头羊。然而,在大部分人认为用友会继续将财务软件作为其核心业务时,王文京却敏锐地察觉到企业服务软件行业的颠覆性新趋势——ERP,并坚决带领用友转向以 ERP 为核心的商业模式。

1996 年,王文京领导用友开始了国产厂商在当时被国外软件巨头所垄断的 ERP 行业的"破局"之路。历时 3 年,其间有过团队纷争、员工跳槽、巨额亏损,但这些都没有动摇王文京转型发展的决心和信心。"宝剑锋从磨砺出,梅花香自苦寒来。"1998 年,用友正式发布其在 ERP 领域的第一代软件产品"用友 U8",正式宣告进入用友 2.0 战略阶段,从财务领域进军更广阔的企业管理软件市场。2002 年,用友超越 SAP,以国产软件厂商的身份正式坐上了中国 ERP 软件市场的头把交椅。

这次成功的转型经历,也使得王文京在后来的经营中时刻提醒自己:精

准判断下的主动求变，是决定企业生死存亡的关键。冥冥之中，等待着用友和王文京的，是数字技术变革带来的下一个风口，也是另一道待解的"make or break"转型抉择之问。

三 "载舟还是覆舟？"：从 ERP 向 BIP 嬗变之难

（一）内忧外困：以 ERP 为核心的商业模式亟待转型

2010 年，"十二五"规划出台，新一轮产业革命也深刻影响着中国软件业的发展。而用友 2.0 战略阶段所采取的聚焦中小企业的"自研+并购整合"的业务模式，在同期囿于宏观经济压力与中小企业付费意愿较弱等主客观因素，进入了增长瓶颈期，导致公司股价与市盈率长期疲软，面临被产业后起之秀如金蝶软件反超的巨大挑战。

除了数字技术发展与政策变化带来的宏观环境挑战外，用友所处的企业服务行业的竞争格局与客户需求也发生着剧烈变化。从供给端来看，用友首先面临新进入者的强大冲击。2010 年起，中国互联网龙头企业和实业巨头纷纷进军企业服务行业，带来了"业务+IT"一体化的新商业模式与创新组织模式，对以用友为首的传统软件厂商产生了颠覆性的冲击。互联网厂商如阿里巴巴、腾讯等有着成熟的资本运营模式，可以迅速将其资金资源和客户资源变现为产品，依靠已有的技术储备、强大的 IT 研发团队和现成的合作伙伴关系快速实现产品落地并触达企业客户，从而逐步深入客户心中并最终占据客户市场。不仅如此，国外厂商的云计算产品如微软的 Azure 等也卷土重来，进一步蚕食用友已有的市场份额。另外，用友仍需应对现有竞争对手的追赶和压迫。以金蝶软件为首的其他传统软件服务商依靠先进技术及商业模式不断寻求突破创新，加快新产品迭代速度，希望实现对用友的后发追赶与超越。

客户需求的变化也日益凸显出市场对企业服务的焦点正在逐步转移。客户不再仅仅关注企业内部的稳定运营，即所谓的"稳态业务"，而是开始更多地探索外部市场的发展机遇。他们希望通过整合外部机遇与内部资源，推动商业模式的创新与变革，这被称为"敏态业务"。随着数字经济成为推动经济发展的主引擎，数据要素成为新的关键生产要素，知识经济和平台经济等新模式逐渐成为企业关注的新一代成长风口，而数字化则超越了传统意义上的信息化，强调企业主体间跨边界的连接与融合，重构了企业的生产方式与管理模式。数字技术的应用颠覆了产业与行业的底层运行逻辑，加快了技术和产品的迭代速度，企业的创新能力与创新效率决定了企业发展的上限。这也就意味着，"开放"是企业在数字经济时代生存发展和创新突破的必然选择，内部与外部的实时交互将成为企业运营的常态。而用友的核心产品 ERP，主要聚焦企业内部的精益化管理，从功能上并不能支撑企业主动整合外部资源和与多方合作伙伴的有效协同，对于辅助企业开展创新活动更是无能为力。因此，如何应对客户需求的转变，助力企业整合内外部信息资源，实现与供应链上下游合作伙伴的高效协同，也是用友亟须解决的痛点问题。

王文京深刻地感受到，用友又一次面临关键的抉择。从表面来看，用友依旧占据着 ERP 及企业技术服务行业的优势地位，但正如十余年前用友成功转型的经验所揭示的那样：转型的时机与落伍的危机往往难以察觉，一旦错过便可能在几年内被数字化浪潮淹没。服务企业信息化数十年的用友，现如今也面临数字经济所带来的商业模式变革挑战。从 2012 年开始，王文京带领团队开始了艰难的转型方向和路径探索。

（二）几经探索：终确以 BIP 为转型方向

企业转型首先需要明确的是转型的方法与方向。只有明确了转型的方向，才能使得企业转型符合行业和国家的发展趋势以及自身的发展需要。用友迫切需要自我颠覆式的转型，以获取在"VUCA 时代"的先发优势与持续竞争力。但转型绝非易事，必须战略先行，回答"向何处转"和"怎么转"等关键问题，将转型的蓝图描绘清晰，以免陷入"南辕北辙"和"不知所终"的数字化悖论，在耗费巨大财务和时间成本后折戟沉沙。

　　王文京结合其经营用友二十余年的转型经历、行业洞察和商业直觉，总结提炼出独特的"冲浪模型"（见图 1），用以指引用友在快速变化的数字经济时代，转危为机，驭浪前行。"冲浪模型"可以看作管理学理论中"第二曲线"和创新跃迁的形象化解读。王文京认为，面对产业环境的不断变化，用友采取的冲浪模型战略至关重要。该模型强调，企业若期望实现持续成长，必须具备冲浪运动员般的敏锐和准备，随时准备迎接连续不断的产业浪潮。任何的疏忽都可能导致企业在激烈的市场竞争中处于劣势，甚至面临淘汰的风险。经过深入分析，王文京与用友的专家团队得出一致看法：对于用友而言，当前最重要的发展机遇是由数字化转型引发的"数智化"趋势，以及国家层面推动的企业软件和信息技术应用的"国产化"，再加上国产软件的"国际化"。用友在这一新阶段所提供的企业服务，也应该聚焦在如何利用产品为产业数字化转型赋能。这一关键判断，为用友在数字经济时代与双循环发展格局下加速转型、重塑领先优势指明了大方向。

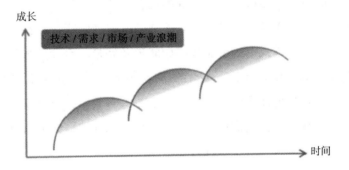

图 1　用友的"冲浪模型"

　　明确了企业"冲浪"的大方向，还需要可行的途径为战略制定提供核心。对于用友而言，这意味着需要依托新的数字技术和数字化商业模式，结合新理念形成 3.0 战略阶段的核心产品，打造冲上数智化浪潮之巅的新引擎。自 2010 年起，王文京带领团队殚精竭虑、集思广益，开始布局云服务战略转型蓝图，逐步形成了"平台化发展"的新策略，但虽几经探索，仍未寻得良策。"众里寻他千百度，蓦然回首，那人却在，灯

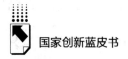
火阑珊处"，一次海外探访的偶然机会，启发王文京找到了远航的灯塔。

2014 年，当时已连续四年获评《福布斯》"全球最具创新力企业"的 Salesforce 引起了王文京的关注。作为同行，当时已经是 CRM（客户关系管理）这一领域全球当之无愧霸主的 Salesforce 所采取的商业模式无疑是用友值得借鉴的方向。经过与 Salesforce 团队的接触及与其创始人马克·贝尼奥夫（Marc Benioff）的深度交流，王文京意识到，Salesforce 基于网络以订阅方式规模化地提供企业服务的 SaaS 模式，在当时的中国还处于发展的萌芽期，却蕴含着技术发展及市场需求趋势的必然。"这就是我们 3.0 战略阶段应该追求的新型商业模式！"王文京决定将云原生的 SaaS 模式打造为用友 3.0 战略阶段的核心引擎，明确了转型战略的方向和路径。

随着数字化转型和业务升级的节奏加快，企业上云的需求日益强烈。与传统软件应用相比，云原生的软件和服务具有成本低、协同性强、迭代快、部署灵活等多种优点，可以有效加速企业数智化进程。在数字时代中国企业业务开展方式趋向在线化，业务开展范围趋向跨区域甚至全球化的需求变化下，SaaS 模式下的云服务能同时惠及客户和企业服务供应商。对于客户而言，SaaS 模式提供了灵活性和便捷性。对于企业服务提供商而言，这一模式能够实时感知用户需求，提高运营效率并且降低成本。帮助企业上"云"从而加速其商业创新，成为用友 3.0 战略阶段数智化转型的核心经营理念。

2014 年，用友正式进军企业互联网服务，内容包含财务、营销、人力资源及企业协同服务等领域。2015 年，用友做出了一项关键的命名变更，将企业称谓从"用友软件股份有限公司"更改为"用友网络科技股份有限公司"。这一变化象征着公司对于自身作为"云服务商"角色的坚定承诺。紧接着，在 2016 年，用友宣布迈入其战略发展的 3.0 时代，推出了商业创新平台（BIP），旨在全面推动"企业互联网服务"的进程。用友明确了核心任务：助力企业的数字化转型和商业创新。

四　从 ERP 到 BIP：战略引领的数智创新

（一）战略升维：建构价值引领优势

战略决定组织，组织决定成败。用友 3.0 战略是在对数字经济的发展趋势、国家政策的方向以及企业服务行业格局的变革进行深入分析后形成的。该战略的核心愿景是打造成为全球领先的社会级商业创新平台提供商，与十万家合作伙伴共同服务亿级社群个人和千万企业客户。在这一阶段，战略规划扮演着至关重要的角色，公司的经营活动完全围绕战略目标进行规划和安排，并根据战略的演进进行及时的动态调整。

在内外部因素的共同作用下，用友在价值观念上经历了一次根本性的转变，这正是 3.0 战略的核心所在。公司从单一的服务模式转向多维的服务模式，通过覆盖客户的"全生命周期"管理来助力客户实现成功；从封闭的聚合模式转向开放的生态整合模式，通过云计算技术实现生态的整合，打破传统产业的界限，与合作伙伴一起推动产业的转型升级；从 ERP 软件供应商转变为 BIP 提供商。这些标志着用友的主营业务从传统的软件服务向云服务转型，利用平台架构在数字化和智能化的背景下重构业务场景，满足客户的个性化需求。"以价值创新为核心引领，做企业数智化和商业创新的使能者，是用友 3.0 战略的本质所在"，用友副总裁郭金铜反复强调。

为了冲上这新一波的机遇与挑战之"浪"，王文京决心全方位推进用友的自我革新，基于整合式创新的理念，构建支撑产品与服务的数字化核心技术能力，夯实创新根基，设计匹配市场需求与重塑自身优势的组织模式以实现制度赋能，并且重视组织与技术的柔性，建构数字化动态能力，获取可持续数智创新竞争优势。

在 2020 年开始的 3.0-Ⅱ 战略阶段，王文京带领用友瞄准"数智化，国产化，国际化"三大浪潮叠加的发展机遇，打造了核心产品 YonBIP，聚焦

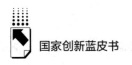

"强产品、占市场、提能力"三大关键任务，以"平台创生态"的主张，全面加速数智化转型。

（二）场景驱动：筑牢数字化技术核心能力

在技术密集型的企业服务行业中，技术创新构成了用友创新能力的根本。要获得在该产业中的差异化竞争优势，用友必须培育出竞争对手难以复制的核心技术实力。这不仅是用友 3.0 战略得以成功实施的关键，也是它在企业服务市场中保持竞争力的基石。正因如此，用友对技术和研发的专注与投资，在同行业中始终保持着领先地位。此外，用友在构建技术核心能力方面展现出独到之处：公司的研发架构旨在全面覆盖多样化的应用场景和广泛的行业领域，以此作为支撑，满足多元化的商业需求和广泛的客户期望。

自成立伊始，用友便致力于发展自身在行业中领先的自主研发实力，确保了研发资源的高投入和研发体系的持续优化。在 3.0 战略的实施阶段，用友专注于企业和公共组织的数字化与智能化核心应用场景，构建了一个涵盖平台、领域、关键行业以及生态系统的产品与技术综合创新体系（参见图2）。公司施行了分层次的研发架构，将之与经营战略相匹配，旨在满足多领域多场景的开发需求，同时根据不同客户的具体需求定制个性化的解决方案。

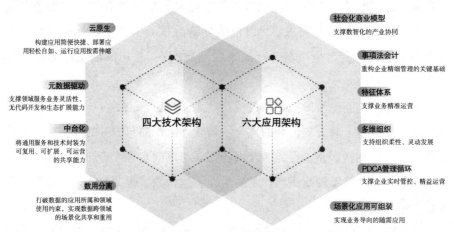

图 2　用友覆盖多场景的综合创新体系

正因为公司 3.0 战略对研发团队的高要求，用友每年在资金与人员上对研发团队倾力支持：2021 年上半年，用友的研发投入达到 9.5 亿元，同比增长 38.9%，研发投入占营收的比例超过 30%，较上年同期增加 6.7 个百分点。而 2022 年上半年，用友研发费用同比增长 30.1%，体现了它对于"强能力"的一贯支持。"我们的研发及应用体系效率向互联网龙头企业看齐，并特别强调实时完善与更新"，用友助理总裁崔同宁补充道。

在与同行业领军企业的交流合作上，用友全系列产品与华为鲲鹏体系和中国电子 PKS（飞腾 CPU+麒麟操作系统+安全软件）体系适配，而用友与中国电子、华为云、阿里云、紫光等公司在技术上建立战略合作伙伴关系。此外，用友还基于其院校教育业务通过探索校企合作新范式进一步深化产教融合，扩展和升级产教融合创新人才培养模式，搭建产学研服务平台，积极推动"数字化人才培养方案"在全国院校落地，为研发与技术团队持续提供高水平人才与院校智慧。

在研发与技术的高投入之下，用友持续在核心平台和应用产品方面实现突破。其中，用友 BIP 实现了以同一个技术底座、同一套代码、同一个平台满足不同规模的客户对公有云、私有云、混合云不同需求的部署；在核心领域产品总体性能对标国际领先厂商，个别场景单点突破；在优势行业树立标杆，推进国产替代；iuap 平台多云融合适配不断加强，数据智能增强场景突破，构建国内领先云中台能力。YonSuite 作为国内首款面向中型企业客户云原生、多租户的公有云产品，实现每周迭代上新，产品性能在迭代中持续增强，为公司在中型企业客户市场云服务业务的高速增长建立了产品优势。

（三）"好马配好鞍"：打造数字化管理核心能力

2021 年 1 月，董事长王文京在 2019 年短暂卸任 CEO 后，再次挂帅 CEO 一职，为的就是加快推进用友 3.0 战略进程，将战略统筹与具体执行紧密联合，从组织架构、人事任命、激励机制等多个管理维度保障战略决策的高效落地。

依据 3.0 战略的规划，用友在当前发展阶段的商业模式核心理念是采用平台化和生态化的策略，满足企业客户在利用数字智能技术进行产品和服务创新、组织与管理创新方面的需求。为了适配这一商业模式，用友对其组织架构进行了革新，将原先独立的云服务部门进行了重组，创建了专注于服务大型客户的混合云业务部门，并建立了专注于中型客户的公有云事业群。除此以外，为强调 YonBIP 作为 3.0 战略阶段的核心产品地位，用友还专门设立了 BIP 产品本部，负责整合云平台事业群内的云产品本部、集团产品与业务规划部、集团技术与架构规划部，以此支撑支持云平台、中高端业务的发展。BIP 产品本部技术和产品研发与其他产品的研发、生产可以进行明确区分，同时平台、各领域等子模块划分明晰。

为了践行 3.0 战略中从软件供应商到强调长期伴随成长的 BIP 提供商的转型，用友新设立了专门的客户成功部，建立专门咨询团队或与国内外顶级咨询公司合作，了解客户在接受公司服务后的新挑战与新需求，并基于公司的平台与生态持续给出针对性的解决方案，使得自己参与到客户迈向成功的每一个关键阶段，实现与客户的共赢。为了更好地实现与伙伴的生态构建以执行其生态战略，用友在 3.0 战略阶段新成立战略生态本部，每个子公司也有隶属于战略生态本部的生态业务部门，专注于生态构建与生态伙伴关系经营。

除了商业模式变化带来的经营体系变革外，用友还在人力资源管理策略上实施了一系列创新性的改革，旨在最大化激发组织的创新动力。公司采纳了双轨制职业发展体系，并结合针对杰出员工的快速晋升机制，以此来增强员工的自我驱动力和工作热情。这些措施不仅促进了公司内部人才的流动，还加快了高端人才的招募与成长，特别是对于那些专注于数字化专业服务的人才和高素质的应届毕业生。这些新成员的加入，为公司带来了新的活力和创新思维。另外，持续优化组织内部知识管理，通过提供知识服务、在线学习和经验分享平台，提升内部员工的数智化素养及服务能力。

在创新激励上，用友也建立了相应的制度来充分调动员工的创新积极性，鼓励公司内的全员创新。公司为所有员工设立了一年一度的特色奖项——"用友创新奖"，旨在通过高价值的奖励激励内部创新并激发全体员工的创新活力。该奖项的评选范围广泛，涵盖技术创新、管理创新以及解决方案创新等多个方面。特别值得一提的是，一等奖的奖金高达 100 万元，这不仅体现了公司对创新的高度重视，也是为了激发员工的创新潜能和积极性。除了物质激励之外，用友还为各级组织配备了相应的"文化官"制度，培育公司内部的持续创新文化。

（四）柔中有韧：建构数字化动态能力

数字经济时代企业发展环境的一大典型变化在于，由于技术变革的迭代时间大幅缩短，企业所面临的竞争格局随时可能发生颠覆性改变。用友所在的企业服务行业是企业数字化和智能化转型的先锋和领导者。在这一角色下，公司必须敏锐地捕捉客户所在行业的每一个变化和发展趋势，并迅速在战略规划和业务执行上做出精准的调整，以更好地满足客户需求。为了在不断变化的市场环境中构建持久的竞争优势，用友专注于战略、技术和组织三个关键领域的定期整合和重构，以培养企业的适应能力和组织的弹性，进而构建一个可持续的商业创新生态系统。

在 3.0 战略阶段，用友特别强调战略的灵活性和响应速度，根据最新的技术进展、商业模式变化以及客户的即时反馈来调整战略。公司各业务部门定期举行战略评审会议，讨论战略执行情况，评估可能影响战略规划的新因素，并针对具体问题或潜在的改进点制定调整方案，确保及时执行。这保证了前线的问题能够迅速传递到后方，并在战略层面得到有效的解决和优化。对于短期问题，立即解决；对于长期问题，则纳入年度任务范围进行长期规划，确保战略问题的及时和适当处理。

在组织整合和重构方面，用友将总体战略细化为针对不同业务领域的具体战略目标，并据此重新设计业务流程和组织结构。公司首先制定实现战略愿景的具体路径，然后围绕路径图中的关键步骤在组织层面进行具体实施。在建立了组织和岗位体系之后，公司进一步确定各部门实现战略目标所需的人才和员工，制定相应的选拔标准和评估计划，并完善流程支持，确保战略规划在组织架构中得到有效实施。通过这一完整的组织重组体系，用友能够确保战略变化明确地影响相关组织结构，并促使它们进行必要的更新和调

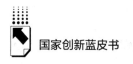

整，以适应外部环境的变化。

数字化时代，客户所需产品的便捷性和易用性，决定了产品内部架构的高复杂度与强关联性，在产品前端发生的每一个细微变动，都会在配套研发体系的每个部分产生剧烈的变动与影响，使得技术研发团队每时每刻都面临挑战。因此，用友在组织重构中注重组织韧性的打造，确保技术和研发体系能随时根据业务变化与客户需求动态优化做出调整，使得后方的研发与设计能够实时满足与回应前端用户与业务的实际需要与最新变化，以提高客户认同感与满足度。

五 "平台创生态"：用友"变奏"进行时

在确定数智化转型战略的过程中，王文京意识到，用友作为企业服务行业的领军企业，在中国当前的产业数智化发展中有着特殊的使命和独特的定位。在数字经济时代，企业最需要的服务莫过于进行数字化转型并持续开展商业创新。这也意味着，用友承担着"赋能"中国各个产业数字创新和数智化发展的关键任务。只有真正将企业战略发展目标和角色定位确定在平台建设者和生态构筑者上，打造支撑企业数智化转型和商业创新的数字基础设施，才是用友于数字经济时代的核心价值与竞争力关键所在。2021 年和2022 年发布的《中华人民共和国国民经济和社会发展第十四个五年规划和2035 年远景目标纲要》和《"十四五"数字经济发展规划》，明确推进产业数字化和数字产业化。因此，用友围绕基于平台架构打造的核心产品YonBIP，重点关注依靠客户企业和联合各个产业领军企业构建数字化商业创新生态，以推动中国实体经济各大支柱产业的数智化转型进程。

用友所主张的"平台创生态"，绝非空穴来风或者主观臆断，而是王文京及其团队基于对产业模式发展进程和数字经济的深刻理解，综合多方面分析与实践得出的战略判断。用友通过观察并总结发达国家企业与产业的发展模式，发现数字经济时代更加强调产业价值链在全球范围内的重新设计与布局，由集团型企业向产业平台型企业的转型已是大多数发达国家企业的选择。产业平台的构建仅是第一步，真正的价值在于平台间的互联互通，这依赖于一个成熟完善的产业生态系统。企业主导的平台模式是经营活动的核心，而基于此模式形成的企业间的网络化协作关系构成了生态系统的整体框架。跨界融合是未来数字经济的新常态，生态系统堪比知识产权，为企业创造独一无二的新价值。在未来，新的行业引领者将选择真正惠及全部生态伙伴的新模式开展合作，积极融入生态的企业能够在与伙伴的互助成长中受益，而孤立者则更加难以开展业务。

用友 3.0 战略阶段的核心代表产品，即商业创新平台 YonBIP，是在数字化技术和应用架构体系支撑下，聚焦企业数字化创新策略，为海量场景下的企业数字化智能化商业创新提供服务的专门平台（见图 3）。依靠四大技术架构（云原生、元数据驱动、中台化、数用分离），采用开放的平台与架构，以 PaaS 技术平台为技术支撑与管理底座，在此基础上搭建数据中台、智能中台、业务中台和技术中台，最后实现行业通用的 SaaS 服务。从技术上说，BIP 是新一代信息技术智能化特征的集中体现，大数据、人工智能、区块链、云计算、物联网、5G 等技术载体在 BIP 内充分集成，可实现企业服务解决方案的互联化、可扩散化与外部激发属性。BIP 的目标是支撑企业快速结网、快速接入产业上下游企业以及社会资源，而社会化的产业互联网平台则是 BIP 的终极形态。2022 年 8 月，YonBIP 的最新版本 YonBIP 3 正式发布，标志着用友 BIP 已经进入第三个发展阶段，它包含 5 项首创或领先的技术、6 大领先的应用架构、465 项创新服务，以及快速增长的生态体系，而用友已建成目前全球领域覆盖最多的企业云服务群。

在 BIP 的支撑下，用友能更好地致力于建设自发自洽、具有内部价值链的商业协同网络，也就是用友所期望构建的生态。依靠 YonBIP 的基础能力和固有属性，用友得以开展生态战略，提供全生命周期的 ISV（独立软件开发商）服务和实现在线运营，携手伙伴共同服务企业客户。用友深刻认识到，不同产业数智化转型的需求与场景大相径庭，多元的场景与需求难以通过用友一家企业的开发来进行涵盖。而通过生态合作的模式，用友可以为不同的行业提供异质性的服务，直达各个产业数智化转型的关键

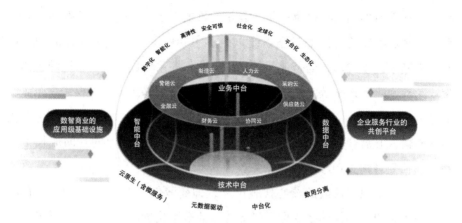

图 3　YonBIP 的构建思路与运行机理

痛点。与各个产业的产业链核心企业开展协同共创，将行业领先生态伙伴解决方案集成于自身产品体系，并同时将成熟的企业服务产品集成到生态合作伙伴的平台当中。为了全面构建数字商业创新生态，用友提出了"五大生态计划"（力合、犇放、扬升、千寻、汇智），集合战略联盟生态伙伴、专业服务生态伙伴、ISV 生态伙伴、渠道生态伙伴、人才生态伙伴，从公司、组织、政府、个人四个层面形成完整的生态体系，赋能中国产业的数字化、智能化转型。

如今，用友数智化创新转型已经结出硕果。截至 2023 年底，已有超过 4 万家大中型企业选用用友 BIP 推进数智化商业创新。2023 年 5 月，"用友商业创新平台 YonBIP"入围工信部"2022 年信息技术应用创新解决方案"（典型解决方案）。在人民网主办的"第二十届人民匠心奖"评选中，用友 BIP 荣获 2023 年度"人民匠心产品奖"。Gartner 和 IDC 的研究显示，用友在 ERP SaaS、应用平台软件市场位居全球前十，是唯一入选 HCM 云魔力象限、ERP 云魔力象限的中国厂商，也是唯一入选全球 ERP SaaS TOP 10 的亚太厂商，并在中国 aPaaS、中国企业应用 SaaS、中国超大型及大型企业应用 SaaS 市场连续多年稳居市场占有率第一。王文京本人也入选《中国企业家》评选的"2023 年度 25 位影响力企业领袖"。

六　数以智友，创新领航：用友3.0战略阶段的
光荣与梦想

王文京接受采访时，回顾自己的初心与经营梦想："企业也是一个有生命的机体，是需要梦想驱动的，当年我们的梦想是要发展民族软件产业，推进中国管理现代化；今天我们的梦想就是要用信息技术推动商业和社会进步。"时至今日，他的理想依然未曾改变。

展望未来，国家领导人多次讲话和《"十四五"数字经济发展规划》等政策文件都释放了一个重要信号——做强做优做大我国数字经济，智能化综合性数字基础设施的建设与国产化软件的广泛场景化应用必不可少。而在这一领域，用友作为中国企业服务行业的领军者与先行者，正在依托其先进的BIP，打造赋能千行百业的国产化信创生态，构建共生共荣的产业融合生态，为中国乃至全球企业的数智化转型提供关键支撑与解决方案。

在2022年用友生态大会上，王文京正式宣告用友开启"生态2.0时代"，提出全面构建"用友生态伙伴网络"，升级五大生态计划，建立四个生态支持体系，与伙伴一起联合创新，营建全球领先的聚合型企业服务生态。用友以战略变奏领航产业数智化转型之路，始终在进行时。在王文京眼中，商业是以效率最优的机制持续造福人类的事业。他相信，未来，用友也必然会在"平台+生态"的数智化商业创新体系下，与中国各行业领军企业通力协作，以产业互联网驱动中国产业数字化，成就下一个来自中国的企业服务行业全球创新领军者。

挑战，始终都在。例如，面对客户群体繁多、需求个性化等难题，如何依托核心技术打造全产业、全场景的生态架构，通过商业模式创造可持续价值。目前，用友在探索中形成以BIP为核心的"一核双翼"模式，一条路径是直接赋能多场景和海量用户，另一条路径是通过与产业领军企业和开发者合作，间接赋能产业数字化转型。然而，在未来资源越发有限、竞争越发激烈、需求越发多变的环境下，鱼和熊掌能否兼得，用友应侧重投资和发展

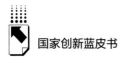
哪一产业赋能路径？此外，在这个"黑天鹅"频发的时代，一波又一波汹涌的"浪潮"必然会到来，也伴随着来自同行的压力，抑或舆论的质疑，它们不断挑战掌舵者的战略定力和战略视野。而历经34年风起云涌的用友和王文京，时刻把视野保持在前沿，时刻准备冲上新一轮技术跃迁和时代变革的浪潮，为中国企业的数智化贡献自己的智慧与力量。

Contents

I General Report

Abstract: Based on the concept of "innovation leading the construction of a scientific and technological power", this paper designs an index system from four aspects: innovation environment, innovation resources, innovation achievements and innovation benefits, and examines China's innovation capability. Firstly, with the help of systematic clustering method, China's innovation development process in 1991~2022 is divided into four stages: 1991~1999 is the initial stage, 2000~2009 is the accelerated development stage, 2010~2018 is the revitalization stage, and 2019~2022 is the high-quality development stage. Secondly, the 1991 value of various innovation capability indicators is used as the benchmark to compile the national innovation capability development index in 1991~2022, and the predicted value of 2023~2035 is obtained through trend extrapolation, which dynamically reflects the development situation and evolution trend of China's innovation capability. Finally, this paper compares and analyzes the core indicators of innovation capability between China and seven innovative countries, and calculates and predicts the catch-up index of China's innovation capability in 1991~2035 by taking the core index of innovation capability of the United States, an innovation

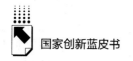

powerhouse, as the benchmark value. The results show that although China's innovation capability has been significantly improved, there are still some problems, such as insufficient investment in basic research, low conversion rate of scientific and technological achievements, and small proportion of basic researchers. In the future, we should take breaking through the system constraint as the fundamental; increase investment in basic and applied research; advocate innovation culture, train various types of innovative talents, and improve the innovation efficiency of innovative talents; and strengthen the application of scientific and technological achievements and improve the benefit of scientific and technological innovation.

Keywords: National Innovation Capability; Development Index; Catch-up Index

II Special Topic: Strengthening the National Strategic Scientific and Technological Force

B.2 China's Innovation Paradigm in the New Era Looking Forward the High-level Self-reliance and Self-improvement of Science and Technology *Chen Jin, Li Genyi / 035*

Abstract: Faced with the opportunities and challenges of the new round of scientific and technological revolution and industrial transformation, China must speed up the realization of high-level self-reliance and self-improvement of science and technology. However, the complexity and uncertainty of the external situation make that there are many obstacles and challenges to achieve the goal for China. In order to realize the high-level self-reliance and self-improvement of science and technology, based on the innovation endowment of China's excellent traditional culture and the institutional advantages of the socialism with Chinese characteristics, this paper analyzes the framework of China's innovation paradigm in the new era, and expounds the paradigm and development direction of China's science and technology innovation in the new era from the ideological level of ideological orientation, the theoretical level of ability improvement and the methodology level of method support, which include implementing the concept of comprehensive innovation and leading innovation, emphasizing original innovation and people-centered innovation, and following the system engineering traction and digital technology drive.

Keywords: High-level Self-reliance and Self-improvement of Science and Technology; Innovation Paradigm; System Engineering; Digital Technology

B.3 Thinking on National Scientific Research Institutions Supporting the High-level Self-reliance and Self-improvement of Science and Technology

Chen Tao, Huang Chenguang and Wan Jinbo / 051

Abstract: At present, China is during a critical period of accelerating the realization of high-level self-reliance and self-improvement of science and technology and building a scientific and technological power. The internal requirements of high-level self-reliance and self-improvement of science and technology and the strategic choice of international scientific and technological competition call for national strategic scientific and technological force to undertake the historical task of building a scientific and technological power. As an important part of the national strategic scientific and technological force, national scientific research institutions should seize the strategic opportunity, climb the scientific and technological peak, and play the role of the main force in supporting the high-level self-reliance and self-improvement of science and technology. Firstly, the paper systematically analyzes the functional orientation and current requirements of national scientific research institutions from three aspects: international dynamics, domestic progress, mission and task. Secondly, from the four aspects of goal, mission, culture and demand, the paper expounds the new requirements put

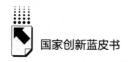
forward by the new era for national scientific research institutions to support high-level self-reliance and self-improvement of science and technology. Finally, as a "national team" and "national person", national scientific research institutions must focus on "national affairs" and shoulder "national responsibility", and strive to support high-level self-reliance and self-improvement of science and technology from six aspects. (1) Adhere to CPC's leadership and give full play to the advantages of system and organization. (2) Explore China's path and maintain innovation confidence and strategic determination. (3) Focus on the original mission, clarify the main responsibility and main mission. (4) Grasp the direction and trend, strengthen backbone guidance and open innovation. (5) Break through original and core technologies to create leading and competitive advantages. (6) Reform the system and mechanism, improve the system and innovative culture.

Keywords: High-level Self-reliance and Self-improvement of Science and Technology; National Strategic Scientific and Technological Force; National Scientific Research Institutions; Scientific and Technological Power

B.4　The Status Quo of Basic Research in China from the
Perspective of Self-reliance and Self-improvement of
Science and Technology　　　　　　　　*Wu Yang* / 067

Abstract: A series of national policies on basic research reflect the national strategic needs. At present, China's original innovation capability continues to improve, but there is still a certain gap compared with the world's top level; and the original innovation in the field of basic research has the characteristics of long cycle, large uncertainty and relatively low proportion of R&D expenditure, resulting in insufficient investment in basic research. However, basic research is the source of resolving the "stuck neck" technology problem, is the power to enhance the key core technology of our country, and provides the original innovation and knowledge guarantee for our future development. Therefore, to achieve self-reliance on science and technology, we must strengthen basic research.

Keywords: Basic Research; Self-reliance and Self-improvement of Science and Technology; Technology Innovation

B.5　Theoretical Logic and Path Exploration of Scientific and Technological Leading Enterprises Strengthening the National Strategic Scientific and Technological Force

Zhang Xuewen, Jin Qingtian and Chen Jin / 077

Abstract: As an important part of the national strategic scientific and technological force, scientific and technological leading enterprises are the key players in comprehensively enhancing the national scientific and technological strength. Scientific and technological leading enterprises represented by Huawei are leading the innovation and development of China's strategic emerging industries. Taking Huawei as an example, this paper proposes six realization paths based on the three levels of "top -level design, strategic response, and basic elements", namely, establishing the great innovation mission, construct the dual drive innovation strategy, seize technical heights through strengthening input, building a world-class organizational structure, build a world-class talent team, foster an open and inclusive culture of innovation. In order to provide reference for the leading enterprises to strengthen the national strategic science and technology force.

Keywords: National Strategic Scientific and Technological Force; Scientific and Technological Leading Enterprises; Huawei

国家创新蓝皮书

B.6 Situation and Path of High-level Research University
Serving the National Self-reliance and Self-improvement
of Science and Technology   *Cui Mingming* / 088

Abstract: Throughout the history of university development in powerful countries in science and technology, the functions of universities have expanded from talent training to scientific research, social service, and leading and promoting social development through innovation and leadership education. As an important combination of science and technology as the first productive force, talent as the first resource, and innovation as the first driving force, high-level research universities are an important part of the national strategic scientific and technological force. In recent years, domestic first-class universities have made some achievements and formed some characteristics in serving the national self-reliance and self-improvement of science and technology, involving the organized scientific research, exploration of the disciplines forefront, collaborative innovation of the whole chain, and interdisciplinary research, and so on. In the future, in order to serve the national self-reliance and self-improvement of science and technology better, high-level research universities should cultivate and reserve strategic scientists to help building talent highlands; promote original innovation and provide the source of scientific and technological innovation; work together to tackle key problems and promote the transformation of basic research into market products; make innovations in the design of institutions and mechanisms to create a sound scientific research ecosystem.

Keywords: National Strategic Scientific and Technological Force; High-Level Research University; Self-reliance and Self-improvement of Science and Technology

Ⅲ   Reports on Regional Innovation

B.7   Comprehensive Analysis on Regional Innovation
Capability in China

Chen Yufen, *Qiu Mengting* / 100

Abstract: Innovation is the primary driving force for high-quality development, and regional innovation capability is an important engine for regional economic development. This paper designs an indicator system to measure the regional innovation capability from four dimensions including innovation environment, innovation resources, innovation achievements and innovation performance. It collects the data of each province in China from 2011 to 2022, and uses the method of opening grades layer by layer to assess the innovation capabilities of each province and the four major economic regions. And Kernel density estimation method is used to carry out a visual analysis of the dynamic evolution law of innovation capability of the four major economic regions. It is found that the overall development of China's regional innovation capabilities is improving, but the gap in regional innovation capabilities is significant and continues to expand. Therefore, when formulating innovative development policies, local governments must optimize the overall layout of innovation elements and adjust the R&D investment structure in a targeted manner; select appropriate local innovation modes to achieve high-quality innovation-driven economic development.

Keywords: Regional Innovation Capability; Regional Coordinated Development; Opening Grades Layer by Layer Method

B.8 Comprehensive Analysis of Regional Collaborative Innovation Capability in the Yangtze River Delta

He Xueying, Zhang Mizhi and Zhu Xueyan / 143

Abstract: Regional collaborative innovation is the inevitable way to promote high-quality regional integrated development by efficiently allocating resources, improving innovation efficiency and reducing innovation risks. Based on the theory and practice of collaborative innovation, this paper constructs a regional collaborative innovation index system for the Yangtze River Delta, including five aspects: resource sharing, innovation cooperation, achievement sharing, industrial linkage and environmental support. It conducts an overall analysis of regional collaborative innovation capabilities of the Yangtze River Delta, and selects 10 core indicators to conduct a comprehensive analysis of that, aiming to comprehensively show the characteristics, trends and weak points of regional collaborative innovation in the Yangtze River Delta in terms of funds, talents, platforms and technologies. It is found that the statistical segmentation of scientific and technological innovation data in various provinces and cities is serious, and there are differences in statistical scope; the linkage effect between the G60 Science and Technology Innovation Corridor and Jiangsu is still limited; and the combined contribution of the superior forces in various parts of the Yangtze River Delta is still not prominent enough. Therefore, in order to strategically support the high-quality integrated development of the Yangtze River Delta, we should improve the science and technology statistics system in the Yangtze River Delta and build a regional data agile governance mechanism; explore the "G42", "Shanghai-Suzhou" and "Shanghai-Nantong" intra-city science and technology strategies to create a "multi-polar" innovation radiation hub in the Yangtze River Delta; focus on joint research on major technologies in the Yangtze River Delta and establish a basic resource library integrating "subjects, capabilities and projects".

Keywords: Yangtze River Delta; Regional Collaborative Innovation; Innovation Capability Evaluation

B.9   Paths and Countermeasures for Shanghai to Strengthen the

National Strategic Scientific and Technological Force

Zhu Xueyan, Jiang Jiaoyan, Gao Jiqing and Hu Shuhong / 170

Abstract: The national strategic scientific and technological force is the subjects, organizations and related facilities that embody the national will and national interests, serve the national strategic needs, and fulfill the national objectives and strategic tasks. This paper analyzes the construction and development of national strategic scientific and technological force in Shanghai, such as national laboratories, high-level scientific research institutions, high-level research universities, innovation-leading enterprises, and defines the strategic mission and task of Shanghai to strengthen the national strategic scientific and technological force in the new period, and puts forward the related paths and countermeasures. Specifically, the paths include strengthening cultivation and creating new increments of the national strategic scientific and technological force in Shanghai; strengthening organization and revitalizing the stock of the national strategic scientific and technological force in Shanghai; strengthening coordination and optimizing the system of the national strategic scientific and technological force in Shanghai. Countermeasures include strengthening intelligence and information support, improving strategic judgment and rapid response capabilities; ensuring the tilted supply of innovative resources, strengthening financial support and land use guarantees; strengthening policy breakthroughs and legislative protection, and optimizing the strategic task management mechanism.

Keywords: Shanghai; National Strategic Scientific and Technological Force; Self-reliance and Self-improvement of Science and Technology

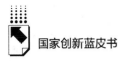国家创新蓝皮书

IV Reports on the Industrial Innovation

B．10 Comprehensive Analysis of the Innovation Capability of
Manufacturing Industry in China

Chen Yufen, *Du Yuqing* / 183

Abstract：Manufacturing industry innovation is an important way and focus to achieve high-level self-reliance and self-improvement of science and technology, promote Chinese-style modernization, and is also the key to the breakthrough development of enterprises and solve the "stuck neck" problem. This paper constructs an index system for measuring the innovation capability of manufacturing industry from the four dimensions of innovation environment, innovation input, innovation process and innovation performance, collects data from 2012 to 2022, and comprehensively evaluates and classifies the innovation capability of 27 manufacturing industries (excluding monopoly industries) by using the layer-by-layer grade method and cluster analysis. On this basis, according to the degree of technology intensity, the 27 manufacturing industries were divided into three categories, that are high, medium and low technology, and the scores of the four dimensions and comprehensive innovation capability of the three categories of industries were calculated, and trend figures were drawn to analyze the spatio-temporal differences of industrial innovation development. The analysis finds that the innovation capability of China's manufacturing industries have improved significantly and developed rapidly, but the development of the four dimensions is quite different, and the innovation capability of different industries has a significant gap. Therefore, for high-tech industries, we will continue to increase investment in innovation and optimize the allocation of innovation resources; for medium-tech industries, we will promote collaborative innovation and promote the transfer and transformation of scientific and technological achievements; for low-tech industries, we will use the digital economy to drive the transformation and upgrading of traditional manufacturing industries.

Keywords: Industrial Innovation Capability; Industrial Competitiveness; Manufacturing

Ⅴ Reports on the Enterprise Innovation

B.11 BOE: Scenario-driven Innovation Accelerating the

Innovation Transformation of Internet of Things

Yin Ximing, Su Yaxin, Chen Tailun, Li Jizhen and Li Xiaohui / 217

Abstract: Based on their own accumulation and advantages, for industry-leading enterprises, how to seize the paradigm transition opportunity of scenario-driven innovation in the digital era, and create dynamic capabilities for their own development is not only a key problem for their own innovation transition, but also a key issue for accelerating the digital transformation of China's industry. After 30 years of development, BOE has broken through the dilemma of 'less screen" in China's display industry and become a global leader in the field of semiconductor display. In 2019, BOE determined that "We must transform and break through to the Internet of Things!" Therefore, BOE proposed the "Screen of the Internet of Things" development strategy, determined the "1 + 4 + N + Ecological Chain" development framework, and advocated integration and symbiosis, empowering ecological partners. Moreover, AIoT technology innovation system, the core competence system of technology innovation in the whole value chain from technology innovation to product innovation to Internet of Things solutions, has been formed to achieve technology leadership. At the same time, BOE strives to build organizational resilience and industrial chain resilience. In the future, BOE will follow the strategic path of "Screen of the Internet of Things", promote high-quality development of enterprises at a higher stage, and continue to increase the value dimension; and focus on providing efficient support for business development by integrating resource advantages, improving collaborative efficiency and digital

capabilities.

Keywords: BOE; Semiconductor Display Industry; Internet of Things; Scenario-driven Innovation; Digital Transformation

B. 12   Loongson: "Market with Technology" Promoting the

Innovation Development of Home-made CPU

Zheng Gang, *Deng Wanru* / 232

Abstract: In recent years, the various containment incidents aiming at China's sci-tech enterprises by the United States show that the development of key core technologies is the way to strengthen the country, and the biggest hidden danger to national security is that key core technologies are subject to others. This paper takes the independent innovation development history of the Chinese Academy of Sciences's Loongson CPU team led by Hu Weiwu, and elaborates the process of Loongson team's efforts to break through the key core technology of chips. Different from the traditional "market for technology" strategy of China's automobile and other industries, Loongson has explored the innovation strategy of "market with technology" in practice, that is, give full play to China's institutional advantages and market advantages, form technical capabilities to drive technological progress through market guidance within the system, and then participate in market competition outside the system. At present, Loongson has achieved phased results, but it still faced with the challenges of cruel market competition and creating an independent industrial ecology. Loongson's "market with technology" strategy and key core technology breakthrough path have reference and discussion value for other industries and enterprises to explore their own independent innovation path and key core technology breakthrough path.

Keywords: Loongson; Home-made CPU; Technology Innovation

Contents 🔲⟩

B.13 Midea: The Way for Enterprise Innovation in Manufacturing
     to Achieve Resilient Development

Zhang Xuewen, Zhai Weifeng / 246

Abstract: Over the past 40 years since the Reform and Opening up, a large number of outstanding manufacturing enterprises have emerged in China, including Midea, which has developed from a township enterprise into a world-renowned household electric appliance enterprise. In the tortuous development process, Midea has experienced the process from organizational structure innovation to digital innovation, and then to technological innovation, showing strong organizational resilience. The organizational structure innovation has created the organizational resilience of Midea, the reform of departments has improved the operational efficiency, and the adjustment of business segments has expanded the field of innovation. Digital innovation plays an important role in the process of enhancing organizational resilience of Midea, and the digital intelligence technology is driving the technological transformation of Midea. Technological innovation plays a key leading role in the high-quality resilient development of Midea. On the basis of high-intensity R&D investment, the three-level technical committee, the four-level R&D system, and the "three generations" R&D management mode ensure the implementation of the innovative development strategy of Midea.

Keywords: Organizational Resilience; Manufacturing Enterprise; Midea

B.14 Yonyou: The Way of Digital Intelligence Innovation
     from ERP to BIP

Yin Ximing, Chen Tailun, Su Yaxin and Li Jizhen / 258

Abstract: As a leader in the digital intelligent service in China, Yonyou has realized the transformation from ERP to BIP through continuous integrated innovation, leading the ecological co-creation mode of the enterprise service

industry. However, there are many twists and turns in the development process of Yonyou. After taking a place in the ERP software market, the internal troubles and external difficulties made Yonyou realize that the business mode with ERP as the core was in urgent need of transformation. After several explorations, it finally decided to take BIP as the transformation direction. The evolution from ERP to BIP is a strategy-led innovation of digital intelligence. Successful experiences include constructing the value-leading advantages, strengthening the core capabilities of digital technology, construction the core capabilities of digital management and the digital dynamic capabilities. At present, based on the special mission and unique positioning, Yonyou advocates "creating the ecology via platform", and has achieved fruitful results around the core representative product YonBIP. In the future, under the digital intelligent business innovation system of "platform + ecology", Yonyou will drive the digitalization of China's industries with the industrial Internet, and achieve its glory and dream in the 3. 0 strategic stage through "making partner intelligent with digital technology, and step forward with innovation".

Keywords: Yonyou; Integrated Innovation; Digital Intelligent Transformation; Scenario-driven; Industrial Digitalization

社会科学文献出版社

皮 书

智库成果出版与传播平台

✤ 皮书定义 ✤

皮书是对中国与世界发展状况和热点问题进行年度监测，以专业的角度、专家的视野和实证研究方法，针对某一领域或区域现状与发展态势展开分析和预测，具备前沿性、原创性、实证性、连续性、时效性等特点的公开出版物，由一系列权威研究报告组成。

✤ 皮书作者 ✤

皮书系列报告作者以国内外一流研究机构、知名高校等重点智库的研究人员为主，多为相关领域一流专家学者，他们的观点代表了当下学界对中国与世界的现实和未来最高水平的解读与分析。

✤ 皮书荣誉 ✤

皮书作为中国社会科学院基础理论研究与应用对策研究融合发展的代表性成果，不仅是哲学社会科学工作者服务中国特色社会主义现代化建设的重要成果，更是助力中国特色新型智库建设、构建中国特色哲学社会科学"三大体系"的重要平台。皮书系列先后被列入"十二五""十三五""十四五"时期国家重点出版物出版专项规划项目；自2013年起，重点皮书被列入中国社会科学院国家哲学社会科学创新工程项目。

皮书网

（网址：www.pishu.cn）

发布皮书研创资讯，传播皮书精彩内容
引领皮书出版潮流，打造皮书服务平台

栏目设置

◆ **关于皮书**

何谓皮书、皮书分类、皮书大事记、
皮书荣誉、皮书出版第一人、皮书编辑部

◆ **最新资讯**

通知公告、新闻动态、媒体聚焦、
网站专题、视频直播、下载专区

◆ **皮书研创**

皮书规范、皮书出版、
皮书研究、研创团队

◆ **皮书评奖评价**

指标体系、皮书评价、皮书评奖

所获荣誉

◆ 2008 年、2011 年、2014 年，皮书网均
在全国新闻出版业网站荣誉评选中获得
"最具商业价值网站"称号；
◆ 2012 年，获得"出版业网站百强"称号。

网库合一

2014 年，皮书网与皮书数据库端口合
一，实现资源共享，搭建智库成果融合创
新平台。

皮书网

"皮书说"
微信公众号

权威报告·连续出版·独家资源

皮书数据库
ANNUAL REPORT(YEARBOOK)
DATABASE

分析解读当下中国发展变迁的高端智库平台

所获荣誉

- 2022年，入选技术赋能"新闻+"推荐案例
- 2020年，入选全国新闻出版深度融合发展创新案例
- 2019年，入选国家新闻出版署数字出版精品遴选推荐计划
- 2016年，入选"十三五"国家重点电子出版物出版规划骨干工程
- 2013年，荣获"中国出版政府奖·网络出版物奖"提名奖

皮书数据库

"社科数托邦"
微信公众号

成为用户

　　登录网址www.pishu.com.cn访问皮书数据库网站或下载皮书数据库APP，通过手机号码验证或邮箱验证即可成为皮书数据库用户。

用户福利

- 已注册用户购书后可免费获赠100元皮书数据库充值卡。刮开充值卡涂层获取充值密码，登录并进入"会员中心"—"在线充值"—"充值卡充值"，充值成功即可购买和查看数据库内容。
- 用户福利最终解释权归社会科学文献出版社所有。

数据库服务热线：010-59367265
数据库服务QQ：2475522410
数据库服务邮箱：database@ssap.cn
图书销售热线：010-59367070/7028
图书服务QQ：1265056568
图书服务邮箱：duzhe@ssap.cn

社会科学文献出版社 皮书系列
SOCIAL SCIENCES ACADEMIC PRESS (CHINA)

卡号：836869598953

密码：

中国社会发展数据库（下设 12 个专题子库）

　　紧扣人口、政治、外交、法律、教育、医疗卫生、资源环境等 12 个社会发展领域的前沿和热点，全面整合专业著作、智库报告、学术资讯、调研数据等类型资源，帮助用户追踪中国社会发展动态、研究社会发展战略与政策、了解社会热点问题、分析社会发展趋势。

中国经济发展数据库（下设 12 专题子库）

　　内容涵盖宏观经济、产业经济、工业经济、农业经济、财政金融、房地产经济、城市经济、商业贸易等 12 个重点经济领域，为把握经济运行态势、洞察经济发展规律、研判经济发展趋势、进行经济调控决策提供参考和依据。

中国行业发展数据库（下设 17 个专题子库）

　　以中国国民经济行业分类为依据，覆盖金融业、旅游业、交通运输业、能源矿产业、制造业等 100 多个行业，跟踪分析国民经济相关行业市场运行状况和政策导向，汇集行业发展前沿资讯，为投资、从业及各种经济决策提供理论支撑和实践指导。

中国区域发展数据库（下设 4 个专题子库）

　　对中国特定区域内的经济、社会、文化等领域现状与发展情况进行深度分析和预测，涉及省级行政区、城市群、城市、农村等不同维度，研究层级至县及县以下行政区，为学者研究地方经济社会宏观态势、经验模式、发展案例提供支撑，为地方政府决策提供参考。

中国文化传媒数据库（下设 18 个专题子库）

　　内容覆盖文化产业、新闻传播、电影娱乐、文学艺术、群众文化、图书情报等 18 个重点研究领域，聚焦文化传媒领域发展前沿、热点话题、行业实践，服务用户的教学科研、文化投资、企业规划等需要。

世界经济与国际关系数据库（下设 6 个专题子库）

　　整合世界经济、国际政治、世界文化与科技、全球性问题、国际组织与国际法、区域研究 6 大领域研究成果，对世界经济形势、国际形势进行连续性深度分析，对年度热点问题进行专题解读，为研判全球发展趋势提供事实和数据支持。